Das bietet Ihnen die CD-ROM

- **Kredit- und Konditionenvergleichsrechner**
- **Aktuelle Übersicht zur Eigenheimzulage**
- **Muster: Notarieller Kaufvertrag**
- **Checklisten und Übersichten**
  Umfassende Checklisten und Übersichten, damit Sie den Überblick bewahren und nichts Wesentliches vergessen:

• Kostenaufstellung beim Kauf oder Bau einer Immobilie • Maximaler Kaufpreis und maximale Grundstückskosten • Ermittlung des Eigenkapitals, der Lebenshaltungskosten und der finanziellen Spielräume • Abschreibungssätze für Immobilien, Einkommens- und Wohnflächengrenzen • Unterlagen für die Beleihungsprüfung,	• Konditionen und Angebotsprüfung • Vor- und Nachteile verschiedener Darlehensformen • Monatliche Belastung bei verschiedenen Zinssätzen • Übersichten über Informationsquellen in Print und im Internet • Anschriften von Verbraucherzentralen • Finanzierungsalternativen

- **Gesetzestexte**
  Eigenheimzulagengesetz, Wohnraumförderungsgesetz

Bibliographische Information Der Deutschen Bibliothek
Die Deutsche Bibliothek verzeichnet diese Publikation in der Deutschen Nationalbibliographie; detaillierte bibliographische Daten sind im Internet über http://dnb.ddb.de abrufbar.

ISBN 3-448-06552-8 Bestell-Nr. 06290-0001

Niederlassung München
Redaktionsanschrift: Postfach, 82142 Planegg
Hausanschrift: Fraunhoferstraße 5, 82152 Planegg
Telefon: (089) 895 17-0,
Telefax: (089) 895 17-290
www.haufe.de
online@haufe.de
Redaktion: Jasmin Jallad

Lektorat und DTP: Text+Design Jutta Cram, 86391 Stadtbergen
Umschlag: Simone Kienle, par:two, büro für visuelles, 70199 Stuttgart
Druck: Bosch-Druck GmbH, 84030 Ergolding
Zur Herstellung dieses Buches wurde alterungsbeständiges Papier verwendet.

Baufinanzierung

Eike Schulze/Anette Stein

Haufe Mediengruppe

Freiburg · Berlin · München · Zürich

Inhaltsverzeichnis

Vorwort		**9**
1	**Lohnen Immobilien noch?**	**11**
1.1	Durchaus erwägenswert: die Immobilie als Kapitalanlage	11
1.2	Langfristig finanzielle Vorteile: die Immobilie für den Eigengebrauch	16
2	**Kassensturz und Kapitalbedarf – was kann ich mir leisten?**	**21**
2.1	Welche Kosten entstehen beim Erwerb einer bestehenden Immobilie?	21
2.2	Welche Kosten entstehen beim Neubau?	24
2.3	Welche Kosten fallen rund um die Finanzierung an?	30
2.4	Welche Kosten kommen noch auf mich zu?	31
2.5	So ermitteln Sie Ihr Eigenkapital	32
2.6	Wie hoch sind Ihre monatlichen Einnahmen?	43
2.7	Wie hoch sind Ihre Lebenshaltungskosten?	43
2.8	Das Finanzierungspotenzial berechnen	47
2.9	Wie hoch darf das Darlehen sein?	48
2.10	Wie teuer darf die Immobilie sein?	49
3	**Die Formalitäten: Grundbuch, Kaufvertrag etc.**	**51**
3.1	Grundlage für den Eigentümerwechsel: der Kaufvertrag	51
3.2	Das Grundbuch	54
3.3	Was die Banken fordern	57
3.4	Welche Versicherungen muss ich abschließen?	63
4	**Wie gestalte ich meine Finanzierung optimal?**	**65**
4.1	Allgemeines zu Krediten, Zinsen und Konditionen	65
4.2	Hypothekendarlehen der Banken	67

4.3 Nicht mehr zu empfehlen: die Lebensversicherungs-hypothek 78
4.4 Geld von der Bausparkasse 79
4.5 Finanzieren mit Investmentfonds 89
4.6 Kredite über Finanzvermittler 91
4.7 Welche Kredite noch in Frage kommen 94
4.8 So stellen Sie einen Finanzierungsplan auf 100
4.9 Die richtige Finanzierungsstrategie 103
4.10 Sonderformen der Finanzierung 105

5 Was will die Bank? Tipps und Tricks bei den Verhandlungen 117
5.1 Hypothekendarlehen – die Konditionen 117
5.2 So gestalten Selbstnutzer den Darlehensvertrag optimal 131
5.3 So prüft die Bank Ihre Zahlungsfähigkeit 137
5.4 Vom Angebot zum Darlehensvertrag 141
5.5 Wenn Sie nachfinanzieren müssen 148
5.6 Die Anschlussfinanzierung 148
5.7 Umfinanzierung während der Zinsbindungszeit 153

6 Welche Fördergelder kann ich beantragen? 157
6.1 Die Eigenheimzulage 157
6.2 Das Wohnraumförderungsgesetz 160
6.3 KfW-Programme 164
6.4 Förderung durch Kommunen 166
6.5 Stadtumbau Ost 166
6.6 Finanzieren mit der Riester-Rente 167
6.7 Lastenzuschuss 170
6.8 Die staatliche Bausparförderung 171

7 Wo erhalte ich die besten Informationen? 173
7.1 Zunächst einmal: Überblick verschaffen 173
7.2 Information und Beratung 174

8 **Welche Versicherungen sollte ich abschließen? 177**
8.1 Die Bauherrenhaftpflichtversicherung 177
8.2 Die Bauherreneigenleistungsausfall-Garantieversicherung 180
8.3 Die Unfallversicherung der Bau-Berufsgenossenschaft 180
8.4 Die Haus- und Grundstückshaftpflichtversicherung 182
8.5 Die Risikolebensversicherung 183
8.6 Die Restschuldversicherung 185
8.7 Die Feuer-Rohbauversicherung 186
8.8 Die Wohngebäude-Versicherung 187
8.9 Die Bauleistungsversicherung 189
8.10 Die Öltank- und Gewässerschadenhaftpflichtversicherung 190
8.11 Weitere Versicherungen für den Bauherrn 191
8.12 Bei wem kann ich die Versicherungen abschließen? 192

9 **Wie kann ich mit der Immobilie Steuern sparen? 193**
9.1 Steuern sparen als Vermieter 193
9.2 Steuern sparen als Selbstnutzer 208

10 **Immobilien als Investment 213**
10.1 Vorbereitung für den Immobilienkauf 213
10.2 Mietwohnung kontra Mietshaus 214
10.3 Die wichtigsten Kriterien aus Kapitalanlegersicht 215
10.4 Welcher Kaufpreis ist angemessen? 216
10.5 Die Finanzierung 216
10.6 Was besagt die Mietrendite? 217

Stichwortverzeichnis 219

Anhang 225
Wichtige Checklisten 225
Übersichten und Adressen 231
Muster: Notarieller Kaufvertrag Gebrauchtimmobilie 238
Lexikon Baufinanzierung 242

Vorwort

Der Erwerb bzw. Bau eines Hauses oder einer Wohnung, ganz egal ob zur Selbstnutzung oder als Renditeobjekt, ist eines der schwierigsten Kapitel im Leben. Wir möchten Sie mit unserem Buch umfassend über das Thema Immobilienfinanzierung informieren und damit allen Kauf- und Bauinteressierten eine Entscheidungshilfe an die Hand geben.
Die staatliche Bauförderung wird immer mehr eingeschränkt und es ist wohl nur eine Frage der Zeit, wann die Eigenheimzulage komplett gestrichen wird. Und: Ein Finanzierungsinstrument ist seit diesem Jahr – aufgrund der steuerlichen Änderungen – nicht mehr zu empfehlen: die Lebensversicherungshypothek. In Anbetracht dieser Umstände bespricht das vorliegende Buch nicht nur die gängigen Formen der Finanzierung, sondern wirft auch einen Blick auf alternative Finanzierungsstrategien.
Gerade nachrangige Finanzierungsmittel bieten eine gute Chance, den Wunsch nach der eigenen Immobilie trotz reduzierter staatlicher Förderung realisieren zu können. Ob Arbeitgeberdarlehen, Kauf auf Rentenbasis, Verkäuferdarlehen oder Eigenleistungen – wir erläutern diese Formen ausführlich, um neue Möglichkeiten der Finanzierung darzulegen. Natürlich vergessen wir dabei nicht die herkömmlichen Varianten der Immobilienfinanzierung wie das Hypothekendarlehen oder Bausparen, auf die wir umfassend eingehen, denn nach wie vor bilden sie die Säule der sicheren Finanzierung. Dabei fällt unser Blick auch immer wieder auf die Besonderheiten, die Kapitalanleger berücksichtigen sollten. Darüber hinaus erfahren Sie, wie Sie Ihren finanziellen Spielraum richtig ausloten, aus verschiedenen Darlehensangeboten das beste auswählen und mit den Banken richtig verhandeln. Auch über die Wege, dem Finanzamt das eine oder andere Schnippchen zu schlagen, erhalten Sie einen Überblick. Wir zeigen Möglichkeiten auf, das Grundbuch als Finanzierungsinstrument richtig einzusetzen, und befassen uns ausführ-

lich mit Verträgen rund ums Bauen und Kaufen und nicht zuletzt auch mit den Versicherungen, die für Sie als Hausbesitzer oder Hausbesitzerin sinnvoll sind.
Praxisbeispiele veranschaulichen die Inhalte, Checklisten und Tipps führen Sie als zukünftigen Bauherrn oder Käufer auf die richtige Spur. Im Anhang und auf der CD finden Sie weitere wichtige Informationen.
Wir wünschen Ihnen ein gutes Gelingen bei der Verwirklichung Ihres Wunsches nach einem Haus oder einer Wohnung – sei Ihre Immobilie nun als Eigenheim oder als Kapitalanlage gedacht.
Viel Freude beim Lesen des Buches!

Hannover, im März 2005

Eike Schulze Anette Stein

1 Lohnen Immobilien noch?

1.1 Durchaus erwägenswert: die Immobilie als Kapitalanlage

Wer in Immobilien investieren möchte, wird seit geraumer Zeit mit Hiobsbotschaften konfrontiert: „Sinkende Immobilienpreise auf breiter Front" – „Abriss von Plattenbauten in Ostdeutschland" und ähnliche Schlagzeilen gehen durch die Presse. Andererseits kaufte beispielsweise die amerikanische Fondsgesellschaft Fortress erst im Juli die Gemeinnützige Aktien-Gesellschaft für Angestellten-Heimstätten (GAGFAH) in Essen. Mehr als 80.000 Wohnungen wechselten den Besitzer und spülten über 2 Mrd. Euro in die klammen Kassen der Bundesversicherungsanstalt für Angestellte (BfA). Im September 2004 verkaufte die Gesellschaft für Bauen und Wohnen Hannover (GBH) rund 3.000 Wohnungen an einen amerikanischen Investor. Weitere große Investitionen von amerikanischen und britischen Fonds stehen bevor. Da stellt sich die Frage: Warum haben bislang die Deutschen nicht die Zeichen der Zeit erkannt? Und: Gibt es etwa einen Wissensvorsprung ausländischer Investoren?

Wohnungsmarkt abhängig von Konjunktur

Zunächst einmal muss der Wohnungsmarkt an sich betrachtet werden. Die Wahrheit ist recht einfach: Der Wohnungsmarkt hängt am Tropf der Konjunktur. In den Boomphasen werden relativ viele Wohnungen gebaut, während schwacher Konjunkturphasen zu wenig. Trotz sinkenden Bruttoinlandsprodukts werden zunächst noch weiter Wohnungen fertig gestellt, ohne dass der Bedarf wächst. Diese so genannten „Schweinezyklen" gelten eben nicht nur für Büroimmobilien, sondern auch für den Wohnungsmarkt.

Gute Nachrichten verbreiten sich spät

Während sich eine konjunkturelle Schwäche am Büroimmobilienmarkt relativ schnell zeigt, ist dies im Wohnungssektor nicht so. Der Markt für diesen Immobilientyp ist recht schwerfällig und intransparent. Gerade zum Ausklang einer Rezession hallen weiterhin negative Nachrichten durchs Land, ohne dass es noch handfeste Gründe dafür gibt. Das liegt daran, dass sich ein deutliches Anziehen von Bedarf und Immobilienpreisen erst mit einem erheblichen Zeitverzug zeigt. Es können noch Monate ins Land gehen, bis sich die Entwicklung auch in Statistiken niederschlägt. Und wenn die Konjunktur nun wieder anzieht, steht dem wachsenden Bedarf an gutem Wohnraum ein zu geringes Angebot gegenüber. Auch Preiserwartungen, die sich an der Vergangenheit orientieren, mindern die Investitionsfreude in einer ausklingenden Krise.

Zu geringes Wohnangebot

Deswegen an dieser Stelle der Hinweis: Deutschland ist trotz aller Unkenrufe für Wohninvestments interessant. Die Wirtschaft zieht langsam wieder an, staatliche Erleichterungen wie höheres Kindergeld und ein Absinken des Steuersatzes schaffen ein gesichertes und besseres Einkommen. Dem stehen jetzt in der Übergangsphase, die nach Expertenmeinung gerade wieder erreicht zu sein scheint, zu wenig qualitativ höherwertige Wohnungen gegenüber, die die Wohnbedürfnisse befriedigen könnten.

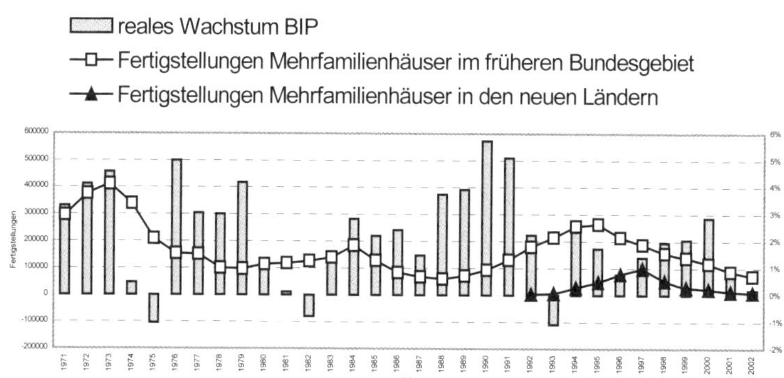

Quelle: Empirica AG, Berlin

Abbildung: Vergleich zwischen Bruttoinlandsprodukt (BIP) und Wohnungsmarkt

Sonderfall Ostdeutschland

Allerdings lässt sich dies nicht pauschal für alle Landstriche in Deutschland behaupten. In Ostdeutschland liegt der Wohnungsmarkt vielerorts am Boden. Nach der Wende bauten sich viele Mieter, bedingt durch die staatliche Förderung, ihre eigenen vier Wände, doch gleichzeitig wurden flächendeckend Wohnungen saniert. Da ein nennenswertes Wirtschaftswachstum in Ostdeutschland ausblieb und zudem viele fortzogen, geriet der Wohnungsmarkt mancherorts ins Wanken. Die Folge: ein hoher Leerstand auch qualitativ guter Wohnungen.

Westdeutschland

Demgegenüber findet eine Krise des Wohnungsmarktsin Westdeutschland meist in den strukturschwachen Gebieten wie dem Ruhrgebiet oder Teilen Frankens statt. Hier sind in den Boomjahren von Ende der 50er bis Mitte der 70er Jahre viele Betonburgen entstanden, um für den hohen Bedarf an Arbeitskräften billigen Wohnraum zur Verfügung zu stellen. Die höheren Ansprüche führen dazu, dass diese Wohnungen heute für viele Mieter nicht mehr interessant sind.

Steigender Wohnflächenverbrauch

Ein wichtiger Grund für den weiter wachsenden Wohnungsbedarf ist der steigende Wohnflächenverbrauch. Wie das Statistische Bundesamt ermittelte, stieg dieser von 1990 bis zum 2002 um rund 15 Prozent an. Die zunehmende Lebensqualität drückt sich auch in den Wohnungsgrößen aus.

Haushaltsentwicklung wichtiger als Bevölkerungsentwicklung

Und: Die Bevölkerungszahl gibt noch keinen Aufschluss über die Anzahl der Haushalte. Wie der Mikrozensus des Statistischen Bundesamtes ergab, ging die Zahl der im Haushalt lebenden Personen von 1991 bis heute durchschnittlich um fast zehn Prozent zurück. Ein- und Zweipersonenhaushalte nahmen in diesem Zeitraum zu, während Mehrpersonenhaushalte abnahmen. Insgesamt gab es eine Zunahme der Haushalte um elf Prozent in Westdeutschland und acht Prozent in Ostdeutschland.

Es ist deshalb auch eine Mär, dass ein Leerstand von Wohnungen einer Sättigung des Wohnungsmarkts gleichkomme. So ermittelte das Eduard Pestel Institut in Hannover zwar im Jahr 2001, dass es in Westdeutschland einen Wohnungsüberhang von rund 300.000 Einheiten gibt, gleichzeitig besteht aber auch ein Wohnungsdefizit von rund 100.000 Einheiten. Dafür gibt es zwei Gründe: Einerseits sind die Wachstumspole Hamburg, Köln, Frankfurt, München oder

Stuttgart immer noch unterversorgt, andererseits genügen viele Wohnungen den qualitativen Ansprüchen der Mieter nicht und sind deshalb schwer oder gar nicht zu vermieten. Abhilfe ist da so schnell nicht in Sicht, denn die öffentliche Hand zieht sich immer mehr aus dem Wohnungsbau zurück. Statt benötigter 300.000-350.000 Wohnungen sind 2003 nur 270.000 Wohnungen erstellt worden. Diese Lücke können nunmehr nur noch private oder institutionelle Investoren schließen. Die Folge: Wer in Wohnungen in Wachstumsregionen investiert, hat gute Chancen, von sicheren Einnahmen und Wertzuwachs zu profitieren.

Regionale Unterschiede

Die zukünftige Entwicklung der Wohnungsmärkte wird in Deutschland jedoch regional unterschiedlich verlaufen: Auf der einen Seite gibt es die Wachstumsregionen mit tendenziell steigenden Wohnungspreisen und nach wie vor erheblichem Bedarf an qualitativ guten Wohnungen, auf der anderen Seite die strukturschwachen Gebiete wie das Ruhrgebiet und weite Teile Ostdeutschlands mit einem hohen Sättigungsgrad und einem weiter stagnierenden Wohnungsmarkt. Die Folge: In den Wachstumsregionen wird sich Wohnraum weiter verteuern.

Wichtigste Kriterien: Kapital und Vermietbarkeit

Da in den Wirtschaftsmetropolen beim Kauf von Wohnungen oder Häusern der Mangel an Wohnraum bereits eingepreist ist, sind Schnäppchen kaum noch zu machen. Doch es gibt nach Ansicht einiger Branchenexperten Regionen in der zweiten oder dritten Reihe, wie beispielsweise Saarbrücken oder Bonn, die auf einem guten Weg und noch günstig sind. Entscheidend ist natürlich auch, welches Kapital für das Wohninvestment bereitsteht. Dr. Rainer Zitelmann, Autor des Buches „Vermögen bilden mit Immobilien", Rudolf Haufe Verlag, Planegg, empfiehlt deshalb: „Wer es sich leisten kann, sollte eher Mietshäuser als eine einzelne Wohnung kaufen. Der Quadratmeterpreis beim Erwerb eines ganzen Hauses ist sehr viel günstiger und das mögliche Mietausfallrisiko besser verschmerzbar als beim Kauf einer einzelnen Wohnung. Grundsätzlich gilt: Immobilien sollten sich auch ohne Wertsteigerungen rechnen, und das ist auch bei Mietshäusern in einfachen und mittleren Lagen sehr wohl der Fall." Letztendlich ist also nicht nur der Kaufpreis entscheidend, sondern die Vermietbarkeit und das bestehende Mietausfallrisiko. Somit ist es auch wichtig, welche Kriterien Mieter für gutes Wohnen anlegen.

Tipp: Gegen den Strom schwimmen

Ein weiterer Punkt ist entscheidend: Wie die Untersuchungen von Empirica gezeigt haben, ist der günstigste Zeitpunkt für ein Investment am Ende einer Stagnations- oder Rezessionsphase, denn dann sind die Objekte mit den größten Preisnachlässen behaftet. Insofern gilt auch hier die Regel – wie beispielsweise bei Aktien –, antizyklisch zu kaufen. Wer das beherzigt, sollte gute Renditen erwirtschaften können.

Wohnumfeld ist wichtig

Einen Hinweis darauf, was bei Mietern gefragt ist, liefert eine Untersuchung des Instituts für Immobilienstudien in Leipzig (ist-Leipzig). Die Studie verdeutlicht die Wünsche und Vorstellungen von Mietern und gibt somit einen Fingerzeig für gute Objekte – selbst in weniger vom Wachstum begünstigten Regionen. Viele Mieter wollen mit der Wohnung und dem Wohngebiet ihren sozialen Status zum Ausdruck bringen. Die ideale Wohngegend ist in vielen Fällen der Stadtrand oder eine relative Zentrumsnähe. Ein ungünstige soziale Zusammensetzung und etwaige Zerstörungen des Wohnumfelds sind hingegen Negativfaktoren, weswegen sich auch die Hälfte der Mieter in solchen Gebieten mit Umzugsgedanken trägt.

Offensichtlich fehlt es in vielen Städten noch an guten Wohnungen und Wohnlagen, die den Bedarf der Mieter decken können. Das bietet Chancen für den Neubau entsprechender Wohnungen. Andererseits bedeutet dies auch, dass Vermieter nicht nur auf die Ausstattung der Wohnung achten sollten, sondern gerade auch auf das Wohnumfeld.

Wer langfristig in Immobilien investieren will, sollte darüber hinaus die stete Vergreisung in Deutschland im Auge behalten und Wohnungen kaufen, die auch für Senioren geeignet sind. Entscheidend für den Erfolg mit Immobilien sind letztendlich die Vermietbarkeit und der Kaufpreis des Objekts.

Tipp: Vor dem Investment richtig informieren

Möchten Sie Wohnungen oder Häuser als Kapitalanleger erwerben, sind Publikationen verschiedener Forschungsunternehmen, in denen Experten auch die Chancen von Immobilien in einzelnen Regionen einschätzen, eine gute Informationsquelle.

1.2 Langfristig finanzielle Vorteile: die Immobilie für den Eigengebrauch

Auch für Selbstnutzer ist die Frage, ob sich eine Immobilie lohnt, von Interesse. Zwar spielen bei dem Wunsch nach den eigenen vier Wänden häufig auch andere als nur wirtschaftliche Gründe eine Rolle. So kann beispielsweise das Bedürfnis nach ungestörtem Wohnen und freier Gestaltung des Wohnraums Auslöser für die Überlegung sein, eine Immobilie anzuschaffen. Doch selbstverständlich wollen Selbstnutzer darüber hinaus auch wissen, ob das eigene Haus oder die Eigentumswohnung im Vergleich zur Mietwohnung finanzielle Vorteile mit sich bringt und wie die Immobilie im Vergleich zu anderen Kapitalanlagestrategien abschneidet.

Vergleich Mietwohung – Eigenheim

Bei einem Vergleich von Mietwohnung und Eigenheim wird deutlich: Bauherren oder Wohnungserwerber, die ihre Immobilie selbst nutzen, verfügen langfristig gesehen über mehr Vermögen als Mieter. Während die Immobilie zu Beginn der Finanzierung noch ein teureres Vergnügen ist als die Mietwohnung und Eigennutzer einen größeren Teil ihres Einkommens für Wohnkosten ausgeben, kehrt sich mit fortschreitender Tilgung der Kredite das Verhältnis um.

Der Eigenheimbesitzer zahlt anfangs die Raten für das Fremdkapital, das er aufgenommen hat. Für Tilgung und Zins entsteht dabei – je nach Höhe des Kredits – eine recht hohe monatliche Belastung.

Beispiel:

Bei einem Kredit von 180.000 Euro, einem Prozent Tilgung und 6,5 Prozent Zinsen beträgt die monatliche Rate 1.300 Euro.

Deshalb ist das Wohnen im Eigenheim in den ersten Jahren meist teurer als in der Mietwohnung. Bei einer im Jahre 2002 durchgeführten Vergleichsrechnung ging die Stiftung Warentest von einer Miete in Höhe von 700 Euro aus. Mit jeder Rate sinken jedoch die Schulden und wächst das Vermögen des Eigenheimbesitzers. Legt der Mieter in der gleichen Zeit Vermögen in Höhe des Eigenkapitalbetrags sowie regelmäßig den Differenzbetrag zwischen Miete und Monatsrate Gewinn bringend an (5 Prozent Rendite), baut er sich in den ersten 15 Jahren noch ein größeres Vermögen auf als der Eigennutzer, der in den ersten acht Jahren mit der Eigenheimzulage gefördert wird. Unter der Annahme, dass die Miete jährlich um zwei Prozent steigt und die Immobilie andererseits um 1,5 Prozent an Wert gewinnt, wendet sich aber das Blatt, und zum Ende der Kreditlaufzeit hat der Eigennutzer den Mieter deutlich überrundet.

Eigenheime können mit Finanzanlagestrategien konkurrieren

Die Frage, wie Immobilien im Vergleich zu anderen Geldanlageformen abschneiden, war bereits des Öfteren Inhalt von Studien. Dass Eigenheime in der Vergangenheit durchaus mit Finanzanlagestrategien konkurrieren konnten, hat das Pestel Institut Hannover in einer langjährigen Untersuchung herausgefunden. Das Institut verglich dreimal in 17 Jahren die Anlagestrategien „selbst genutzte Wohnimmobilie“, „Lebensversicherung“ und „Investmentsparen“ für drei verschiedene Haushaltstypen. Angelegt war die Untersuchung auf einen Zeitraum von 25 Jahren. Bei der Betrachtung der Endvermögen im Jahr 2002 lagen zweimal der Immobilienbesitzer und einmal der Lebensversicherungssparer vorn.

Nettovermögen der drei Haushaltstypen am Ende des 25-jährigen Betrachtungszeitraums (von 1977 bis 2002) nach Anlagestrategie

Haushaltstyp	Lebensversicherungssparer	DEKA-Fonds-Sparer	Immobiliensparer
Single-Haushalte	161.332 Euro	155.010 Euro	169.865 Euro
Ehepaar ohne Kinder	302.139 Euro	279.255 Euro	292.657 Euro
Ehepaar mit zwei Kindern	201.200 Euro	202.978 Euro	216.388 Euro

Quelle: Pestel Institut

Laut Pestel Institut wechselte während des 25-jährigen Untersuchungszeitraums die Führung der drei Anlagestrategien ständig. Im Jahr 2000 war der Fondssparer noch allen anderen Haushaltstypen überlegen, sank dann aber aufgrund des plötzlichen Rückgangs der Aktienkurse ab, sodass er zweimal auf dem dritten Platz landete. Der Lebensversicherungssparer erreichte 2002 trotz der Baisse noch gute Ergebnisse, weil er in den Jahren 2000 und 2001 noch sehr hohe Überschussbeteiligungen von über sechs bzw. über fünf Prozent realisierte. 20 Jahre nach dem Hausbau genießt der Immobiliensparer, trotz schwankender Immobiliepreise, jedoch den Vorteil der ständig steigenden Vergleichsmieten, die er einspart, was seine Liquidität und somit sein Sparvermögen erhöht.

Prognose für die Zukunft

Für die Zukunft prognostiziert das Pestel Institut weiter Vorteile für Immobilienanleger. Da in den kommenden Jahren mit sinkenden Überschussbeteiligungen bei Lebensversicherungen sowie mit niedrigen Zuwachsraten bei Investmentfonds zu rechnen sei, empfehle es sich, die nach der Fälligkeit der Lebensversicherung zur Verfügung stehenden Mittel zum Kauf der gemieteten Wohnung einzusetzen. Die eingesparte Miete werde nicht durch die derzeitige Niedrigzinsphase gesenkt, sondern diese Miete steige in der Tendenz sogar an, weil für die zweite Hälfte dieses Jahrzehnts mit einer partiellen Wohnungsknappheit zu rechnen sei. Der Wohnimmobiliensparer könne aufgrund der eingesparten Miete mittelfristig mit einer stärkeren Wertentwicklung seines Vermögens rechnen als Haushalte mit Finanzanlagestrategien. Die eingesparte Miete bringe Renditen zwischen 4,5 und sechs Prozent.

Höhere Rendite durch Wertsteigerung

Kommt zu der Mietersparnis noch die Wertsteigerung des Eigenheims hinzu, kann der Eigenheimbesitzer sogar eine noch höhere Rendite erzielen. Im langjährigen Durchschnitt haben Wohnungen und Häuser stets an Wert zugelegt. Doch bedeutet dies für das einzelne Objekt noch keine Garantie, da die Wertentwicklung vor allem von der Lage der Immobilie abhängt. Je nach der Region, in der sich das Eigenheim befindet, und beeinflusst von der Tatsache, ob es in der Stadt oder auf dem Land erbaut wurde, entwickelt sich auch der Wert des Hauses oder der Wohnung unterschiedlich. Im ungünstigsten Fall ist sogar ein Wertverlust möglich, der sich dann bemerkbar macht, wenn die Immobilie verkauft werden soll oder muss.

Doch selbst wenn mit der Immobilie eine Wertsteigerung nicht erzielt wird, ist eine Rendite von vier Prozent kein so geringer Wert, wie es zunächst erscheint. Denn im Vergleich zu allen anderen Anlageformen ist die eingesparte Miete die einzige Ausschüttung in Deutschland, die steuerfrei ist.

Eingesparte Miete = steuerfreie Ausschüttung

Fazit: Die Immobilie als Kapitalanlage lohnt sich vor allem für Anleger mit überdurchschnittlichem Einkommen, selbst dann, wenn sie nur über wenig Eigenkapital verfügen. Die eigenen vier Wände sind hingegen besonders für Durchschnittsverdiener mit genügend Eigenkapital von Vorteil. Das Eigenheim ist eine risikoarme Anlageform, mit der sich in der Regel eine solide Rendite erzielen lässt. Voraussetzung: Es gelingt dem Bauherrn oder Erwerber, eine Immobilie zu finanzieren, bei der die eingesparte Miete zu einer angemessenen Verzinsung des eingesetzten Kapitals führt. Haben Sie als Bauherr Anspruch auf die Eigenheimzulage, wirkt sich dies entsprechend positiv auf die erzielbare Rendite aus.

2 Kassensturz und Kapitalbedarf – was kann ich mir leisten?

Haben Sie die richtige Immobilie gefunden, so stellt sich die Frage, wie Sie eine solide Finanzierung auf die Beine stellen. Dazu müssen Sie zunächst die genauen Kosten ermitteln und dann Ihrem Eigenkapital gegenüberstellen. Grundsätzlich sind dabei die Kosten, die bei einem Neubau, und jene, die bei dem Erwerb einer bereits fertig gestellten Immobilie anfallen, zu unterscheiden – egal ob Selbstnutzer oder Kapitalanleger.

2.1 Welche Kosten entstehen beim Erwerb einer bestehenden Immobilie?

Generell entstehen folgende Kosten:

- Kaufpreis,
- Maklercourtage,
- Grunderwerbsteuer,
- Renovierungs- und Instandhaltungsaufwand,
- Verwaltungsgebühren.

Kaufpreis

An erster Stelle steht der Kaufpreis der Immobilie. Erwerben Sie eine Eigentumswohnung, so fallen noch Kosten für die Grundstücksanteile an.
Der Kaufpreis für Vermieter ergibt sich meist aus der Jahresnettokaltmiete. Annäherungsweise liegt der Kaufpreis beim 14fachen der Jahresnettokaltmiete.

Maklercourtage

Haben Sie das Objekt mittels Makler erstanden, so fällt eine Maklerprovision (§§ 652 ff. BGB) an. Die Maklercourtage ist häufig ein Prozentsatz vom Kaufpreis, kann jedoch auch frei vereinbart werden. Sie ist regional unterschiedlich geregelt. Rechnen Sie mit mindestens 3,48 Prozent vom Kaufpreis (drei Prozent Provision und darauf 16 Prozent Mehrwertsteuer), in einzelnen Regionen werden auch bis zu sechs Prozent Maklerprovision vereinbart (insgesamt 6,96 Prozent).

Achtung:

Die Maklercourtage wird in der Regel sofort nach der Vermittlung fällig, also nicht erst, wenn der Kaufpreis angewiesen wird.

Grunderwerbsteuer

Die Grunderwerbsteuer ist sozusagen die Umsatzsteuer beim Grundstücksverkauf. Sie wird von der Kommune erhoben, in der der Grundstückskauf anfällt, und gilt nur bei Erwerb von Grundstücken innerhalb Deutschlands. 3,5 Prozent des Gesamtkaufpreises, bestehend aus dem Gebäude- bzw. dem Wohnungs- und dem Grundstückspreis oder dem Grundstücksanteilspreis, müssen an das Finanzamt abgeführt werden. Erst danach erhält der Käufer die Unbedenklichkeitsbescheinigung. Diese benötigen Sie als neuer Eigentümer, um sich ins Grundbuch eintragen zu lassen.

Tipp: Reduzierter Steuersatz bei Gebäuden auf Erbbaugrundstücken

Haben Sie ein Haus auf einem Erbbaugrundstück erworben, fällt nur ein reduzierter Steuersatz an. Informieren Sie sich bei Ihrem zuständigen Finanzamt.

Renovierungs- und Instandhaltungsaufwand

Kosten für Renovierung und Instandhaltung können beim Kauf gebrauchter Häuser und Wohnungen anfallen und ganz schön ins Geld gehen. Für neue Fenster und Türen müssen Sie zum Beispiel mit 10.000–20.000 Euro oder für eine neue Heizung mit 3.000–10.000 Euro rechnen. Weitere Knackpunkte können das Dach und die Treppen sein. Wer alles renovieren muss, ist mit rund 30.000–50.000 Euro dabei. Bei größeren Objekten zur Vermietung können die Kosten natürlich ein Vielfaches davon betragen, je nach Anzahl der Wohnungen.

Achtung:

Wer Häuser oder Wohnungen bei Zwangsversteigerungen erwirbt, muss damit rechnen, dass ein ganz erheblicher Sanierungsbedarf besteht, da die Alteigentümer nicht mehr das Geld hatten, das Gebäude in Schuss zu halten.

Bedenken Sie auch, dass in gebrauchten Immobilien selbst bei einem sonst tadellosen Gebäude die Heizungsanlage eventuell nicht mehr auf dem neuesten Stand der Technik ist und nach der Energieeinsparverordnung (EnEV) zum „alten Eisen“ gehört. Die Folge: Sie müssen in absehbarer Zeit eine neue Heizungsanlage anschließen.

Tipp: Heizungsanlagen müssen zeitgemäß sein

Erkundigen Sie sich bei Anlagen, die älter als etwa 25 Jahre sind, ob die Heizung noch zeitgemäß ist oder baldmöglichst ausgetauscht werden muss. Es gibt hier unterschiedliche Übergangsfristen. Ihr Bezirksschornsteinmeister oder ihr Heizungsbauunternehmen können Sie zu dieser Thematik beraten.

Steht eine umfangreiche Renovierung an, müssen häufig noch Fachleute und Helfer hinzugezogen werden. Das Beraterhonorar für Architekten oder Ingenieure ist in der VOB festgelegt. Handwerker geben einen Kostenvoranschlag. Auch Bauhelfer werden meist entlohnt und müssen versichert werden. Diese Kosten sollten Sie ebenfalls berücksichtigen.

Verwaltungsgebühren

Bei den Verwaltungsgebühren handelt es sich um die Gebühren, die für die Eintragung ins Grundbuch oder Umschreibung erhoben werden. Die Höhe der Gebühren hängt vom Kaufpreis ab.

Beispiel:

Familie Müller erwirbt für 300.000 Euro ein Zweifamilienhaus. Sie wendet sich an einen Notar, um das Geschäft zu vollziehen. Folgende Gebühren fallen an:

Umschreibung des Eigentümers	1.014,00 Euro
Notarieller Kaufvertrag	1.014,00 Euro
Gebühr für die Abwicklung	253,50 Euro
Vollzug des Geschäfts	126,75 Euro
Mehrwertsteuer (16 %) Notar	223,08 Euro

Gesamtkosten	2.631,08 Euro
Grundbuchamt: Eintragung Eigentümer	507,00 Euro

Hinzu kommen in diesem Beispiel noch etwaige Eintragungsgebühren für eine Hypothek oder Grundschuld, wenn das Objekt finanziert werden soll. Diese fallen in Abhängigkeit von der Summe sowohl beim Notar als auch beim Grundbuchamt an. Hier können bei größeren Hypotheken schnell noch mal 1.000 Euro zusammenkommen.

Darüber hinaus können noch Honorare für einen unabhängigen Finanzierungs- oder Versicherungsberater anfallen, und auch Banken können Beratungsgebühren erheben.

Steuern für Vermieter

Für die Einkünfte aus Vermietung und Verpachtung fällt Einkommensteuer an. Diese können Sie allerdings regelmäßig über Abschreibungen und Finanzierungskosten reduzieren.

2.2 Welche Kosten entstehen beim Neubau?

Beim Neubau entstehen zum einen Kosten für das Grundstück, zum anderen für das Objekt, also

- Grundstückskosten und
- Gebäudekosten.

2.2.1 Die Grundstückskosten

Die Suche nach einem geeigneten Grundstück ist nicht immer ganz einfach und deswegen kann es auch eine geraume Zeit dauern, bis es gefunden ist. Neben Immobilienanzeigen können auch Makler oder Architekten gute Ansprechpartner sein. Auch Fertighausanbieter können Grundstücke vermitteln, allerdings unter der Voraussetzung, dass Sie auch ein Fertighaus vom Anbieter erwerben.

Die Grundstückskosten lassen sich wie folgt unterteilen:

- Kaufpreis ,
- Grunderwerbsteuer,
- Erschließungskosten,
- Verwaltungskosten.

Kaufpreis für das Grundstück

Wer sich für ein baureifes Grundstück interessiert, möchte natürlich auch wissen, wie hoch der Preis dafür sein könnte. Das Problem: Grundstücke sind Unikate und deshalb ist der Wert nicht nur abhängig von der Bodenbeschaffenheit, sondern auch von der Lage und der Nachfrage. So sind erfahrungsgemäß Grundstücke in Ballungsräumen teuer, während sie in ländlichen Gegenden erheblich günstiger sind.

Tipp: So können Sie mehr zu Grundstückspreisen erfahren

Hinweise auf Kaufpreise geben die unabhängigen Gutachterausschüsse für Grundstückswerte, die in allen kreisfreien Städten und Landkreisen tätig sind. Hier können Sie Einsicht in die Bodenrichtwertkarten nehmen, die die Basis für den späteren Kaufpreis bilden. Auch Kaufpreissammlungen liegen vor, aus denen sich ein durchschnittlicher Lagewert von Bauland ersehen lässt. So können Sie schnell ermitteln, an welchem Ort und in welcher Größe Sie sich ein Grundstück leisten können oder wollen.

Ist das Grundstück erworben, muss eventuell noch die Maklercourtage von mindestens 3,48 Prozent auf den Kaufpreis geschlagen werden. Dies sollten Sie bereits in der Kalkulation berücksichtigen.

Tipp: Auch Gemeinden können Bauland vergeben

Häufig werden Grundstücke von Gemeinden über das so genannte Erbbaurecht vergeben. Dabei pachten Sie das Grundstück auf 99 Jahre und dürfen es anschließend bebauen. Neben einer Einstandszahlung müssen Sie als Erbpächter einen jährlichen Erbbauzins in der Regel von vier bis sechs Prozent zahlen.

Grunderwerbsteuer

Wie bereits dargelegt, beträgt die Grunderwerbsteuer grundsätzlich 3,5 Prozent. Die Bemessungsgrundlage ist das Grundstück, doch können auch das Haus bzw. die Eigentumswohnung hinzugerechnet werden. Das ist dann der Fall, wenn das Objekt über ein Bauträgermodell erstellt wurde. Die Bauträgermodelle haben zwar für Sie als Käufer Vorteile, denn Sie haben nur einen Vertragspartner, bei der Erhebung der Grunderwerbsteuer können Sie allerdings durchaus finanzielle Nachteile von 5.000–10.000 Euro erleiden.

Tipp: Grunderwerbsteuerminderung trotz Bauträgermodell

Wenn Sie Ihrem Finanzamt nachweisen können, dass der Grundstückserwerb separat vom Objektkaufvertrag erfolgt, sollte eine Minderung möglich sein. Dem Finanzamt kommt es darauf an, dass der Erwerber eine freie Wahl treffen konnte. Schwierig ist dies allerdings, wenn es sich bei Grundstücksverkäufer und Bauträger um ein und dasselbe Unternehmen handelt.

An dieser Stelle soll auch noch eine andere Möglichkeit kurz dargestellt werden: Es ist auch möglich, dass der Bauträger Verkäufer des Grundstücks und gleichzeitig der Hausbauer ist und trotzdem nur die günstige Grunderwerbsteuer auf das Grundstück anfällt. Das ist dann der Fall, wenn mindestens drei Angebote für den Hausbau eingeholt worden sind und anschließend ein getrennter Bauvertrag mit dem Bauträger geschlossen wurde. Voraussetzung: Er hat das preiswerteste Angebot unterbreitet. Das Finanzamt sollte diese Vorgehensweise akzeptieren. Sprechen Sie in diesen Fällen also immer mit Ihrem Bauträger und lassen Sie sich nicht ins Bockshorn jagen, falls der Antrag beim Finanzamt nicht gleich beim ersten Versuch genehmigt wird. Legen Sie Widerspruch ein oder – wenn Sie rechtlich nicht so bewandert sind – beauftragen Sie einen Rechtsanwalt mit dem Schwerpunkt Bau(vertrags)recht mit Ihren Interessen.

Erschließungskosten

Erschließungskosten sind Gebühren, die für den Bau von Straßen und Versorgungsleitungen wie Wasser, Abwasser, Gas, Fernwärme, Telefon- und Kabelanschluss zu entrichten sind. Ob und in welcher Höhe diese Gebühren anfallen, können Sie beispielsweise bei der Kommune oder bei den Telefonbetreibern erfragen. Mit einigen tausend Euro können Sie sicherlich rechnen. Allerdings kann die Kommune die Erschließung auch einem Dritten – beispielsweise einem Bauträger – überlassen, der dann die anfallenden Kosten direkt einzieht. Mit- oder Teileigentümer beispielsweise bei Eigentumswohnungen werden anteilig an den Erschließungskosten beteiligt.

Tipp: Abseits gelegene Objekte

Achten Sie bei abseits gelegenen Objekten darauf, dass mögliche Erschließungskosten ausgewiesen werden. Denn sonst kann es passieren, dass die Rechnungen dafür noch nicht beglichen wurden und Sie als Erwerber durch die Hintertür dafür zur Kasse gebeten werden.

Die Verwaltungsgebühren fallen ähnlich dem schon beim Erwerb von Altbauten dargelegten Prinzip an.

Verwaltungsgebühren

2.2.2 Die Gebäudekosten

Folgende Kosten entstehen bei der Errichtung von Immobilien:

- Kosten für die Erstellung der Immobilie,
- Baunebenkosten,
- Bezahlung der Außenanlagen,
- Versicherungen,
- Bauabzugsteuer.

Die meisten Kosten beim Hausbau verschlingen natürlich Planung und Bau des Objekts. Wer ein Haus errichten will, muss erfahrungsgemäß mit den höchsten Kosten rechnen. Die genauen Kosten hängen dabei von den verwendeten Materialien und der Ausstattung ab. Wer hier die Kosten im Griff behalten will, sollte schon vorab genau die Ausstattung festlegen und dabei nicht unbedingt die teuersten Varianten wählen. Eine weitere Möglichkeit, Kosten einzusparen, ist der Einsatz von Bauhelfern. Allein dadurch lassen sich die üppigen Handwerkerlöhne bereits erheblich reduzieren. Natürlich müssen auch Bauhelfer in der Regel bezahlt werden – nicht immer ist der Schwiegervater für ein einfaches Dankeschön bereit, mit anzupacken –, allerdings zu weit geringeren Löhnen.

Kosten für die Erstellung der Immobilie

Achtung:
Achten Sie darauf, dass, wenn Bauhelfer entlohnt werden, diese die Einkünfte bei ihrer Einkommensteuererklärung auch korrekt angeben. Sonst könnte Ihnen ein gerichtliches Verfahren drohen. Frei von der Einkommensteuer sind allerdings die Erstattung der Fahrtkosten, Bezahlung der entsprechenden Kleidung und die Verköstigung.

Auch eine so genannte Nachbarschaftshilfe ist möglich, bei der ein Leistungsaustausch, aber kein Geld fließt. Dabei werden gewisse Leistungen, beispielsweise die Sanitärinstallation, von einem Bauhelfer erbracht, im Gegenzug legt beispielsweise der Bauherr bei seinem Helfer die Elektroinstallation.

Tipp: Alternative Festpreis

Eine wesentliche Maßnahme, um finanzielle Überraschungen zu vermeiden, ist die Festpreisgarantie für das Gebäude. Allerdings ist nicht unbedingt das günstigste auch das beste Angebot. Hier spielt die Zufriedenheit mit dem Architekten oder Bauträger die entscheidende Rolle. Deshalb sollten Sie sich Referenzen vom Architekten oder Bauträger zeigen lassen. Seriöse Anbieter werden dies meist schon von sich aus anbieten.

Baunebenkosten

Unter den Baunebenkosten fasst man alle Honorarkosten von Architekten, Bauingenieuren, Statikern und gegebenenfalls auch Gutachtern zusammen. Auch die Prüfung und Bauabnahme durch kommunale Behörden ist Bestandteil der Baunebenkosten.

Bezahlung der Außenanlagen

Unterschätzen Sie nicht die Kosten für die Außenanlagen. Dazu zählen nicht nur die Anlage des Gartens, sondern vor allem Wege, Parkplätze, Zäune und Grundstücksmauern, Entwässerungsleitungen, Sickergruben für Regenwasser und alle Anschlüsse der Versorgungsleitungen zum Objekt hin.

Tipp: Eigenleistung

Gerade die Anlage des Gartens und der Wege sowie das Setzen der Zäune können Sie auch gut in Eigenarbeit erledigen.

Versicherungen

Seit der neuen Baustellenverordnung ist der Abschluss entsprechender Versicherungen kaum noch zu vermeiden. War früher der Bauunternehmer für die Sicherheit auf der Baustelle zuständig, so ist es heute der Bauherr. Ohne eine einschlägige Ausbildung können Sie aber mögliche Risiken und Gefahren gar nicht erkennen. Zwar können Sie den Bauunternehmer oder Architekten als so genannten Sicherheitskoordinator beauftragen, doch dafür fallen weitere Honorare an. Und: Es muss eine Vereinbarung geschlossen werden, wer nun eigentlich im Schadensfall haftet, Sie oder der Sicherheitskoordinator. Da es auch Ausnahmen von der Regel gibt, sollten Sie in jedem Fall mit dem Bauunternehmer, Architekten oder Versicherungsmakler über dieses Thema sprechen. Und auch die Bauhelfer müssen bei der Berufsgenossenschaft angemeldet und versichert werden. Dies gilt auch dann, wenn sie ohne Entlohnung arbeiten. Ansonsten können ganz erhebliche Bußgelder drohen.

Unerlässlich und Voraussetzung für die Kreditzusage durch die Finanzinstitute ist die Feuer-Rohbauversicherung für das Gebäude. Welche weiteren Versicherungen für Sie als Bauherr wichtig sind, wird noch in einem gesonderten Kapitel erläutert.

Bauabzugsteuer

Die Bauabzugsteuer ist seit dem 01.01.2002 infolge des „Gesetzes zur Eindämmung illegaler Betätigung im Baugewerbe" in Kraft. Betroffene sind all jene, die eine gewerbliche oder beruflich selbstständige Tätigkeit ausüben und ihr Gebäude teilweise oder ganz beruflich nutzen. Dazu zählen nicht nur Unternehmer, sondern auch Ärzte, Rechtsanwälte und auch private Vermieter, zum Beispiel bei einem Mehrfamilienhaus. Rein private Bauvorhaben sind davon nicht betroffen. Werden die Bagatellgrenzen der Investitionssumme von 5.000 oder 15.000 Euro nicht überschritten, kann eine Freistellung erteilt werden. 15.000 Euro gelten beispielsweise für Wohnungsvermieter, die keine steuerlichen Umsätze ausführen, 5.000 Euro gelten für alle weiteren Maßnahmen.

Bei der Bauabzugsteuer müssen 15 Prozent der Rechnungssumme der Bauleistungen (Nettobetrag + Umsatzsteuer) an das zuständige Finanzamt abgeführt werden. Unwissenheit schützt nicht vor der Steuer und kann obendrein noch mit einem saftigen Bußgeld von 25.000 Euro honoriert werden. Erhoben wird die Steuer auf die Herstellung, Instandsetzung, Veränderung oder Beseitigung von Bauwerken, nicht aber auf Rechnungen von Architekten, Bauingenieuren, Statikern oder auf Rechnungen von Baumärkten sowie für reine Wartungsarbeiten.

Tipp: Selbstständige sollten sich Rat beim Finanzamt holen

Gehören Sie zu der besagten Berufsgruppe der Selbstständigen und wollen Sie Ihr neues Heim teilweise geschäftlich nutzen, sollten Sie sich mit dem zuständigen Finanzamt in Verbindung setzen oder Ihren Steuerberater fragen.

2.3 Welche Kosten fallen rund um die Finanzierung an?

Finanzierungsnebenkosten

Finanzierungsnebenkosten sind alle Kosten, die bei der Finanzierung per Kredit entstehen. Die meisten Kreditgeber erheben vor der Kreditvergabe so genannte Wertermittlungsgebühren, auch Schätzkosten genannt. Lassen Sie von einem Kreditinstitut den Objektwert Ihrer Immobilie ermitteln, um zu sehen, was an Sicherheiten vorhanden ist, so müssen Sie diese Gebühr entrichten. Die Höhe richtet sich entweder nach dem Objektwert oder nach der Darlehenshöhe und beträgt meistens zwischen 0,2 und 0,5 Prozent.

Außerdem zählen zu den Finanzierungsnebenkosten noch die Bereitstellungszinsen für den Kredit und die Bauzeitzinsen, die in der Regel 0,25 Prozent der Kreditsumme je Monat betragen. Diese Zinsen werden von den Kreditinstituten ab einer bestimmten Frist auf die restliche Darlehenssumme erhoben. Sie entstehen dann, wenn die Immobilie nach Baufortschritt bezahlt wird. Für diese Teilbeiträge sind dann Kreditzinsen fällig. Bauzeitzinsen fallen meist bei der Renovierung oder Modernisierung eines Altbaus oder beim Hausbau durch Bauträger an.

Geld-beschaffungskosten

Geldbeschaffungskosten sind all jene Kosten, die durch Eintragung einer Hypothek oder Grundschuld ins Grundbuch entstehen. Die Finanzinstitute sichern sich über diesen Weg die Risiken eines Bau- oder Kaufvorhabens ab. Für die Grundschuldbestellung werden sowohl Notar- als auch Grundbuchgebühren fällig. Diese Kosten richten sich nach der Höhe der Darlehenssumme und betragen in der Regel 0,5 Prozent. In diese Gruppe gehört auch das Disagio von meist fünf Prozent der Darlehenssumme. Auch die Zinsen, die für Kredite gezahlt werden müssen, die vom Voreigentümer übernommen wurden, zählen dazu. Außerdem können Provisionen durch die Vermittlung des Kredits entstehen, sofern sie nicht durch das Kreditinstitut abgedeckt sind.

Als privater Erwerber oder Bauherr können Sie die Kosten nicht absetzen, da sie zu den nicht abzugsfähigen Kosten der privaten Lebensführung zählen. Anders sieht es beispielsweise bei einem Vermieter aus, der die Geldbeschaffungskosten noch im ersten Jahr steuermindernd zum Ansatz bringen kann.

2.4 Welche Kosten kommen noch auf mich zu?

Kosten rund um den Umzug

Beim Umzug in eine Immobilie entstehen zwangsläufig weitere Kosten, zum Beispiel

- Umzugskosten,
- Teppichböden, Parkett, Tapeten,
- Einbauküche,
- Einbauschränke,
- Alarmanlage,
- neue Möbel,
- Gartengeräte etc.

Aber auch Doppelbelastungen wie die Miete für die noch bewohnte Wohnung sowie auch die Kosten bei der Erbringung von Eigenleistungen müssen Sie berücksichtigen. Kosten für Immobiliengesuche fallen ebenso in diese Rubrik wie die Zustimmung eines Verwalters beim Kauf einer Eigentumswohnung. Etwa 100 bis 200 Euro müssen Sie für die Zustimmung des Verwalters rechnen.

Manche dieser Anschaffungen können Sie natürlich auch hinauszögern. Hier können Sie dann die Einnahmen aus dem 13. oder 14. Monatsgehalt, aus bezahlter Mehrarbeit oder Nebenbeschäftigungen sinnvoll einsetzen.

Legen Sie auch eine Reserve für Unvorhergesehenes zurück. Sie müssen immer damit rechnen, dass etwa ein Bauhelfer ausfällt und Sie nun Handwerker mit der Leistung beauftragen müssen.

Tabellarische Zusammenfassung

Nachdem Sie die einzelnen Kosten ermittelt haben, sollten Sie sie, um eine bessere Vergleichbarkeit verschiedener Angebote zu erzielen, tabellarisch zusammenfassen. Ein Problem dabei sind die Kosten, die zunächst noch nicht feststehen. Dazu gehören zum Beispiel die Renovierungs-, Modernisierungs- oder Instandsetzungskosten bei Altbauten. Diese sollten Sie separat erfassen und zum Schluss in die Berechnung der Gesamtkosten einbeziehen. Hier gelten die Kostenvoranschläge von Handwerkern als Maßstab. Bei Eigenleistungen fallen die Materialkosten sowie Lohn und Versicherung für die Bauhelfer an.

Kostenaufstellung beim Kauf oder Bau einer Immobilie	
Kaufpreis	-
Grunderwerbsteuer	3,5 % des Kaufpreises
Notargebühren	1 % des Kaufpreises
Grundbuchkosten zur Eigentumsübertragung	0,5 % des Kaufpreises
Maklercourtage	mind. 3,48 % des Kaufpreises
Erschließungskosten	-
Renovierungs- und Instandhaltungsaufwand	
Finanzierungsnebenkosten	
Wertermittlungskosten	0,5 % der Darlehenssumme
Bereitstellungszinsen	-
Geldbeschaffungskosten	
Gebühren für Notar- und Grundbuchbestellung	0,5 % der Darlehenssumme
Weitere Kosten	
Umzug, Anschaffungen, Versicherungen etc.	
Gesamtsumme	

2.5 So ermitteln Sie Ihr Eigenkapital

Der erste Schritt auf dem Weg zum eigenen Heim bzw. zur Wohnung oder Immobilie als Kapitalanlage ist die Ermittlung des Eigenkapitals. Allerdings trennen sich hier sehr schnell die Wege von Vermieter und Eigennutzer. Während der Eigennutzer möglichst viel Eigenkapital auf der hohen Kante haben sollte, ist es beim Vermieter eher umgekehrt, weil dieser den Darlehenszins steuerlich geltend machen kann. Deshalb ist dieser Bereich für Vermieter nicht gar so wichtig.

20 bis 30 Prozent

Die Frage nach dem Eigenkapital ist wohl die erste Frage, die Ihnen Ihr zukünftiger Kreditgeber stellen wird. Ohne Eigenkapital ist eine seriöse Immobilienfinanzierung praktisch nicht möglich – 20 bis 30 Prozent sollten es schon sein. Ausnahmen sind nur denkbar, wenn Sie beispielsweise bereits Immobilienbesitz als Sicherheit bieten können, umfangreiche Arbeitgeberdarlehen bekommen oder öffentlich geförderte, zinsverbilligte Darlehen beziehen können und der Kreditgeber somit nicht den Gesamtkredit leisten muss.

Verfügen Sie nicht über mindestens 20 Prozent Eigenkapital, müssen Sie zunächst einmal entsprechendes Vermögen anhäufen. Eine Alternative könnte auch der Ansparkauf bzw. die Ansparfinanzierung sein, die später besprochen wird. Zusätzlich zum Kaufpreis des Gebäudes fallen noch die Nebenkosten an, die möglichst aus eigenen Mitteln bestritten werden sollten.

Achtung:
Auch das Finanzamt könnte sich für Ihr Eigenkapital interessieren, wenn es aus unversteuertem Vermögen wie Schenkungen, Erbschaften oder gar Schwarzgeld stammt.

Aus folgenden Quellen kann sich das Eigenkapital speisen:

Eigenkapitalquellen

• Barkapital • Gelder auf Konten • Wertpapiere • Bausparguthaben • Kapitalbildende Lebensversicherungen • Stille Beteiligungen/Unternehmensbeteiligungen • Eigene Immobilie	• Mezzanines Kapital • (Erb-)Baugrundstücke • Schmuck, Sammlungen, Wertgegenstände • Riester-Rente • Familiendarlehen • Abtretungen und Verpfändungen • Eigenleistung

Konten

Einen Überblick über das Eigenkapital bei Geldern auf Konten oder Girokonten gewinnen Sie relativ schnell. Bedenken Sie, dass längerfristige Ratensparverträge – das gilt auch für vermögenswirksame Leistungen – nicht so ohne weiteres aufgelöst werden können bzw. der Gesetzgeber auf VL-Leistungen eine Mindestlaufzeit von sieben Jahren vorschreibt. Zwar können langfristige Sparverträge gekündigt werden, doch geht dann der höhere Zinssatz für die Laufzeitbindung verloren. Das Sparguthaben beim Bausparen bei noch nicht zuteilungsreifen Bausparverträgen ersehen Sie aus dem letzten Kontoauszug.

Tipp:
Auf Wunsch kann dieser Vertrag reduziert werden. Das heißt die Bausparsumme entspricht dem derzeitigem Bausparguthaben. Dadurch wird der Vertrag schnell zuteilungsreif.

Lebensversicherung

Der Rückkaufswert der Lebensversicherung wird auf Wunsch von den Lebensversicherern mitgeteilt. Vor einer Kündigung sollten Sie allerdings auch überprüfen, ob Sie nicht mit einem Policendarlehen besser dastehen. Das Policendarlehen werten die Kreditgeber übrigens nicht als Fremdkapital. Doch Achtung bei Kündigung: Falls die Versicherung weniger als zwölf Jahre bestanden hat, sind die Erträge daraus steuerpflichtig und schmälern entsprechend die Geldsumme.

Tipp:

Angesichts der schmalen Verzinsung von kapitalbildenden Lebensversicherungen ist eine Beitragsfreistellung der Versicherung überlegenswert, um das Finanzierungspotenzial zu erhöhen. Dieser frei werdende Betrag kann dann in die Finanzierung gesteckt werden. Allerdings sollten Sie auch bedenken, dass ein Teil des Versicherungsschutzes (Todesfallleistung) verloren geht. Diesen können Sie jedoch preiswerter über eine Risikolebens- oder Restschuldversicherung einkaufen. Das Für und Wider sollten Sie mit Ihrem Versicherungsbetreuer oder mit Beratern der Verbraucherzentrale erörtern.

Riester-Rente

Bei der Riester-Rente wird ein zinsloses Darlehen auf die Einlage vorgenommen. Auch dieses Darlehen werten Kreditinstitute nicht als Fremdkapital, da hier ein Kredit auf das eigene Vermögen genommen wird. Allerdings schmälert auch das Riester-Rentendarlehen durch die Rückzahlungsverpflichtung das Finanzierungspotenzial.

Wertpapiere

Aktien, Obligationen und andere Wertpapiere gehen mit dem Wert zum Stichtag X in die Berechnung ein, wobei Rentenpapiere ebenso wie beispielsweise nicht börsennotierte Bundesschatzbriefe mit ihrem Nennwert bzw. Rückzahlungswert in die Berechnung eingehen. Bei Aktien stellt sich schnell die Frage, ob es wirklich sinnvoll ist, sie als Eigenkapital einzusetzen. Das ist letztendlich abhängig von ihrem derzeitigen Kurswert. Besteht hier ein gutes Potenzial für weiteren Wertzuwachs, kann es häufig sinnvoller sein, sie erst zu einem günstigeren Zeitpunkt aufzulösen.

Tipp:

Sollten Sie während der Finanzierungsphase Ihrer Immobilie noch Aktien in Ihrem Depot behalten wollen, so sollten Sie mit der Bank die Möglichkeit einer Sondertilgung vereinbaren, damit Sie die Erlöse zur

Reduzierung der Darlehensschuld verwenden können. Das Gleiche gilt natürlich auch für höhere Ratensparverträge, die bis Laufzeitende weiter bespart werden, oder Lebensversicherungen, die erst nach der Zwölfjahresfrist in die Finanzierung eingebracht werden.

Beteiligungen

Unternehmensbeteiligungen, stille Beteiligungen oder Immobilien werden mit ihren Verkaufserlösen, gegebenenfalls auch mit ihrem Schätz- oder Beleihungswert berücksichtigt.

Eigene Immobilien

Eigene Immobilien sind natürlich eine sehr solide Form des Eigenkapitals, auch dann, wenn sie nicht verkauft, sondern beliehen werden sollen. Dazu ist es allerdings notwendig, dass die Belastungsgrenzen noch nicht vollständig ausgeschöpft sind. Dieser Wert dient dem Finanzierer dann als Sicherheit für das zu vergebende Darlehen. Das heißt, über diesen Weg ist es sogar möglich, ohne Eigenkapital zu finanzieren, wenn das schon im Eigentum befindliche Objekt als dingliche Sicherheit für die neue Immobilie dient.

Sammlungen und andere Wertgegenstände

Ob Sie nun Ihre liebgewonnene Sammlung (zum Beispiel Briefmarken oder Münzen) oder andere Wertgegenstände verkaufen oder die Erlöse für den teuren Zweitwagen zum Immobilienerwerb einsetzen möchten, ist sicher Geschmackssache. Bedenken Sie allerdings, dass das Leben nicht nur aus der Finanzierung des Hauses besteht.

Tipp:

Denken Sie auch an eine stille Reserve für das Objekt. Der Renovierungsaufwand könnte sich beispielsweise erhöhen, weil Handwerker doch mehr Zeit als angenommen benötigen, oder der Hausbau verzögert sich durch Witterungseinflüsse. Mit einer Eigenkapitalreserve von drei bis fünf Prozent sind Sie eigentlich immer auf der sicheren Seite.

Familien- oder Verwandtendarlehen

Ein weiterer wichtiger Bestandteil der Finanzierung ist das so genannte Familien- oder Verwandtendarlehen. Es ist von Verwandten geliehenes oder geschenktes Geld. Gerade diese Geldquelle ist für die heutige Generation von Immobilienerwerbern immer wichtiger, da die Älteren häufig über genügend Geld verfügen, das sonst teuer von einem Finanzinstitut besorgt werden muss. Wenn sowieso die Kinder alles erben sollen, kommt vielleicht sogar eine Schenkung in Frage, die auch noch Steuern sparen hilft.

Das reine Familiendarlehen dient bei der Immobilienfinanzierung als Eigenkapital und wird von den institutionellen Geldgebern gerne gesehen, um die gewünschte Eigenkapitalquote von mindestens 20 Prozent der Gesamtsumme zu erreichen. Allerdings steht diese Finanzierung unter Umständen auf wackeligen Beinen, gerade wenn eine spätere Rückzahlung des Verwandtenkredite vereinbart wurde, denn diese schmälert dann wiederum das Finanzierungspotenzial. Nutzen Sie Familienkredite auch, falls Sie selbst 20 Prozent Eigenkapital aufbringen und das Familiendarlehen nur zur Aufstockung des Anteils verwenden. Dies stärkt den Verhandlungsspielraum gegenüber den Banken.

Achtung:

Muss das Familiendarlehen allerdings im ersten Rang ins Grundbuch eingetragen werden, weil die Verwandten darauf bestehen, so fällt der Vorteil der Eigenkapitalerhöhung weg. Es wird als Fremdkapital gewertet. Ob sich das Verwandtendarlehen dann noch rechnet, hängt von den weiteren Bedingungen des Darlehens ab.

Der Idealfall: Schenkungen

Am besten ist natürlich eine Schenkung. Über diese sollte ein Schenkungsvertrag abgeschlossen werden, der für beide Seiten eine Sicherheit darstellt. Es sollte ein Geldschenkungsvertrag sein, der ohne Bedingungen vereinbart wird. Findet eine Schenkung an Dritte, also nicht an die direkten Erben, statt, so sollte zusätzlich noch das so genannte „lebzeitige Eigeninteresse“ (des Schenkers) im Schenkungsvertrag deutlich vermerkt werden. In Zweifelsfällen muss der Rat einer Notarin oder eines Notars eingeholt werden. Außerdem hat eine Schenkung noch einen weiteren Vorteil: Sie verringert die mögliche Steuerschuld im Falle einer späteren Erbschaft des Beschenkten, sofern zehn Jahre verstrichen sind.

Achtung:

Schenkungen sind immer endgültig. Aber es gibt Fälle, die eine Schenkung wieder aufheben, zum Beispiel, wenn der Schenker unverschuldet in eine finanzielle Notlage kommt oder bei grobem Undank des Beschenkten.

Egal ob Schenkung oder Verwandtendarlehen, Sie sollten in jedem Fall einen entsprechenden Vertrag schließen, um spätere Streitigkeiten schon im Keim zu ersticken.

Abtretungen, Verpfändungen

Abtretungen oder Verpfändungen können bei Geldanlagen, die nicht sofort oder nur mit Verlust verfügbar sind, in Frage kommen Der Unterschied zwischen Abtretung und Verpfändung besteht darin, dass die Verpfändung an eine konkrete Forderung gebunden ist, was bei der Abtretung nicht der Fall ist. Verpfändet werden deshalb häufig Wertpapierkonten oder Ratensparverträge mit einer festen Laufzeit, die zurzeit als Kapital nicht zur Verfügung stehen.

Lebensversicherungen oder Bausparverträge werden dagegen abgetreten. Das heißt auch, dass diese dann weiter bedient werden müssen. Und: Der Gewinn aus der Abtretung steht dem Abtretungsnehmer zu!

Tipp:

Im späteren Verlauf der Finanzierung können Abtretungen sinnvoll sein. Dies gilt besonders bei der Umschuldung, da hier die Forderung auf den Darlehensgeber übergeht, ohne dass eine weitere Grundschuld ins Grundbuch eingetragen werden muss. Beachten Sie jedoch in diesem Zusammenhang, dass gerade die Abtretung von Lebensversicherungen erhebliche finanzielle Verluste mit sich bringt und obendrein steuerliche Nachteile.

Auch eine Form der Eigenkapitalerhöhung: die Eigenleistung

Die Eigenleistung – im Fachjargon auch als „Muskelhypothek" bezeichnet – ist wohl die beliebteste Möglichkeit für den Bauherrn, einen eigenen Beitrag zu leisten, um die Bau- oder Renovierungskosten zu senken. Gerade bei Fertig-, Selbstbau- oder Bausatzhäusern wird dies in unterschiedlicher Abstufung sogar vom Bauherrn erwartet. Von Kreditgebern wird die Eigenleistung gerne gesehen, da durch Mithilfe der Baufamilie die Eigenkapitalquote erhöht wird, denn die Eigenleistung gilt als Eigenkapitalersatz und erhöht somit das Eigenkapital. Als Eigenleistung gelten aber auch all jene Leistungen, die von Bauhelfern für vergleichsweise niedrige Entlohnung erbracht werden.

Vorteile

Der besondere Vorteil der Muskelhypothek: Die Eigenleistungen, die der Bauherr selbst erbringt, werden zu Unternehmerpreisen bewertet. Wenn der Bauherr beispielsweise Fenster und Türen selbst einsetzt, so wird dies wie eine vergleichbaren Leistung eines Handwerkers bewertet und fließt als Eigenkapitalerhöhung in die Berechnung der Eigenkapitalquote ein. Die Eigenleistung bezieht sich nicht zwingend nur auf die Reduzierung der Baukosten, sondern auch auf die Baunebenkosten. Als Faustformel für das Eigenkapital gilt: Es können maximal bis zu 30 Prozent der Baukosten eingespart werden, die entsprechend das Eigenkapital erhöhen.

Tipp:

In gut begründeten Ausnahmefällen können Kreditgeber auch von der Vorgabe von maximal 30 Prozent Eigenleistung abweichen, zum Beispiel, weil der Bauherr selbst Bauhandwerker oder Architekt ist.

Nachteile

Das gravierendste Problem bei der Eigenleistung ist die Gewährleistung. Für die eigene Leistung oder die Arbeitsleistung der privaten Bauhelfer entsteht kein Gewährleistungsanspruch. Damit besteht die Gefahr, dass der Bauherr oder Immobilienrenovierer entweder mit hobbyhandwerklichen Provisorien lebt oder doch Leistungen von professionellen Handwerkern dazukaufen muss, was sich dann aber wiederum auf die Finanzierung durchschlägt. Und: Wer selbst Hand anlegt, dem kann auch die Eigenleistung zum Ärgernis werden, nämlich dann, wenn die Baufirma dem Bauherrn Mitschuld an Baumängeln durch eigenes Tätigwerden zur Last legt.

Tipp:

Erbringen Sie Eigenleistungen, sollten Sie einen Vertrag mit der Baufirma schließen, der eindeutig die Art der Eigenleistungen sowie den zeitlichen Ablauf festhält, wenn Eigenleistungen vor der Abnahme in das Baugeschehen eingreifen.

Auch steuerlich hat die Eigenleistung Auswirkungen, denn der Wert der Eigenleistung des Bauherrn bei der Errichtung oder Renovierung des Wohngebäudes gehört nicht zu den abschreibungsfähigen Herstellungskosten, die über die Werbungskosten bzw. bei Eigennutzung wie Sonderausgaben steuerlich geltend gemacht werden können.

Welche Leistungen sind möglich?

Welche Leistungen kann nun der Bauherr selbst erbringen? Dies hängt natürlich zunächst davon ab, ob es sich um eine Fachkraft oder um einen Laien handelt. Hieraus geben sich auch die Möglichkeiten der Einsparung. Darüber hinaus spielt der Gesichtspunkt, wie viele Personen aktiviert werden können, um dem Bauherrn zu helfen, eine Rolle.

Leistungsfähigkeit richtig einschätzen

Generell gilt: Wer handwerkliches Geschick und praktische Erfahrungen mit einbringt, kann durch die Muskelhypothek auf der Baustelle oft viel Geld sparen. Jedoch sollten Sie Ihre Grenzen kennen: Sicherlich sind für den Hobbyhandwerker einfachere Arbeiten wie Tapezieren, Teppichbodenverlegen, Fliesenlegen und bei einem Haus auch die Gestaltung der Außenanlagen ein sinnvoller Weg, Kapital zu sparen. Estricharbeiten, Dämm- und Trockenbauarbeiten, Wandverkleidungen oder das Ausheben der Baugrube sind sicher nur etwas für den versierten Hobbyhandwerker oder Bauhelfer. Wer vom Baufach ist, kann sicherlich auch die einschlägigen Arbeiten seines Gewerkes verrichten und noch mehr sparen.

Tipp:

Schätzen Sie Ihre eigene Leistungsfähigkeit richtig ein und setzen Sie eher einen konservativen Wert für die Eigenleistungen an. Für einen Hobbyhandwerker sind je nach Größe des Objekts eine Ersparnis durch Eigenleistungen in Höhe von 10.000 Euro schon eine Menge. Und: Erledigen Sie vor allem das, was Sie beherrschen, und nicht das, worin die größten Einsparungspotenziale stecken.

Alternative bei fehlender handwerklicher Begabung

Sind Sie wenig handwerklich begabt, sondern mehr ein Kopfarbeiter, so können Sie trotzdem einige wichtige Leistungen erbringen, beispielsweise den Architekten mit einer Vielzahl von Tätigkeiten unterstützen. Dazu ist es zunächst notwendig, die planerische Eigenleistung genau zu definieren und den zeitlichen Einsatz zu planen. Diese Arbeiten sollten intensive Detail- und Routinearbeiten sein und müssen in Verbindung mit dem Architekten erbracht werden. Versuchen Sie hier, zu stark einzugreifen, um noch ein paar Euro zu sparen, laufen Sie Gefahr, dass zu viele Änderungen auf der Baustelle und nachträglich zu behebende Baumängel die Einsparungen wieder aufheben.

Achtung:

Entlassen Sie keinesfalls den (Innen-)Architekten aus der Verantwortung. Er sollte alle Leistungen, die Sie als Bauherr erbringen, begutachten und absegnen. Der Architekt muss immer die planerische Gesamtverantwortung gegenüber der Genehmigungsbehörde behalten.

Ein weiterer Bereich, in dem Sie gut mitarbeiten können, ist die Kosten- und Terminkontrolle. Positiver Nebeneffekt: Sie sind genauestens über die Kostenentwicklung im Bilde und können so verhindern, dass die Baukosten aus dem Ruder laufen.

Auch Eigenleistung kostet Geld

Viele Bauherrn sind der Meinung, dass bei Eigenleistungen kaum Kosten entstehen. Das ist falsch. Kosten entstehen in ganz unterschiedlichen Feldern:

- Fahrt- und Verpflegungskosten für den Bauherrn und seine Bauhelfer,
- Kosten für Werkzeuge und Maschinen, die geliehen oder gekauft werden müssen,
- Entlohnung und Versicherung der Bauhelfer,
- unter Umständen Kosten durch Verzögerungen, die am Bau geschehen,
- höhere Anschaffungskosten durch fehlende Rabatte bei Großhändlern,
- höhere Kosten durch Fehlkäufe; Materialien werden zu viel, unpassend oder in ungenügender Qualität erworben,
- Unfallversicherung für den oder die Bauherrn.

Daraus wird deutlich, dass auch bei Eigenleistungen ganz erhebliche Summen anfallen. Besonders einschneidend sind die Kosten, die durch Verzögerungen am Bau entstehen. Das sind zum einen vor allem krankheits- oder berufsbedingte Ausfälle des Bauherrn und seiner Bauhelfer und zum anderen Verzögerungen, die auf der Baustelle eintreten. So können schnell Kosten entstehen, die nicht eingeplant waren. Außerdem: Gewerke wie Maurer- und Putzarbeiten, Heizungs-, Elektro- und Sanitärinstallation, Zimmerer- und Dachdecker-/Dachklempnerarbeiten gehören nicht nur aus Kosten-, sondern auch aus Sicherheitsgründen in die Hände von Fachfirmen.

Genau planen

Der entscheidende Faktor, der den Erfolg der Eigenleistung bestimmt, ist die genaue – vor allem zeitliche – Planung der zu verrichtenden Tätigkeit. Bauen Sie unbedingt einen Zeitpuffer ein, damit Unvorhersehbares nicht gleich zu einer zeitlichen Katastrophe wird. Denn vielfach bildet die Eigenleistung auch die Voraussetzung für die weitere Tätigkeit von Handwerkern, zum Beispiel ist das Fliesen des Balkons Voraussetzung für das Anbringen einer Trennwand zum Nachbarn. Falls hier eine fehlerhafte zeitliche Planung entsteht, stockt der Weiterbau am Haus.

Schätzen Sie auch bereits im Vorfeld den finanziellen Aufwand ab. So macht es beispielsweise wenig Sinn, die Baugrube auszuheben, wenn ein Unternehmen die Arbeit ziemlich schnell zu vertretbaren Kosten erledigen kann. Eigenleistungen müssen sinnvoll sein, damit ein nennenswerter finanzieller Vorteil entsteht.

Tipp:

Die meisten Zeitverzögerungen entstehen beim Bauherrn selbst, der die Dauer der Eigenleistung unterschätzt. Rechnen Sie grundsätzlich mit einem Dreifachen der Zeit, die der Bauhandwerker benötigt, denn Sie verfügen nicht über dessen Erfahrung und die Spezialgeräte.

Wie das Kreditinstitut die Eigenleistung wertet

Das Kreditinstitut wertet die Eigenleistung als Eigenkapitalersatz. Das heißt, der eingesparte Lohn für die Handwerker wird dem Eigenkapital zugeschlagen. Doch gibt es hier einige Hindernisse zu überwinden. Gehen die erbrachten Leistungen wie Tapezieren oder die Gartenanlage über das Maß dessen hinaus, was für einen Laien gilt, wird genau hingesehen. Wer beispielsweise den Dachstuhl errichten möchte, von dem erwartet das Finanzinstitut auch die entsprechende handwerkliche Ausbildung – ob vom Bauherrn oder Bauhelfer. Darüber hinaus sollten Sie dem Kreditgeber eine genaue Auflistung der erbrachten Leistungen einreichen, aus denen auch die Ersparnis klar hervorgeht.

Sie haben nun Ihr Eigenkapital errechnet, dass Sie maximal zur Verfügung haben. Das sieht dann beispielsweise so aus:

Beispiel:

Giro-/Abrufkonto	5.000 Euro
Termingelder und Sparguthaben	8.500 Euro
Festverzinsliche Wertpapiere	10.000 Euro
Aktien und Investmentfonds	10.000 Euro
Zuteilungsreifes Bausparguthaben	15.000 Euro
Rückkaufswert Lebensversicherung	12.000 Euro
Gold, Edelsteine, Münzen	5.000 Euro
Schenkung von Eltern	25.000 Euro
Immobilien	-
Sonstige Wertgegenstände	-
Eigenleistung	10.000 Euro
Arbeitgeberdarlehen	10.000 Euro
Verfügbares Eigenkapital	**108.000 Euro**

Bilden Sie stille Reserven

Bei drei Prozent stiller Reserve verbleiben noch 105.000 Euro, die Sie zur Finanzierung heranziehen können. Bei angenommenen 20 Prozent Mindestanteil des Eigenkapitals ließe sich hier immerhin eine Immobilie mit einem Gesamtvolumen von rund 525.000 Euro finanzieren – allerdings mit allen anfallenden Kosten und vorausgesetzt, dass auch ein entsprechendes Nettoeinkommen zur Verfügung steht, mit dem Sie Kredite in Höhe von 420.000 Euro begleichen können. Ob Ihre monatlichen Einkünfte dazu ausreichen, können Sie durch die Berechnung der Ihnen zur Verfügung stehenden Lebenshaltungskosten ermitteln.

Tipp:

Als eine gute Regelung für die Bildung von Rückstellungen für die Instandhaltungs- und Modernisierungskosten hat sich ein Wert von 0,5 bis einem Euro je Quadratmeter Wohnfläche und je nach Ausstattung der Immobilie erwiesen. Für eine 100-qm-Wohnung sollten Sie beispielsweise jeden Monat 50 bis 100 Euro zurücklegen. Werden keine Rücklagen gebildet und sind plötzlich wegen zwingend notwendiger Schadensbeseitigung oder Modernisierung keine Rücklagen vorhanden, sind zumindest mittelfristige Einschränkungen des gewohnten Lebensstandards schnell die Folge.

2.6 Wie hoch sind Ihre monatlichen Einnahmen?

Wichtig ist die Erfassung der monatlichen Einnahmen, denn daraus müssen Sie die laufenden Kosten der Finanzierung und der Nebenkosten bezahlen. Das monatliche Nettoeinkommen ist sehr schnell zu ermitteln, ein Blick auf den Kontoauszug reicht. Sie dürfen aber nur dauerhafte Einkünfte einbeziehen, dazu zählen Renten ebenso wie feste monatliche Einkünfte aus Erbschaften oder Vermächtnissen, aber auch Kindergeld, Mieteinkünfte oder andere dauerhaft regelmäßige Einnahmen. Einmalig im Jahr ausbezahlte Beträge werden auf zwölf Monate verteilt, Tantiemen aber nur mit dem Mindestanteil, nicht mit den durchschnittlich erzielten Leistungen.

Erfassen Sie alle regelmäßigen Einnahmen

Tipp:

Gehen Sie bei der Aufstellung der monatlichen Einnahmen immer vom jetzigen Stand aus, auch wenn in einem Jahr zum Beispiel tariflich vereinbarte Gehaltserhöhungen anstehen. Diese Gehaltserhöhungen sollen die steigenden Lebenshaltungskosten ausgleichen, da natürlich die monatlichen Ausgaben weiter steigen werden.

Einkommen aus Mehrarbeit oder Nebenbeschäftigungen oder sonstige unregelmäßige Einnahmen müssen separat erfasst werden und sind nicht Grundlage der Finanzierung. Dasselbe gilt für das 13. oder 14. Monatsgehalt und Gewinnbeteiligungen – sie sollten entweder als stille Reserve für den Fall, dass doch mal etwas mit der Finanzierung schief läuft, oder etwa für Renovierungen, Modernisierungen und Reparaturen, die in einer bis 30 Jahre dauernden Finanzierungsphase natürlich anfallen, angesammelt werden.

Mehrarbeit und Urlaubsgeld nicht berücksichtigen

2.7 Wie hoch sind Ihre Lebenshaltungskosten?

Erfassen Sie nun alle monatlichen Ausgaben, die Ihre Familie durchschnittlich in der Vergangenheit hatte. Dies muss in Ihrem eigenen Interesse sehr sorgfältig geschehen. Sehr schnell werden dabei Posten vergessen wie beispielsweise das Zeitungsabonnement, die Mitgliedsbeiträge für den Kegelverein, die monatliche Autowäsche für den Zweitwagen usw.

Welche Kosten müssen erfasst werden?

Welche Kosten müssen also in so einer Aufstellung genau erfasst werden? Die folgende Aufzählung soll Ihnen als Beispiel dienen, in Einzelfällen können natürlich einige Punkte entfallen oder weitere hinzukommen.

- Haushaltskosten,
- Wohnnebenkosten,
- Auto(s) und Fahrtkosten,
- private Versicherungen,
- Zahlungsverpflichtungen,
- Freizeit und Unterhaltung,
- weitere Ausgaben.

Tipp:

Bei manchen anfallenden Kosten, beispielsweise für Telefon oder Kleidung, bietet sich aufgrund der (saisonalen) Schwankungen die Bildung von Durchschnittswerten an.

Haushaltskosten

Der größte Teil der Kosten entsteht für die Haushaltsführung: Lebensmittel, Kleidung, Haushaltsgegenstände, Reinigungsmittel, Arzneien usw.

Wohnnebenkosten

Dann kommen die Wohnnebenkosten. Darunter fallen Heizung, Strom, Wasser, die Müllbeseitigung, Straßenreinigung, Abwasser und Steuern. Auch Rundfunk- und Kabelgebühren und die Telefonrechnung zählen zu den Wohnnebenkosten.

Tipp:

Erwarten Sie, dass Kosten durch den Umzug in die eigenen vier Wände steigen. Schnell kommen Mehrkosten durch längere Fahrtwege zustande, gerade dann, wenn das neue Zuhause im weiteren Umland liegt.

Es ist Usus für ein Haus etwa 1,50 bis zwei Euro pro Quadratmeter Wohnfläche pro Monat für die Nebenkosten anzusetzen. Eine Wohnung ist in der Regel etwas teurer, hier sollten Sie zwei bis 2,50 Euro je Quadratmeter als Grundlage der Berechnung nehmen, da hier zusätzlich die Hausverwaltung bezahlt werden muss.

Auto(s) und Fahrtkosten

Die Kosten für das Familienauto und den Zweitwagen lassen sich relativ schnell ermitteln. Versicherung und Steuern stehen fest, beim Treibstoff ist der Durchschnittsverbrauch anzusetzen. Aber – und nun wird es schwierig – Reparatur- und Inspektionskosten liegen nicht auf der Hand. Auch muss ein jährlicher Wertverlust für das Fahrzeug in Anrechnung gebracht werden. Eine Hilfe zur Ermittlung des Wertverlusts bietet die Website www.eurotax.de.

Private Versicherungen

Bezüglich der privaten Versicherungen ist es nützlich, eine eigene Übersicht anzulegen, vor allem dann, wenn umfangreiche Versicherungsverträge vorliegen. So werden Privathaftpflicht- und Rechtsschutzversicherungen weiterlaufen. Die Hausratversicherung muss bei Umzug den geänderten Verhältnissen angepasst werden. Dabei empfiehlt es sich, gleich zu überprüfen, welche Versicherungen zukünftig nicht mehr notwendig sind.

Zahlungsverpflichtungen

Zahlungsverpflichtungen sind ein ganz heikler Punkt, weil viele Familien in Deutschland Ratenkredite aufgenommen haben – sei es für das Auto, die Wohnungseinrichtung oder Luxusgegenstände. Gerade die Rückzahlung der Ratenkredite sollte vor der Investition in eine Immobilie erfolgen.

Weitere Zahlungsverpflichtungen ergeben sich etwa durch scheidungsbedingte Unterhaltszahlungen. Werden für die Finanzierung des Objekts ein Policen,- Riester-Renten-, Arbeitgeber- oder Familiendarlehen mit Darlehenszins vereinbart, so sind die monatlichen Zahlungsverpflichtungen hier aufzuführen.

Freizeit und Unterhaltung

Da das Leben nicht nur aus der Rückzahlung der Immobilie besteht, sollten auch für die angenehmen Seiten des Lebens genügend Mittel eingeplant werden. Dazu gehören Restaurant- oder Theaterbesuche, Kino usw., aber auch Vereinsmitgliedschaften und – ganz wichtig – der Urlaub. Auch Zeitungs- oder Zeitschriftenabonnements oder der Babysitter gehören unter diese Rubrik.

Eiserne Reserve

Der Ausgabenpuffer ist wichtig, um die Mehrkosten durch plötzliche Preissteigerungen, beispielsweise bei Mitgliedsbeiträgen oder Nahverkehrskosten, oder durch den Verdienstausfall aufgrund von Arbeitslosigkeit oder längere Krankheit abzufedern. Erfahrungen zeigen, dass etwa 100 Euro pro Jahr pro Person angesammelt werden sollten. Damit können zumindest kurzfristige finanzielle Engpässe ohne Einschränkungen überbrückt werden. Zum Aufbau von eisernen Reserven bieten sich das 13. oder 14 Monatsgehalt oder Gehaltsboni an.

Tipp:

Mit dem Haushaltsbuch lassen sich die Ausgaben genau ermitteln. Letzten Endes ist die Fortschreibung der Lebenshaltungskosten wichtig, um die Finanzen stets im Griff zu haben. So lässt sich von heute auf morgen die Ausgabenseite wieder neu justieren.

Ermittlung der durchschnittlichen Lebenshaltungskosten

Die Ermittlung der durchschnittlichen monatlichen Lebenshaltungskosten ist für den Immobilienkäufer oder die Baufamilie selbst wichtig, um den finanziellen Spielraum für das Objekt gegenüber Kreditgebern richtig einzuschätzen. Die Erfahrungswerte, die Kreditinstitute bei ihren Berechnungen zugrunde legen, können vom Einzelfall erheblich abweichen.

Erfahrungswerte

- Für Alleinstehende: ca. 550 Euro
- Für Verheiratete: ca. 850 Euro
- Für jedes Kind: ca. 200 Euro

Für eine Familie mit zwei Kindern entspricht dies monatlichen Lebenshaltungskosten von ca. 1.250 Euro. Natürlich kann man auch Kreditinstitute finden, die etwas weniger berechnen. Nicht selten sind die Kreditkonditionen dann etwas schlechter. Und: Je niedriger die Eigenkapitalquote ist, desto vorsichtiger wird gerechnet.

Achtung:

Als Grundlage zur Berechnung sollten Sie immer die tatsächlichen Kosten nehmen, selbst dann, wenn der Kreditgeber nur die obigen Werte als Grundlage verwendet, sonst droht ganz schnell ein Finanzierungsloch.

Faustformeln der Kreditinstitute

Bei den Kreditinstituten gibt es noch eine weitere Faustformel, die besagt, dass Zins und Tilgung nicht mehr als 50 Prozent des Nettoeinkommens betragen dürfen. Was also bei einem Nettoeinkommen von 2.000 Euro für eine vierköpfige Familie schon knapp wird, ist natürlich mit 3.000 Euro locker zu bewältigen. Außerdem rechnen seriöse Kreditinstitute noch den schlimmsten Fall durch. Das bedeutet, dass zum Beispiel nach einer Zinsbindungsfrist von fünf oder zehn Jahren in einer Hochzinsphase das Darlehen weitergeführt werden muss. Also werden drei bis vier Prozent aufgeschlagen, um zu überprüfen, ob noch genügend Puffer für eine Weiterführung der Finanzierung vorhanden ist.

2.8 Das Finanzierungspotenzial berechnen

Bei der Berechnung des Finanzierungspotenzials, also des Betrags, den Sie in der Lage sind, monatlich abzubezahlen, muss unterschieden werden zwischen Selbstnutzern und Kapitalanlegern. Für einen Vermieter sind sogar Finanzierungen bis zu 120 Prozent des Kaufpreises möglich, in diesem Fall werden auch alle Nebenkosten und Gebühren fremdfinanziert.

Achtung:
Vollfinanzierungen bergen immer ein großes Risiko in sich. Alles hängt von der zukünftigen Vermietbarkeit und der Zahlungstreue der Mieter ab.

Die nachfolgende Auflistung soll Ihnen dabei helfen, Ihr finanzielles Potenzial zu ermitteln. Als Beispiel dient hier eine vierköpfige Familie bestehend aus zwei Eltern und zwei Heranwachsenden.

Nettoeinkommen	2.800 Euro
Kindergeld 2 × je 154 Euro	308 Euro
Weitere Einkünfte z. B. Miete	-
Monatliche Einkünfte zus.	**3.108 Euro**
Lebensmittel	400 Euro
Kleidung	200 Euro
Gesundheit	50 Euro
Haushaltsgeräte	100 Euro
Strom/Heizung/Wasser	100 Euro
Wohnnebenkosten	230 Euro
Rücklage für Instandhaltung	50 Euro
Telefon/Internet	100 Euro
Auto/Verkehr	250 Euro
Versicherungsbeiträge	175 Euro

Kredite	35 Euro
Freizeit und Unterhaltung	125 Euro
Urlaub	200 Euro
Ausgabenpuffer	40 Euro
Monatliche Ausgaben zus.	**1.955 Euro**
Monatliches Finanzierungspotenzial:	**1.153 Euro**

Rund 1.150 Euro sind schon ein ansehnlicher Betrag, um die eigenen vier Wände zu finanzieren.

2.9 Wie hoch darf das Darlehen sein?

Nachdem alle wichtigen Fakten ermitteln wurden, müssen Sie nun noch die maximale Darlehenshöhe errechnen. Die Formel setzt sich aus mehren Bestandteilen zusammen:

- monatliches Finanzierungspotenzial,
- Nominalzinssatz,
- Tilgungssatz.

Finanzierungspotenzial

Das monatliche Finanzierungspotenzial bilden Sie, wie eben gezeigt, aus der Differenz zwischen Ihren monatlichen Einkünften und Ihren monatlichen. In unserem Beispiel waren das 1.150 Euro.

Nominalzinssatz

Der Normalzinssatz gibt die Zinsen an, die für das Darlehen gezahlt werden müssen. Er ist nicht zu verwechseln mit dem Effektivzinssatz, der weitere Kreditkosten berücksichtigt. Tragen Sie den aktuellen Zinssatz in die Formel ein.

Tilgungssatz

Der Tilgungssatz ist der Anteil, der monatlich zur Verringerung der Schulden aufgewendet wird. In der Regel werden anfängliche Tilgungssätze von einem bis drei Prozent monatlich vereinbart. In unserem Fall rechnen wir mit einem Prozent.

Maximale Darlehenshöhe

Die Formel für den maximalen Darlehensbetrag lautet dann wie folgt:

$$\text{Max. Darlehensbetrag} = \frac{\text{Monatl. Finanzierungspotenzial} \times 12 \times 100}{\text{Nominalzins} + \text{Tilgung}}$$

In unserem Beispiel wären das dann

$$\text{Max. Darlehensbetrag} = \frac{1.150\ €\times 12\times 100}{6{,}5+1} = 184.000\ €$$

Es können also maximal 184.000 Euro über ein Darlehen finanziert werden.
Natürlich ist diese Rechnung nur gültig, wenn die Konditionen über den gesamten Finanzierungszeitraum konstant bleiben. Jede Zins- oder Tilgungsänderung schlägt sich automatisch auf die Höhe des maximalen Darlehensbetrags nieder, ebenso wie eine Verringerung oder Erhöhung des monatlichen Finanzierungspotenzials. Diese erste Berechnung sollte als eine Richtschnur dienen.

Achtung:
Bedenken Sie, dass im Moment eine Niedrigzinsphase herrscht. Deswegen werden in der obigen Formel auch nicht die aktuellen Zinsen veranschlagt. Vorsichtige Immobilienkäufer oder Baufamilien können statt 6,5 Prozent Nominalzins auch mit sieben Prozent rechnen. Sie kalkulieren stillschweigend ein, dass nach Ablauf ihres Darlehens eine höher verzinste Anschlussfinanzierung wahrscheinlich ist. Lediglich wer über die gesamte Finanzierungszeit einen konstant niedrigen Zins hat, zum Beispiel, weil er Verträge über mindestens 15 oder 20 Jahre abschließt, kann mit den vereinbarten Zinsen rechnen.

2.10 Wie teuer darf die Immobilie sein?

Maximales Finanzierungsvolumen

Das maximale Finanzierungsvolumen gibt darüber Auskunft, welcher finanzielle Spielraum dem Bau- oder Kaufwilligen zur Verfügung steht. Dies bezieht sich auf alle Haupt- und Nebenkosten der Immobilie. Es setzt sich zusammen aus dem Eigenkapitel und der maximalen Darlehenssumme, in unserem Beispiel:

Beispiel:

Maximale Darlehenssumme:	184.000 Euro
Eigenkapital:	105.000 Euro
Max. Finanzierungsvolumen ca.:	290.000 Euro

Maximaler Kaufpreis

Um zu berechnen, eine wie teure Immobilie Sie sich als Selbstnutzer maximal leisten können, bedarf es der Erfassung aller anfallenden Kosten, die wiederum in eine Formel übertragen werden. Alle dargestellten prozentualen Daten sind natürlich mit den vorliegenden exakten Zahlen durchzuspielen. Es können sich also geringe Abweichungen zu den in den Formeln zugrunde gelegten Daten ergeben. So können sich auch die Beurkundungen beim Notar bzw. die Grundbucheintragung auf zwei Prozent belaufen.

Mit diesen Berechnungen ermitteln Sie gerade noch finanzierbare Objekte oder Grundstücke. Was allerdings nicht heißt, dass Sie diese Grenzen auch voll ausschöpfen sollten.

Beispiel: Berechnung des maximalen Kaufpreises

Bei einem maximalen Finanzierungsvolumen von ca. 290.000 Euro errechnet sich der maximale Kaufpreis wie folgt:

Finanzierungspotenzial	290.000 Euro
abzgl. weitere Kosten	- 12.000 Euro
abzgl. Renovierungs- und Instandhaltungsaufwand	- 9.700 Euro
abzgl. Wertschätzungsgebühren (0,5 %)	- 1.450 Euro
abzgl. Notar- und Grundbuchgebühren (0,5 %)	- 1.450 Euro
Maximaler Bruttopreis der Immobilie	**266.400 Euro**

Max. Kaufpreis

$$= \frac{\text{Bruttopreis} \times 100}{100 + \text{Maklercourtage} + \text{Grunderwerbst.} + \text{Notar-/Grundbuchgeb.}}$$

$$= \frac{266.000\ € \times 100}{100 + 3,48 + 3,5 + 1,5} = 245.206\ €$$

Muss keine Maklercourtage entrichtet werden, erhöht sich der maximale Kaufpreis entsprechend, im Beispiel auf rund 254.000 Euro.

3 Die Formalitäten: Grundbuch, Kaufvertrag etc.

Die Formalitäten sind notwendig, damit die Eigentumsübertragung rechtswirksam werden kann. Der Kauf- bzw. Bauvertrag bildet die Grundlage dafür, dass später die Grundbucheintragungen vorgenommen werden, die dann wiederum die Basis für die Besicherung des Objekts gegenüber den Kreditgebern ist. Nur so kann eine Vertragssicherheit zwischen Käufer und Verkäufer sowie zwischen Darlehensnehmer und Darlehensgeber hergestellt werden.

3.1 Grundlage für den Eigentümerwechsel: der Kaufvertrag

Vom Notar beurkundet

Der Kaufvertrag bildet die Grundlage für den Eigentümerwechsel des Gebäudes oder des Grundstücks. Er wird vom Notar beurkundet.

Grundstück

Aus dem Vertrag muss eindeutig hervorgehen, welches Grundstück verkauft wird. Die Parzellennummern werden dazu von den Katasterämtern vergeben. Dem Vertrag wird dann ein Planausschnitt angehängt.

Wenn die Parzellennummer (noch) nicht bekannt ist

Sind noch keine Parzellennummern vergeben oder sind sie dem Verkäufer noch nicht bekannt, so kann ausnahmsweise eine genaue Lagebeschreibung des Grundstücks Vertragsinhalt sein. Aus dieser muss zweifelsfrei die Größe des Grundstücks hervorgehen.

Kaufpreis

Ein weiterer zentraler Punkt des Kaufvertrags ist der Kaufpreis. Dazu gehören auch bereits geleistete Anzahlungen, die beurkundet werden. Eine genaue Beschreibung der Immobilie und des Grundstücks gegebenenfalls mit Rechten Dritter am Grundstück sind ebenfalls Vertragsbestandteil. Dazu zählen insbesondere Nutzungs- und Durchfahrtsrechte, beispielsweise zu einer Garage oder einem See, aber auch Wohnrechte oder Nießbrauch am Grundstück oder den darauf befindlichen Gebäuden. Weiterhin werden die Hypothekenverpflichtungen, Restschulden und Renten- oder Grundschulden dargestellt.

Der Kaufvertrag ist meist standardisiert. Aufgeführt werden sowohl Käufer als auch Verkäufer. Beide können sich jedoch auch vor dem Notar vertreten lassen. Im letzten Punkt wird der Kaufpreis aufgeführt, in der Regel als Festpreis. Er gilt dann für die schlüsselfertige Übergabe des Objekts.

3.1.1 Sonderfall Eigentumswohnung

Der Kaufvertrag bei Eigentumswohnungen weicht in einigen Punkten von demjenigen bei Wohn- oder Geschäftshäusern ab.

Teilungserklärung

Für die Eigentumsübertragung ist die Teilungserklärung neben Kaufpreis, Parzellennummer, Wohnrechten und Grundbucheintragung der zentrale Baustein. Sie muss zunächst vom Notar beim Grundbuchamt beantragt werden. Letzten Endes ergeben sich hieraus die Rechte und Pflichten der Eigentümer. Die Teilungserklärung gibt über die Lage und Größe der Wohnung Auskunft, außerdem sind Sondereigentums- und Sonderwohnrechte aufgeführt.

Sondereigentum

- Die Sondernutzungsrechte umfassen die alleinige Nutzung des Wohnungseigentümers. Zum Sondereigentum zählen neben der Wohnung alle dazugehörigen Keller, Dachbodenflächen oder -räume, der Balkon und die Garage.

Gemeinschaftseigentum

- Außerdem gehört zur Teilungserklärung die Gemeinschaftsordnung der Anteilsgemeinschaft. Hierin wird festgelegt, wie die Wohnungseigentümer das Gemeinschaftseigentum nutzen können und ob beispielsweise eine Büroraumnutzung möglich ist. Das Gemeinschaftseigentum kann grundsätzlich von allen Eigentümern des Mehrfamilienhauses genutzt werden. Dazu gehören der Hausflur mit Treppen oder Fahrstühlen, Fahrrad- und Waschkeller, Außenwände, die Außenanlage, die Sauna etc.

In der Teilungserklärung wird auch das Hausgeld geregelt. Das ist die Kostenverteilung der einzelnen Parteien für das Gemeinschaftseigentum. In der Teilungserklärung wird aufgeschlüsselt, welche Kosten für Instandhaltungs- und Reparaturarbeiten, für Wasser, Gas und Strom anfallen, die anteilig zu zahlen sind. Die Teilungserklärung beinhaltet die Rechte der Eigentümerversammlung. Hausgeld

Achtung: Teilungserklärungen immer genau lesen!
Es gibt bei Teilungserklärungen durchaus Pferdefüße. Wichtig sind die möglichen Mehrheitsentscheidungen. Sollte es einen Mehrheitseigentümer geben, kann dies auch Probleme mit sich bringen. Wer möchte schon gerne, wenn er beispielsweise im 5. Stock wohnt, dass per Mehrheitsentscheidung der Fahrstuhl außer Betrieb genommen wird?

Wichtig sind auch mögliche Sonderrechte, beispielsweise die Zustimmung der Miteigentümer beim Verkauf der Wohnung. Großer Vorteil dieser Regelung ist das Mitspracherecht beim Eigentümerwechsel. Sonderrechte

3.1.2 Der Kaufvertrag gemäß Makler- und Bauträgerverordnung

Erwirbt ein Käufer von einem Bauträger eine Wohnung oder ein Haus, das der Bauträger auf seinem Grundstück erst noch errichten muss, handelt es sich um ein so genanntes Bauträgermodell, für das ein Bauträgerkaufvertrag abgeschlossen wird.
Bauträgermodelle galten lange Zeit als recht dubios, weil viele Kunden auf unseriöse Bauträger hereingefallen sind. Die Makler- und Bauträgerverordnung (MaBV) von 1997 enthält jedoch zahlreiche Maßnahmen zum Schutz des Kunden. Erst wenn bestimmte Voraussetzungen erfüllt sind, kann der Bauträger Kaufpreiszahlungen des Käufers entgegennehmen. Bauträgermodell

- So muss der Vertrag zwischen Bauträger und Käufer notariell beurkundet sein und alle für den Vollzug des Verfahrens erforderlichen Genehmigungen – beispielsweise Wegerechtsvereinbarungen – müssen vorliegen.

- Im Grundbuch muss außerdem eine Auflassungsvormerkung eingetragen sein, die verhindert, dass das Grundstück nochmals veräußert werden kann, und alle Grundpfandrechte, die nicht übernommen werden sollen, müssen gelöscht sein.
- Darüber hinaus muss die Baugenehmigung erteilt sein oder eine Bestätigung der Behörden vorliegen, dass mit dem Bau begonnen werden darf.

Teilbeträge mit Baufortschritt

Erst wenn diese Bedingungen erfüllt sind, kann der Bauträger den Baupreis verlangen. Gemäß der MaBV darf der Bauträger den Kaufpreis in Teilbeträgen vereinnahmen, die der Käufer zu den jeweils im Vertrag angegebenen Terminen – mit dem Fortschreiten des Baus – zu entrichten hat. 30 Prozent des Kaufpreises sind beispielsweise nach Beginn der Erdarbeiten fällig, die restliche Summe teilt sich dann in weitere elf Anteile auf, die in der MaBV vorgegeben sind. Im Vertrag können bis zu sieben dieser Anteile frei zusammengesetzt werden oder beide Parteien einigen sich darauf, dass die Raten entsprechend dem tatsächlichen Bauverlauf vom Bauträger nach billigem Ermessen abgerufen werden.

Gewährleistungsansprüche

Beim Bauträgervertrag, der die Übereignung einer bereits erstellten oder noch zu bauenden Immobilie regelt, handelt es sich um einen Vertrag, der in Bezug auf das Grundstück Elemente des Kaufvertrags und in Bezug auf das herzustellende Gebäude Elemente des Werkvertrags beinhaltet. Gewährleistungsansprüche des Käufers in Bezug auf das Grundstück oder das Gebäude richten sich dementsprechend jeweils nach Kaufvertrags- oder nach Werkvertragsrecht.

3.2 Das Grundbuch

Register zur Verwaltug von Grundstücksrechten

Das Grundbuch ist ein staatliches Register, in dem Grundstücksrechte verwaltet werden. In §§ 873 ff. BGB sind alle für den Käufer wichtigen Regeln behandelt, ein Teil davon soll nun erläutert werden.

Das Grundbuch ist das Verzeichnis aller Grundstücke eines Amtsgerichtsbezirks, der in der Regel mehrere Gemeindebezirke und einzelne Bezirke einer Großstadt umfasst. Eine Ausnahme macht Baden-

Württemberg – hier werden die Grundstücke von staatlichen Grundbuchämtern geführt, die von Notaren geleitet werden.

Grundbuchblatt

Für jedes Grundstück wird ein Grundbuchblatt erstellt. Liegen mehrere Grundtücke eines Eigentümers in einem Bezirk, so kann auch ein gemeinschaftliches Grundbuchblatt geführt werden. Das Grundbuchblatt besteht aus drei Bestandteilen:

- Aufschrift

  Die Aufschrift beinhaltet das betreffende Grundbuchamt.
- Bestandsverzeichnis

  Aus dem Bestandsverzeichnis ist die genaue Bezeichnung der Lage (Parzelle) zu ersehen und deren Größe, ebenso Wege- oder sonstige Nutzungsrechte.
- Drei Abteilungen

  Die Abteilungen werden in drei Rubriken unterteilt.
  - Aus Abteilung I gehen die Eigentumsverhältnisse hervor,
  - in der Abteilung II sind Lasten und Beschränkungen verzeichnet und
  - in Abteilung III stehen die Grundschulden des Verkäufers bei Kreditinstituten oder Privatpersonen.

Antragsprinzip und Bewilligungsrecht

Das Grundbuch ist dem Antragsprinzip und Bewilligungsrecht unterworfen. Das heißt für die Praxis, dass jeder Berechtigte – egal ob Darlehensgeber oder -nehmer – Anträge stellen kann. Im Umkehrschluss können beispielsweise Löschungen nur dann vorgenommen werden, wenn ein Kreditgeber der Löschung der Hypothek zustimmt.

3.2.1 Kaufvertrag und Grundbuch

Beim Kauf einer Immobilie erfolgt die Eigentumsübertragung in zwei Schritten.

- Notarieller Kaufvertrag

  Zunächst wird der Kaufvertrag von beiden Vertragsparteien und einem Notar unterzeichnet. Die Beteiligung eines Notars, der den Vertrag beurkunden muss, ist gesetzlich vorgeschrieben.
- Eintragung der Auflassung im Grundbuch

  Allein durch den abgeschlossenen Kaufvertrag wird der Käufer jedoch noch nicht Besitzer der Immobilie. Im Kaufvertrag einigen sich Verkäufer und Käufer lediglich, dass das Eigentum an den Käufer übertragen werden soll. Diese als Auflassung bezeichnete Einigung muss jedoch erst im Grundbuch eingetragen werden. Erst nach diesem Schritt ist der Besitzerwechsel endgültig vollzogen.

Auflassungsvormerkung

Da es Monate dauern kann, bis die Auflassung im Grundbuch erfolgt ist, gilt der Käufer in dieser Zeit noch nicht als Eigentümer. Nach der Vertragsunterzeichnung sollten Sie deshalb vom Notar eine so genannte Auflassungsvormerkung anfertigen und ins Grundbuch eintragen lassen. Dies bewirkt, dass Ihnen niemand mehr die Immobilie streitig machen kann, denn eine Auflassungsvormerkung schließt den mehrmaligen Verkauf einer Immobilie aus. Im Gegensatz zur Auflassung erfolgt der Eintrag der Auflassungserklärung im Grundbuch in kurzer Zeit. Erst wenn die Auflassungsvormerkung im Grundbuch eingetragen ist, zahlen Sie als Käufer den vereinbarten Kaufpreis.

Tipp:

Bevor Sie den Kaufvertrag unterzeichnen, sollten Sie ihn durch Fachleute – beispielsweise die juristischen Berater der Verbraucherzentralen – sorgfältig überprüfen lassen und Einsicht in das Grundbuch nehmen. Klären Sie, ob das Grundstück mit einer Grundschuld oder einer Hypothek belastet ist. Falls der Verkäufer die auf dem Grundstück liegenden Verbindlichkeiten bereits getilgt hat, muss die Löschungsbewilligung des Gläubigers vorliegen.

3.2.1 Das Grundbuch als Finanzierungsinstrument

Besicherung der Kredite

Das Grundbuch ist das wichtigste Finanzierungsinstrument für den Immobilienkäufer, denn hier werden die Kredite besichert. Die Finanzierung läuft dabei immer über die III. Abteilung des Grundbuchs ab. Das Grundbuch untergliedert drei Finanzierungsränge:

Drei Finanzierungsränge

- erster Finanzierungsrang: bis 60 Prozent des Beleihungswerts,
- zweiter Finanzierungsrang: bis 80 bzw. 90 Prozent des Beleihungswerts,
- dritter Finanzierungsrang: Restfinanzierung bis 100 Prozent des Beleihungswerts.

Die Finanzierungsränge gelten als Sicherungsstufen des Grundbuchs. Kommt es zur Zwangsversteigerung, werden zunächst die Gläubiger des ersten Rangs, dann die des zweitens und schließlich die des dritten Rangs bedient.

Hypothekenkreditinstitute können aufgrund des Bankrechts für Realkredite Darlehen nur im ersten Rang vergeben. Dasselbe gilt für Versicherungsgesellschaften.

Im zweiten Finanzierungsrang stellen traditionell Bausparkassen Mittel zur Verfügung – bis zu 80 Prozent des Beleihungswerts können über diesen Weg ausgeschöpft werden.

Im dritten Rang stehen die Eigenkapitalmittel oder eigenkapitalähnliche Finanzierungsinstrumente wie Arbeitgeberdarlehen, Familiendarlehen, Verkäuferdarlehen, Mieterdarlehen, Policendarlehen oder Eigenleistungen. Dazu zählen aber auch eingebrachte Grundstücke und gegebenenfalls beliehene Immobilien. Wer Wohnungen vermietet, kann dem dritten Rang auch die gesparte Einkommensteuer zuschlagen. Außerdem werden hier Personalkredite geführt. Personalkredite werden nicht aufgrund grundpfandlicher Sicherheiten vergeben, sondern allein aus der besonders hohen Bonität einer Person.

So genannte Blankovergaben von Krediten werden nicht ins Grundbuch eingetragen. Auch hier ist eine zweifelsfreie Bonität vonnöten. Diese Kredite vergeben allerdings meist nur Geschäfts- oder Privatbanken, die größere Spielräume bei der Kreditvergabe haben.

Tipp:

So genannte gedeckte Personalkredite vergrößern den Finanzierungsspielraum sogar über 100 Prozent des Finanzierungsvolumens hinaus. Ziel der Aktion ist insbesondere die Absicherung von Zins und Tilgung. Besonders für Vermieter mit mehreren Objekten und Beschäftigte mit hohem Einkommen ist diese Finanzierungsform geeignet.

3.3 Was die Banken fordern

Zunächst sollten Sie die verschiedenen Möglichkeiten der Finanzierung durchspielen. Ist dann klar, dass Sie ein Hypothekendarlehen aufnehmen wollen, verlangt die Bank Sicherheiten für das Darlehen. Es geht um die dingliche Haftung des Grundstücks, die im BGB in den Paragrafen 1113 ff. geregelt ist. Um festzustellen, wie hoch das Hypothekendarlehen ausfallen kann, damit es durch die Immobilie gesichert ist, wird der so genannte Beleihungswert ermittelt.

Grundschuld/ Hypothek

Die Grundschuld bzw. Hypothek ist entscheidend für das Zurverfügungstellen eines Darlehens. Sie ist die Voraussetzung dafür, dass überhaupt ein Realkredit (Hypothekendarlehen) vergeben werden kann. Die Bank verlangt die Grundschuld als größte Sicherheit quasi im Gegenzug für den Kredit und lässt sich vom Eigentümer im Grundbuch notariell beurkundet ein so genanntes Grundpfandrecht in Höhe der Darlehenssumme einräumen. Erst wenn dies geschehen ist, fließt auch das Geld.

Das Grundpfandrecht ist sozusagen der Garant für die Rückzahlungstreue des Schuldners. Kann der Kreditnehmer seine Schulden nicht mehr zurückzahlen, darf das Kreditinstitut das Grundstück mit der Immobilie wirtschaftlich verwerten. Es kann das Grundpfandrecht beispielsweise über eine Zwangsvollstreckung ausüben.

Sowohl Hypothek als auch Grundschuld sind als Sicherheiten denkbar. Doch hat die Grundschuld gegenüber der Hypothek einen Vorteil: Sie besteht unabhängig von der besicherten Forderung, während die Hypothek mit der Tilgung des Darlehens sinkt. Damit ist die Grundschuld für das Grundstücksgeschäft auch flexibler einsetzbar und wird fast ausschließlich angewendet.

Bürgschaften

Sind die Finanzierungsränge I und II des Grundbuchs ausgeschöpft, bleibt noch die Möglichkeit, sich eine Bürgschaft zu beschaffen, um den restlichen Teil der Forderungen zu besichern. Dies ist zum einen über die Bürgschaftsbanken der einzelnen Bundesländer zu erreichen, die eine Ausfallbürgschaft übernehmen. Über diesen Weg wird sichergestellt, dass der Kreditgeber im Rahmen einer Zwangsversteigerung sein Geld erhält. Außerdem ist natürlich auch eine Bürgschaft beispielsweise von Verwandten denkbar. Dies ist jedoch mit einem Kapitalverlustrisiko für den Bürgen verbunden. Deshalb ist eher davon abzuraten.

Eine weitere Sicherheit für Kredite sind Abtretungen sowie Verpfändungen.

Verpfändungen

Verpfändungen sind immer dann sinnvoll, wenn zwar Eigenkapital vorhanden ist, es jedoch in längerfristigen Geldanlagen steckt und somit derzeit zur Finanzierung nicht zur Verfügung steht.

Tipp

Besitzen Sie beispielsweise ein Wertpapierdepot und möchten Sie Ihr Depot aufgrund schwacher Börsen nicht auflösen, weil das Potenzial der Wertpapiere für einen baldigen Kursanstieg spricht, so können Sie das Wertdepot als Pfand einsetzen.

Abtretung

Die Abtretung ist nicht auf eine konkrete Forderung gerichtet, sondern bezieht sich auf alle gegenwärtigen oder zukünftigen Kreditansprüche, die nicht zwingend etwas mit der Immobilie etwas zu tun haben müssen. Es können nicht zur Finanzierung verwendete Bausparverträge, Lebensversicherungen (beispielsweise eine Termfix-Lebensversicherung) oder Investmentfonds abgetreten werden.
Sowohl Abtretungen als auch Verpfändungen unterliegen je nach Art der Geldanlage bestimmten Beleihungsgrenzen.

Tipp:

Lebensversicherungen lassen sich an Versicherungsmakler oder Lebensversicherungsfonds verkaufen. Der Vorteil: Der Erlös ist – bei guten Aufkäufern – in der Regel um zehn Prozent höher als der Rückkaufswert der Lebensversicherung, der als Beleihungsgrenze gilt. Außerdem steht dieses Geld voll als Eigenkapital zur Verfügung.

3.3.1 Wie hoch ist der Beleihungswert?

Bevor ein Kreditinstitut einen Kredit vergibt, überprüft es, wie wertvoll die Immobilie überhaupt ist. Es will damit erreichen, dass die Rückzahlung des Betrags auch für den Fall gesichert ist, dass der Kreditnehmer seine laufenden Zins- und Tilgungszahlungen nicht mehr erfüllen kann und der Kredit durch den Verkauf bzw. die Versteigerung des Objekts zurückgezahlt werden muss.

Beleihungsprüfung

Bei der so genannten Beleihungsprüfung wird deshalb ein Betrag ermittelt, der durch den Wert der Immobilie abgedeckt ist. Dabei wird nicht der aktuelle Verkehrswert der Immobilie zugrunde gelegt, sondern der so genannte Beleihungswert ermittelt – der Wert, der jederzeit für die Immobilie abzüglich eines Sicherheitsabschlags langfristig erzielt werden kann. Er ist daher niedriger als der Verkehrswert oder der Preis, den der Bauherr oder Käufer für das Objekt bezahlt.

Den Beleihungswert ermittelt entweder das Kreditinstitut selbst oder es beauftragt einen Gutachter. Wird ein Gutachter eingeschaltet, zahlen Sie als Kreditnehmer dafür Gebühren in einer Höhe von 0,2 bis 0,5 Prozent der Darlehenssumme.
Für die Berechnung des Beleihungswerts Ihrer Immobilie benötigt der potenzielle Geldgeber von Ihnen einige Unterlagen wie Baupläne, Grundbuchauszüge, Kaufvertrag, Versicherungs- und Einkommensnachweise usw. Eine entsprechende Checkliste finden Sie im Anhang und auf Ihrer CD-ROM.

Tipp

Liegen dem Kreditnehmer bereits Gutachten über den Verkehrswert der Immobilie vor, sollte er diese beim potenziellen Kreditgeber einreichen. Dies kann eventuell die anfallenden Wertschätzungskosten senken.

Die Berechnung des Beleihungswert erfolgt nach den von den Aufsichtsbehörden der Geldinstitute erlassenen Beleihungsgrundsätzen oder Wertermittlungsanweisungen.

Sachwertverfahren

Bei selbst genutztem Wohneigentum wird in der Beleihungswert in der Regel nach dem Sachwertverfahren errechnet. Der Sachwert setzt sich zusammen aus dem Bau- und dem Bodenwert.

- Für die Berechnung des Bodenwerts wird die Quadratmeterzahl mit dem langfristig zu erzielenden Quadratmeterpreis multipliziert.
- Die Ermittlung des Bauwertes ist schwieriger. Er ergibt sich entweder durch ein Indexverfahren, bei dem die Baukosten hochgerechnet werden, oder durch die Anwendung des so genannten Abschlagsverfahrens. Dabei werden die angemessenen Baukosten geschätzt. Davon wird dann ein Sicherheitsabschlag zwischen zehn und 30 Prozent abgezogen.

Ertragswertverfahren

Bei vermieteten Objekten kommt das Ertragswertverfahren zur Anwendung. Der Ertragswert wird auf Grundlage des „nachhaltig erzielbaren Nettoertrags" ermittelt. Dieser wiederum errechnet sich aus den jährlichen Mieteinnahmen abzüglich sämtlicher Kosten und ergibt zusammen mit einem so genannten Kapitalisierungsfaktor den Ertragswert. Der Kapitalisierungsfaktor liegt bei einem Mehrfa-

chen der krisenfesten Jahresmiete und berücksichtigt Bauzustand, Alter, Nutzung und Größe des Objekts.
Einige Kreditinstitute legen aber auch einen Beleihungswert fest, der dem Mittelwert aus Ertrags- und Sachwertverfahren entspricht.
Der Beleihungswert liegt grundsätzlich nie über dem aktuellen Verkehrswert der Immobilie. Der Verkehrswert ergibt sich nach dem Sachwert- oder Ertragswertverfahren, jedoch unter Berücksichtigung der Lage der Immobilie und der momentanen Lage am Wohnungsmarkt.

Beleihungswert nie über dem Verkehrswert

Der Beleihungswert liegt in der Regel 20 bis 30 Prozent unter dem aktuellen Verkehrswert. Auf diese Weise bilden die Kreditinstitute eine Sicherheitsreserve, um ein möglichst geringes Risiko bei der Vergabe des Kredits einzugehen. Dies hat zur Folge, dass der Beleihungswert des Hauses oder der Wohnung nur rund 80 Prozent der tatsächlichen Baukosten oder des Kaufpreises ausmacht. Die Höhe des Werts hat direkte Auswirkungen auf den möglichen Umfang des Kredits und die Finanzierungskosten, denn der Kreditgeber trifft alle weiteren Entscheidungen zur Kreditvergabe auf der Grundlage des Beleihungswertes.

Hinweis

Es lohnt sich für den Kreditnehmer, bezüglich des Beleihungswerts mit dem Kreditgeber zu verhandeln. Lassen Sie sich die Errechnung des Beleihungswerts vorlegen und überprüfen Sie sie. Sind die angesetzten Pauschalen zu niedrig, sollten Sie mit dem zuständigen Sachbearbeiter oder der Sachbearbeiterin sprechen und versuchen, eine Erhöhung des Beleihungswerts zu erreichen.

3.3.2 Welche Beleihungsgrenzen setzt die Bank?

Jedes Kreditinstitut beleiht eine Immobilie nur bis zu einer bestimmten, intern festgelegten Grenze, die meist zwischen 40 und 80 Prozent des errechneten Beleihungswerts liegt. Eine Hundertprozentfinanzierung wird selten gewährt und setzt ein hohes Einkommen sowie hohe Sicherheiten des Kreditnehmers voraus. In der Regel gelten in den einzelnen Branchen folgende Beleihungsgrenzen:

- Geschäftsbanken, Raiffeisenbanken, Volksbanken: 80 %
- Hypothekenbanken: 60–65 %
- Lebensversicherungen: 40–60 %

1a-Hypotheken

Darlehen in der Höhe bis zur der Beleihungsgrenze werden als „1a-Hypothekendarlehen“ oder „erste Hypotheken“ bezeichnet. Sie werden im Grundbuch durch ein erstrangiges Grundpfandrecht abgesichert. Kommt es zu einer Zwangsversteigerung der Immobilie, weil der Kreditnehmer seine Zins- und Tilgungsleistungen nicht mehr erbringen kann, wird diese Forderung der Geldgeber zuerst aus dem Versteigerungserlös bedient.

Beleihungsgrenze und Kredithöhe

Die Beleihungsgrenze wirkt sich – wie auch der Beleihungswert – auf die Höhe des Kredits aus, den der Immobilienerwerber für seine Immobilie vom Kreditinstitut erhalten kann. Sie reduziert die Kredithöhe noch einmal. Der Kredit, den der Kreditnehmer erhält, deckt somit nicht die gesamten Kosten, die beim Kauf bzw. Bau der Immobilie entstehen, ab – selbst nach der Aufnahme eines 1a-Hypothekendarlehens besteht also in der Regel noch weiterer Finanzierungsbedarf.

Beispiel

Die Baukosten eines Einfamilienhauses belaufen sich auf 300.000 Euro. Als Beleihungswert ermittelt die Bank 240.000 Euro, also 80 Prozent des tatsächlichen Baupreises, und setzt eine Beleihungsgrenze von 80 Prozent des Beleihungswerts an, wodurch die Kredithöhe noch weiter sinkt. Der Bauherr erhält von der Bank einen Kredit über 192.000 Euro. Da er über 75.000 Euro Eigenkapital verfügt, fehlen ihm, um alle Kosten des Bauvorhabens abzudecken, 33.000 Euro.

Wenn die Kredithöhe nicht ausreicht

1b-Hypotheken

Selbstverständlich haben die Kreditinstitute auch die Möglichkeit, Kredite zu gewähren, die über den Beleihungsgrenzen liegen. Diese werden „1b-Hypothekendarlehen“ genannt und sind im Grundbuch durch ein zweitrangiges Grundpfandrecht sowie zusätzlich durch eine öffentliche Bürgschaft abgesichert. Eine öffentliche Bürgschaft können Sie bei Ihrem jeweiligen Bundesland oder bei öffentlich-rechtlichen Kreditinstituten erhalten. Das zweitrangige Grundpfandrecht wird – wie auch das erstrangige – als „Realkredit“ bezeichnet, weil auch dieses noch durch die Immobilie selbst abgesichert ist. Ein zweitrangiges Darlehen hat jedoch seinen Preis. Denn in der Regel verlangen die Kreditinstitute dafür einen um 0,5 Prozent höheren Nominalzins oder eine Bürgschaftsgebühr in Höhe von 0,5 bis zu einem Prozent des verbürgten Darlehens pro Jahr.

Gedeckter Personalkredit

Besteht noch weiterer Kreditbedarf, können Sie – wie bereits erwähnt – eventuell auch einen gedeckten Personalkredit in Anspruch nehmen, dessen Vergabe allerdings von Ihrer persönlichen Kreditwürdigkeit abhängt. Auch dieser Kredit wird im Grundbuch eingetragen.

Bauspardarlehen

Bauspardarlehen sind eine weitere Möglichkeit, den über die 1a-Hypothek hinausgehenden Darlehensbedarf abzudecken, da Bausparkassen meist auch mit einem nachrangigen Grundpfandrecht einverstanden sind.

Tipp:

Auch die Beleihungsgrenzen wirken sich indirekt auf die Kosten eines Kredits aus. Sind Sie beispielsweise aufgrund der niedrigen Beleihungsgrenze auf eine teure 1b-Hypothek angewiesen, kann dies die Vorteile der günstigen Zinsen der 1a-Hypothek zunichte machen. Daher sollten Sie bei einem Vergleich der Kreditkonditionen verschiedener potenzieller Geldgeber die Beleihungsgrenzen immer mitvergleichen. Versuchen Sie auch, mit dem Kreditgeber zu verhandeln und einen möglichst hohen Beleihungswert sowie eine hohe Beleihungsgrenze zu erreichen.

3.4 Welche Versicherungen muss ich abschließen?

Damit die Finanzierung auch in schwierigen Zeiten – wie Berufsunfähigkeit, Arbeitslosigkeit, Tod des Hauptverdieners oder bei Verkauf des Objekts – gesichert ist, muss der Bauherr oder Immobilienerwerber mit einigen Maßnahmen vorsorgen. Hierzu stehen insbesondere die Berufsunfähigkeits-, Risikolebens- und Restschuld- oder Residualeversicherung zur Verfügung. Auch muss die Immobilie gegen die finanziellen Verluste aus Beschädigung oder Zerstörung versichert werden. Die Verträge müssen zur Beginn der Finanzierung entweder schon vorhanden sein oder noch abgeschlossen werden. Im Einzelnen werden die Versicherungen in Kapitel 8 besprochen.

4 Wie gestalte ich meine Finanzierung optimal?

Eine Immobilie zu kaufen oder zu bauen ist in Deutschland nicht billig. Trotzdem wagen viele Bauherren und Erwerber diesen Schritt, der ihnen bei erfolgreichem Verlauf die ersehnten eigenen vier Wände, die lohnende Altersvorsorge oder das lukrative Anlageobjekt beschert.

Quellen für Fremdkapital

Fremdkapital für die Immobilie können Sie aus verschiedenen Quellen beziehen. Banken, Sparkassen, Hypothekenbanken, Versicherungen und Bausparkassen bieten bestimmte Darlehensformen an, die jeweils sehr unterschiedlich abgewickelt werden und spezifische Vor- und Nachteile aufweisen. Daneben gibt es neuere Finanzierungsarten, die Ihnen insbesondere dann Möglichkeiten eröffnen, wenn Sie nicht über ausreichendes Eigenkapital verfügen.

Auch Kredite von Ihrem Arbeitgeber oder von der Kirche können Sie beispielsweise als Fremdkapital einsetzen.

Bei der Wahl Ihrer Immobilienfinanzierung gibt das Ziel die Richtung vor: Die richtige Finanzierungsstrategie hängt vor allem auch davon ab, ob Sie die Immobilie selbst nutzen oder vermieten wollen.

4.1 Allgemeines zu Krediten, Zinsen und Konditionen

Wer ein Haus oder eine Wohnung bauen oder kaufen möchte und Fremdkapital benötigt, wird von Kreditgebern derzeit quasi umworben. Banken und Bausparkassen locken mit immer besseren Angeboten und „Top-Konditionen". Doch hier heißt es aufgepasst, denn erst bei genauerem Hinsehen erweist sich, ob ein Finanzierungsangebot wirklich passend und günstig für Sie ist.

Wesentlicher Faktor: die Zinshöhe

Natürlich ist die Zinshöhe ein wesentlicher Faktor. Schon kleine Abweichungen hinter dem Komma können erhebliche Unterschiede bei der Gesamtrechnung ausmachen.

Beispiel:

Wird ein Darlehen über 120.000 Euro bei einem Zins von sechs Prozent und einem Prozent Tilgung aufgenommen, so zahlt der Kreditnehmer eine monatliche Rate von 700 Euro. Bei einem Zinssatz von 6,5 Prozent beträgt die Rate schon 750 Euro, in 30 Jahren zahlt der Kreditnehmer also 18.000 Euro mehr an die Bank zurück.

Vor allem für den Eigennutzer können Beträge in dieser Höhe den Ausschlag dafür geben, ob er die Finanzierung überhaupt durchführen kann.

Auch Kapitalanleger möchten natürlich keine überteuerten Zinsen für das Fremdkapital zahlen. Da sie jedoch in der Regel die Finanzierungskosten steuerlich ansetzen können, spielen für sie Zehntelprozente nicht eine so große Rolle wie für Eigennutzer, die diese Abschreibungsmöglichkeiten nicht haben.

Nominal- und Effektivzins

Bedenken Sie auch: Zins ist nicht gleich Zins. Als Bauherr oder Immobilienerwerber müssen Sie zwischen Nominal- und Effektivzins unterscheiden können. Während der Nominalzins angibt, wie viel Zinsen pro Jahr Sie für das Darlehen zahlen müssen, enthält der effektive Jahreszins den Nominalzins plus eine Reihe von Nebenkosten, die ebenfalls auf den Kredit veranschlagt werden, beispielsweise das Disagio, die Zinsbindungsfrist, Bearbeitungs- und Vermittlungsgebühren usw. Hinzu kommen beim Hypothekendarlehen noch weitere Nebenkosten, die nicht im Effektivzins enthalten sind.

Die Zinsbindungszeit

Die Zinsbindungszeit ist bei Krediten von der Bank neben der Höhe der Zinsen der zweite Hauptfaktor, der sich auf die Kosten des Kredits auswirkt. Der Nominalzins wird nämlich nur für einen bestimmten Zeitraum – die Zinsbindungszeit, festgelegt. Wie hoch das Darlehen nach der Zinsbindungszeit verzinst wird, nimmt dann nicht unwesentlich Einfluss darauf, wie viele Zinsen in der gesamten Laufzeit des Darlehens anfallen. Für eine längere Zinsbindungszeit fällt in der Regel ein höherer Nominalzins an, andererseits können Sie auch länger die auf Sie zukommenden Belastungen genau kalkulieren.

Beim Bausparvertrag spielt ebenfalls die Höhe des Nominal- bzw. Effektivzinses eine Rolle, eine Zinsbindungszeit gibt es jedoch bei dieser Darlehensform nicht. Um festzustellen, ob ein Anbieter ein lukratives Angebot unterbreitet, müssen Sie beim Bausparvertrag vielmehr das Verhältnis von Bausparzinsen und Kreditzinsen betrachten.

Bausparvertrag

Zinsen und Konditionen eines Darlehens sind also je nach Finanzierungsart von unterschiedlichen Faktoren bestimmt. Sie müssen deshalb nicht nur in der Lage sein, die Entscheidung über die richtige Darlehensform zu treffen, sondern auch die Kriterien kennen, die es ermöglichen, verschiedene Angebote der gleichen Darlehensform zu vergleichen.

4.2 Hypothekendarlehen der Banken

Die meisten Bauherren und Immobilienerwerber beziehen den größten Teil ihres Fremdkapitals über ein Kreditinstitut, indem sie dort ein Hypothekendarlehen aufnehmen, das sie mit einer langen Laufzeit tilgen. Ein solches Darlehen kann man bei Banken, Sparkassen sowie bei darauf spezialisierten Hypothekenbanken erhalten. Für ein Darlehen von der Bank fallen je nach Anbieter Zinsen und Nebenkosten an und es gelten bestimmte Kreditkonditionen.

Bei der Entscheidung für einen Hypothekenkredit sind die Zinshöhe und die Zinsfestschreibungszeit die Hauptfaktoren. Beide hängen davon ab, aus welchen Einnahmenquellen die Kreditinstitute ihre Darlehen finanzieren. Je nach Art der Bank gibt es verschiedene Formen dieser so genannten Refinanzierung.

Verschiedene Formen der Refinanzierung

Banken und Sparkassen erhalten von ihren Kunden in Spareinlagen oder -briefen angelegte Beträge und vergeben diese als Kredite an andere Kunden weiter. Der Gewinn des jeweiligen Kreditinstituts entsteht durch die Differenz aus Sparzinsen, die die Anleger für das gesparte Geld erhalten, und dem Darlehenszinssatz, den die Banken den Kreditnehmern berechnen. Daher besteht zwischen Spar- und Kreditzinsen immer ein direkter Zusammenhang. Steigen die Renditen auf dem Kapitalmarkt und es werden höhere Sparzinsen angeboten, gleichen die Banken dies durch die Anhebung der Kreditzinsen aus, um sich auf diesem Weg ihre Gewinne zu sichern.

Zinsen für Baudarlehen

Stichwort Kapitalmarkt: Die Zinsen für Baudarlehen bilden sich am Kapitalmarkt und nicht am Geldmarkt. Auf dem kurzfristig ausgerichteten Geldmarkt, auf dem Geldangebot und -nachfrage aufeinander treffen, bewegen sich vor allem Banken und institutionelle Anleger. Die Zinsen sind hier hauptsächlich durch die von Zentralbanken festgelegten Leitzinsen bestimmt.

Beim längerfristigen Kapitalmarkt stellt hingegen die Umlaufrendite einen wichtigen Indikator dar. Als Umlaufrendite wird die Durchschnittsrendite von Anleihen – festverzinslichen Wertpapieren – erster Bonität im Verhältnis zu einer bestimmten Restlaufzeit bezeichnet. Melden Zeitungen und Nachrichtensendungen, dass die Europäische Zentralbank (EZB) die Leitzinsen gesenkt hat, wirkt sich dies also im Wesentlichen nicht auf die Höhe der Zinsen für Baukredite aus, da sich diese am Kapitalmarkt bilden.

Refinanzierung und Zinsbindungszeit

Die Refinanzierung der verschiedenen Anbietergruppen wirkt sich aber nicht nur auf die Zinshöhe aus, sondern auch auf die Dauer der Zinsfestschreibung, die dem Kreditnehmer eingeräumt wird. Weil es sich bei Spareinlagen und Sparbriefen der Banken und Bausparkassen um kürzere Anlageformen handelt, werden von diesen Instituten häufig nur Kredite mit einer Zinsfestlegung von fünf bis zehn Jahren oder variablem Zinssatz, der regelmäßig an die Marktlage angepasst wird, vergeben.

Hypothekenbanken verfügen nicht über Spareinlagen, die sie für das Kreditgeschäft nutzen, sondern verkaufen Pfandbriefe an Kapitalanleger, denen sie während der vereinbarten Laufzeit einen Guthabenzins zahlen. Der Gewinn der Hypothekenbanken ergibt sich deshalb aus der Differenz zwischen Pfand- und Darlehenszinsen. Aufgrund der langen Anlagenform der Pfandbriefe können Hypothekenbanken ihren Kunden feste Zinssätze für 15 Jahre und länger oder sogar bis zum Ablauf des Kredits bieten. Für diese Kredite sind in der Regel etwas höhere Zinsen als für Darlehen mit fünf- bis zehnjähriger Laufzeit zu zahlen.

Finanzierung aus einer Hand

Auch Banken bieten manchmal Festzinszeiten von über zehn Jahren. Bei einem solchen Angebot kommt das Geld für den kürzeren Zeitraum der Finanzierung von der Bank und für den längeren Zeitraum von einer verbundenen Hypothekenbank. Für den Baufinanzierer ist häufig nicht ersichtlich, dass die Mittel des Kredits von zwei verschiedenen Geldgebern stammen, weil der ganze Vorgang über die Bank unter dem Namen „Finanzierung aus einer Hand" abgewickelt wird.

Achtung:

Solchen Angeboten sollten Sie kritisch gegenüberstehen. Die Hausbank mit den scheinbar günstigsten Konditionen vermittelt nicht unbedingt auch die längerfristig günstigsten Angebote. Oftmals sind Banken und Hypothekenbanken rechtlich miteinander verbunden und müssen bei ihrer Geschäftspolitik aufeinander Rücksicht nehmen. Eventuell gibt es bei einer anderen Hypothekenbank ein günstigeres Darlehen. Hier sollten Sie genau vergleichen. Achten Sie vor allem auf den anfänglichen effektiven Jahreszins und die Darlehensschuld nach der Ablauf der Zinsbindungszeit.

4.2.1 Welche Arten von Darlehen gibt es?

Banken, Sparkassen und Hypothekenbanken vergeben Hypothekendarlehen in der Regel als Annuitätendarlehen. Weitere Darlehenstypen sind das Ratentilgungsdarlehen und die Festhypothek.

Annuitätendarlehen

Bei einem Annuitätendarlehen zahlt der Kreditnehmer jährlich konstante Raten, die sich aus den Zins- und Tilgungsleistungen ergeben. Diese Jahresbelastung wird Annuität genannt. Die Höhe der Annuität hängt davon ab, welcher Zinssatz und welche Tilgungsrate im Kreditvertrag vereinbart wurden.

Beispiel

Ein Bauherr nimmt einen Annuitätenkredit von 120.000 Euro auf. Im Kreditvertrag werden für diese Summe sechs Prozent Zinsen festgelegt, der ebenfalls vereinbarte anfängliche Tilgungssatz beträgt ein Prozent. Die jährliche Annuität beträgt also sieben Prozent der vollen Darlehenssumme.

$$\text{Annuität} = \frac{\text{Darlehensbetrag} \times (\text{Zins} + \text{Tilgung})}{100} = \frac{120.000\ € \times 7}{100}$$

$$= 8.400\ €$$

Für diesen Kredit muss der Bauherr also jährlich 8.400 Euro zahlen, die monatlichen Raten betragen 700 Euro.

Das entscheidende Merkmal des Annuitätendarlehens besteht darin, dass die jährliche Annuität während der gesamten Laufzeit des Kredits immer gleich hoch bleibt, sich ihre Zusammensetzung aber ständig ändert. Während der Zinsanteil der Annuität aufgrund der sinkenden Gesamtschuld jedes Jahr geringer wird, steigt der Anteil des Tilgungsbetrags.

Beispiel

Im ersten Jahr setzt sich die Annuität (8.400 Euro), die der Bauherr zahlt, entsprechend der vereinbarten Zinsen und Tilgung aus 7.200 Euro Zinsen und 1.200 Euro Tilgung zusammen. Aufgrund der erfolgten Tilgung von 1.200 Euro beträgt die Darlehensschuld im zweiten Jahr nur noch 118.800 Euro. Der Betrag, der nun verzinst wird, ist also geringer geworden, der zu zahlende Zinsanteil beträgt nur noch 7.128 Euro. Damit die Rate weiterhin konstant bleibt (8.4000 Euro), wird der Tilgungsanteil auf 1.272 Euro erhöht.

Weil der Bauherr mit jedem Jahr einen größeren Tilgungsanteil an die Bank zahlt, sinkt die Restschuld zum Ende der Laufzeit des Darlehens rapide ab.

Bei einem Tilgungssatz von einem Prozent beträgt die Laufzeit eines solchen Kredits je nach Nominalzinssatz ungefähr 25 bis 30 Jahre. Würde der Tilgungsanteil nicht kontinuierlich angehoben, wäre der Kredit bei gleich bleibend einem Prozent Tilgung erst nach 100 Jahren abbezahlt.

Auf Wunsch vereinbaren die Kreditinstitute auch einen höheren Tilgungssatz, beispielsweise zwei Prozent pro Jahr. Ein Darlehen mit diesem Tilgungssatz wäre je nach Nominalzinssatz nach ungefähr 20 Jahren abbezahlt.

Beispiel: Tilgungsplan Annuitätendarlehen

Anhand des Tilgungsplans lässt sich verfolgen, wie sich im Laufe der Jahre die Zins- und Tilgungszahlung verändert und die Restschuld, bei gleich bleibender Jahresleistung, immer schneller abnimmt.

Die Beträge entsprechen dem bereits genannten Beispiel: Darlehensbetrag: 120.000 Euro, Zinssatz: 6 %, Tilgungssatz: 1 %. Um die Rechnung zu vereinfachen, wurde davon ausgegangen, dass die Zinsbindungszeit über die gesamte Laufzeit gilt.

Jahr	Restschuld (Euro)	Zinsen (Euro)	Tilgung (Euro)	Jahresleistung (Euro)	Monatliche Belastung (Euro)
2005	120.000	7.200	1.200	8.400	700
2006	118.000	7.128	1.272	8.400	700
2007	117.528	7.051,68	1.348,32	8.400	700
2008	116.179,68	6.970,78	1.429,22	8.400	700
2009	114.831,36	6.889,88	1.510,12	8.400	700
2010	113.321,24	6.799,27	1.600,73	8.400	700
2011	222.720,51	6.703,23	1.696,77	8.400	700
2012	110.023,74	6.601,42	1.798,58	8.400	700
2013	108.225,16	6.493,51	1.906,49	8.400	700
2014	106.318,67	6.379,12	2.020,88	8.400	700
2015	104.297,79	6.257,87	2.142,13	8.400	700
2016	102.155,66	6.129,34	2.270,66	8.400	700
2017	99.885,00	5.993,10	2.406,90	8.400	700
2018	97.481,10	5.848,87	2.441,13	8.400	700
2019	94.929,97	5.695,80	2.704,20	8.400	700
2020	92.225,77	5.533,55	2.866,45	8.400	700
2021	89.389,32	5.363,36	3.036,64	8.400	700
2022	86.352,68	5.181,16	3.218,84	8.400	700
2023	83.133,84	4.988,03	3.411,97	8.400	700
2024	79.721,87	4.783,12	3.616,88	8.400	700
usw.					

Ratentilgungsdarlehen

Beim Ratentilgungsdarlehen verpflichtet sich der Kreditnehmer dazu, immer gleich große Tilgungsraten zu zahlen. Da mit zunehmender Tilgung die Zinskosten geringer werden, die Tilgungsrate aber nicht erhöht wird, sinkt die Belastung von Jahr zu Jahr. Die Tilgungsrate kann als feste Jahresleistung oder als Prozentsatz auf die ursprüngliche Jahresleistung vereinbart werden. Der Kreditnehmer zahlt die Rate monatlich oder vierteljährlich.
Weil es bei einer Tilgungsrate von einem Prozent aber 100 Jahre dauern würde, bis der Kredit abbezahlt wäre, vereinbaren die Kreditinstitute bei dieser Darlehensart weitaus höhere Tilgungsraten.

Eine so hohe finanzielle Belastung ist für Bauherren aber gerade in der ersten Zeit häufig schwerer zu verkraften, denn in der Regel steigt deren Einkommen erst in den späteren Jahren. Ein solches Darlehen lohnt deshalb nur, wenn der Bauherr über ein hohes Monatseinkommen verfügt.
Im Vergleich zum Ratentilgungsdarlehen hat das Annuitätendarlehen den Nachteil, dass die Restschulden aufgrund des zunächst noch geringen Tilgungsanteils in der ersten Zeit nur sehr langsam sinken. So ist der Kredit nach etwa der Hälfte der Laufzeit bei weitem noch nicht zur Hälfte abbezahlt. Beim Annuitätendarlehen fallen deshalb im Vergleich höhere Finanzierungskosten an. Der Kreditnehmer zahlt im Endeffekt mehr Zinsen, weil die Restschuld, auf die diese anfallen, für viele Jahre recht hoch bleibt. Dies ist auch ein Grund, warum Banken Kredite in der Regel als Annuitätendarlehen und selten als Ratentilgungsdarlehen vergeben. Hypothekenbanken und Versicherungsgesellschaften bieten diese Darlehensform gar nicht an.

Beispiel: Tilgungsplan Ratentilgungsdarlehen

Zugrunde liegt wieder das obige Beispiel: Darlehensbetrag: 120.000 Euro, Zinssatz: 6 %, Tilgungssatz: 1 %. Um die Rechnung zu vereinfachen, wurde davon ausgegangen, dass die Zinsbindungszeit über die gesamte Laufzeit gilt.

Die Jahresleistung liegt zunächst höher als beim Annuitätendarlehen (konstant 700 Euro), sinkt jedoch mit jedem Jahr und liegt schließlich ab dem 14. Jahr darunter.

Jahr	Restschuld (Euro)	Zinsen (Euro)	Tilgung (Euro)	Jahresleistung (Euro)	Monatliche Belastung (Euro)
2005	120.000	7.200	4.350	11.550	962,50
2006	115.650	6.939	4.350	11.289	940,75
2007	111.300	6.678	4.350	11.028	919,00
2008	106.950	6.417	4.350	10.767	897,25
2009	102.600	6.156	4.350	10.506	875,50
2010	98.250	5.895	4.350	10.245	853,75
2011	93.900	5.634	4.350	9.984	832,00
2012	89.550	5.373	4.350	9.723	810,25
2013	85.200	5.112	4.350	9.462	788,50
2014	80.850	4.851	4.350	9.201	766,75
2015	76.500	4.590	4.350	8.940	745,00
2016	72.150	4.329	4.350	8.679	723,25
2017	67.800	4.068	4.350	8.418	701,50
2018	63.450	3.807	4.350	8.157	679,75
2019	59.100	3.546	4.350	7.896	658,00
2020	54.750	3.285	4.350	7.635	636,25
2021	50.400	3.024	4.350	7.374	614,50
2022	46.050	2.763	4.350	7.113	592,75
2023	41.700	2.502	4.350	6.852	571,00
2024	37.350	2.241	4.350	6.591	549,25
usw.					

Festdarlehen

Das Festdarlehen wird auch als tilgungsfreies Darlehen bezeichnet. Es handelt sich dabei um eine feste Darlehenssumme, die am Ende der Laufzeit auf einen Schlag getilgt wird. Während der Laufzeit müssen lediglich die Zinsen für den Kredit gezahlt werden. Die monatlichen Raten sind dadurch geringer, doch da die Schuld nicht sinkt, zahlt der Kreditnehmer insgesamt mehr Zinsen als bei einem Annuitätendarlehen. Festdarlehen werden häufig in Verbindung mit Lebensversicherungen oder Bausparverträgen vergeben. Statt der Tilgungsleistungen erfolgt die Einzahlung von Beiträgen in den jeweiligen Vertrag.

4.2.2 Finanzierung über das Internet

Auch über das Internet können Sie ein Hypothekendarlehen bekommen. Internet-Banken und Discounter bieten Kredite zu günstigen Effektivzinsen an, die bis zu 0,5 Prozent unter denen der herkömmlichen Banken und Sparkassen liegen.
Auch für diejenigen, die nach dem Ablauf der Zinsbindungszeit umfinanzieren wollen, kommen die Online-Angebote in Frage. Da hier meist nur ein einziges Darlehen benötigt wird und der Beratungsbedarf eher gering ist, sind Internetkredite für eine Anschlussfinanzierung sogar besonders geeignet.
Viele Banken und Sparkassen bieten, meist über Tochtergesellschaften, inzwischen günstige Baukredite über das Internet an.

Direktbanken

Auch Direktbanken im Internet vergeben Online-Kredite. Direktbanken haben keine Außenstellen, sondern verkaufen und beraten ausschließlich über Telefon und Internet. Neben Hypothekendarlehen bieten Direktbanken auch andere Finanzdienstleistungen an.

Internetmakler

Hinzu kommen auf Baudarlehen spezialisierte Internetmakler (Web-Discounter), die mit einer Vielzahl von Banken zusammenarbeiten. Sie versprechen, aus den Angeboten der verschiedenen Banken den günstigsten Hypothekenkredit herauszufiltern und die Finanzierung schnell über das Internet abzuwickeln. Auf der anderen Seite prüfen sie die Kreditinteressenten und sortieren diejenigen aus, bei denen die Gefahr besteht, dass sie sich mit ihrem Bau- oder Kaufvorhaben finanziell übernehmen. Da sie den Banken dabei viel Arbeit abnehmen, gewähren die Banken für die vermittelten Verträge günstigere Konditionen als für direkt mit ihnen abgeschlossene Verträge. Auch die Banken, die ihre Internet-Kredite selbst vergeben, bieten – weil Sie dabei Kosten für Beratung und Bearbeitung einsparen – den Kunden günstigere Konditionen.

Immobilienportale

Auf Immobilienportalen – Internet-Seiten, die Informationen rund um die Immobilie bieten – werden Bauherren ebenfalls fündig. Einige dieser Anbieter halten, wie die Discounter, Angebote verschiedener Kreditgeber bereit.

4.2.2.1 Die Vor- und Nachteile

Günstige Zinsen

Zwischen 0,25 und 0,5 Prozent Effektivzinsen können Sie durch einen Kredit über das Internet einsparen. Bei einer Darlehenssumme von 200.000 Euro summiert sich die Ersparnis schon in den ersten zehn Jahren schnell auf bis zu 10.000 Euro. Diesem gewichtigen Vorteil der Internetfinanzierung stehen jedoch auch einige Nachteile gegenüber.

Standardisierte Angebote

So sind die Angebote im Internet einerseits häufig standardisiert und damit nicht für jeden Immobilienerwerber geeignet. Bei einigen Anbietern sind Sondertilgungen nur gegen Zinsaufschlag oder gar nicht möglich und die Konditionen gelten häufig bis zu einer Beleihungsgrenze von 60 Prozent. Für Darlehen bis zu einer Beleihungsgrenze von 70 Prozent und mehr muss dann ein Zinsaufschlag von 0,15 bis 0,2 Prozent in Kauf genommen werden. Auch wenn die Kreditsumme unter 100.000 Euro beträgt oder der Tilgungssatz höher als ein Prozent liegen soll, fallen in der Regel Zinsaufschläge an. Und: Je komplexer die finanzielle Ausgangssituation ist, desto schwieriger ist es, bei einem Online-Anbieter eine günstige Lösung zu finden. Wollen Sie beispielsweise mehrere Finanzierungsbausteine wie ein KfW-Darlehen, Sondertilgungen, eine Lebensversicherung oder ein Bauspardarlehen einbinden, ermöglichen viele Anbieter erst gar keine Finanzierung oder diese Extrakonditionen müssen Sie telefonisch oder per E-Mail nachfragen, weil der Online-Rechner sie nicht vorsieht.

Nicht jeder bekommt einen Online-Kredit

Ob Sie einen Onlinekredit erhalten, hängt auch von Ihren Einkommens- und Vermögensverhältnissen und der Art der Immobilie ab. Sind Sie selbstständig, bekommen Sie den Kredit eventuell nur gegen Zinsaufschlag oder gar nicht. Bestimmte Objekte, wie Ferienhäuser, Baudenkmäler oder Fertighäuser ohne Gütesiegel werden manchmal kategorisch von einer Finanzierung ausgeschlossen.

Beratung nicht inbegriffen

Darüber hinaus müssen Sie auf eine ausführliche Beratung verzichten und sich stattdessen selbst ein detailliertes Fachwissen aneignen. Die wichtigsten Fragen über die Finanzierung können nur über Hotlines oder E-Mail-Anfragen an den Anbieter geklärt werden.

Allerdings gibt es inzwischen viele Anbieter, die ihren Kunden speziellen Service in Form von nützlichen Tools bieten, die beispielsweise berechnen können, welchen Kredit Sie sich bei welchem Zinssatz leisten können, wie viele Jahre die Laufzeit des Darlehens betragen wird und wie sich unterschiedlich hohe Tilgungssätze auf den Schuldenstand auswirken. Doch auch hier ist Vorsicht geboten: So berechnen laut Stiftung Warentest viele Internet-Anbieter den finanziellen Spielraum für den Kauf oder Bau einer Immobilie viel zu hoch.

4.2.2.2 So stellen Sie einen Kreditantrag über das Internet

Die richtige Vorbereitung

Ziehen Sie einen Kredit über das Internet in Erwägung, sollten Sie sich umfangreiche Kenntnisse über die Materie Baufinanzierung aneignen und sich intensiv mit den Angeboten im Internet auseinander setzen – eine gute Vorbereitung ist unabdingbar. Nur so vermeiden Sie schwer wiegende Fehler und finden ein passendes, lukratives Angebot.

Sie sollten außerdem bereits über ein komplettes Finanzierungskonzept verfügen. Nur wer weiß, wie z. B. die Eigenheimzulage oder öffentliche Fördermittel in die Finanzierung eingebaut werden, kann die verschiedenen Rechentools der Anbieter sinnvoll nutzen und unterschiedliche Finanzierungsvarianten durchspielen.

Günstige Angebote herausfinden

Hinsichtlich der Qualität der Internet-Seiten der Anbieter kann es große Unterschiede geben. Nicht alle bieten einen übersichtlichen Seitenaufbau, leicht handhabbare Rechentools, ein überzeugendes Servicespektrum und Unterstützung bei der Finanzierung. Wenn Sie sich hier vorab genauer informieren möchten, sollten Sie auf entsprechende Tests in einschlägigen Fachzeitschriften achten. Im Juli 2004 führte beispielsweise die Stiftung Warentest eine Untersuchung über Internet-Anbieter von Hypothekenkrediten durch.

Tipp:

Achten Sie grundsätzlich darauf, dass der Anbieter neben einer E-Mail-Adresse auch eine Telefonnummer angibt, unter der Sie die wichtigsten Fragen klären können. Ordern Sie keine Angebote, für die der Anbieter keinen Tilgungsplan ausgibt, aus dem die Restschuld nach Ablauf der Zinsbindungszeit hervorgeht. Denn nur auf der Grundlage dieser Größe können Sie die Kreditangebote miteinander vergleichen.

Auch die Konditionen der Anbieter sollten Sie bereits vor dem Einholen der Angebote vergleichen. Über das Internet lässt sich recht leicht eine Vorausauswahl treffen. Unter www.baugeld-vergleich.de oder www.biallo.de finden Sie Rankings, anhand derer Sie die günstigsten Zinsangebote erkennen können. Für die verschiedenen Zinsbindungszeiten und Darlehenshöhen gibt es jeweils extra Aufstellungen – sowohl für feste als auch für variable Darlehen.

Genau vergleichen

Vergleichen Sie mindestens drei unverbindliche Angebote genau – jeweils unter Vorgabe der gleichen Eckdaten für die gewünschte Finanzierung. Da die Online-Anbieter aber nur mit einer bestimmten Anzahl von Kreditinstituten zusammenarbeiten, sollten Sie trotzdem auch bei der Hausbank oder anderen Instituten Angebote einholen.

Hinweis:

Gerade bei Online-Angeboten sollten Sie auch auf das Kleingedruckte achten. Viele auf den ersten Blick günstige Zinsangebote sind an bestimmte Laufzeiten, Beleihungsgrenzen und Mindestkreditsummen gebunden. Halten Sie diese Auflagen aber nicht ein, werden Zinsaufschläge hinzugerechnet, die das Angebot entsprechend verteuern.

So gehen Sie vor:

Informieren

1. Auf der Startseite oder entsprechend gestalteten Folgeseiten verschaffen Sie sich zunächst einen Einblick in den Ablauf der Antragstellung und informieren sich über die Preisgestaltung der angebotenen Kredite.

Rechnen

2. Mit einem Einnahmen-Ausgaben-Rechner können Sie online ermitteln, welches Darlehen Sie sich bei Ihrem Monatseinkommen maximal leisten können.
3. In den Kreditrechner geben Sie die Daten – Kaufpreis der Immobilie, gewünschte Darlehenshöhe usw. – ein. Der Rechner ermittelt auf der Basis der Daten ein darauf abgestimmtes unverbindliches Angebot unter Angabe der Zinsen, Ratenhöhe, Restschuld am Ende der Zinsbindungszeit und des Tilgungsplans. Lassen Sie sich auf diese Weise bei verschiedenen Anbietern Angebote anzeigen und vergleichen Sie diese. Dabei helfen Ihnen Rechentools im Internet.

Anfrage stellen

4. Haben Sie sich für einen Anbieter entschieden, stellen Sie eine Darlehensanfrage. Die Daten aus dem Kreditrechner können Sie in einen Darlehensantrag übernehmen und ausdrucken. Nur so erhalten Sie ein verbindliches Angebot. Bei einigen Anbietern können Sie den Antrag auch online abschicken und sich so den angebotenen Zinssatz für zwei bis sieben Tage sichern.
5. Nach einer Bearbeitungszeit erhalten Sie Antwort vom Anbieter – bei Zusage ein verbindliches Kreditangebot.
6. Den Kreditbetrag bekommen Sie nicht vom Vermittler, sondern immer von der Bank. Der Kreditmakler kostet keine Maklercourtage, da diese von der Bank übernommen wird.

Tipp:

Auch wenn Sie nicht auf persönliche Beratung verzichten und lieber direkt einen Kredit abschließen wollen, können Sie das Internet für sich nutzen. Lassen Sie sich online kostenlos ein günstiges Angebot berechnen und halten Sie diese Zahlen dann bei dem Gespräch mit der Bank parat. Auf diese Weise können Sie eventuell den Zinssatz der Hausbank herunterhandeln, die bezüglich der Zinsen immer auch über einen gewissen Spielraum verfügt.

4.3 Nicht mehr zu empfehlen: die Lebensversicherungshypothek

Bei der Lebensversicherungshypothek oder auch Versicherungshypothek handelt es sich um ein so genanntes endfälliges Darlehen. Dabei findet während der Finanzierungsphase lediglich die Zahlung der Kreditzinsen statt, während die Schuld am Ende der Laufzeit auf einen Schlag getilgt wird.

Zu geringer Garantiezins

Diese Form der Finanzierung ist seit einiger Zeit ins Gerede gekommen. Der Grund: Viele Bauherren oder Finanzierer klagen darüber, dass der Garantiezins für die gegenzufinanzierende Lebensversicherung abgesenkt wurde. Er beträgt heute nur noch 2,75 Prozent. Dadurch wird die Ablaufleistung für die Lebensversicherung, die die Grundlage für die Versicherungshypothek bildet, nicht mehr erreicht. Die Folge: Am Ende der Laufzeit klafft ein mehr oder minder großes Loch.

Wegfall des Steuerprivilegs

Ein weiterer Wermutstropfen macht die Finanzierung selbst für Kapitalanleger, die ihre Objekte bisher in der Regel über die Versicherungshypothek finanziert haben, uninteressant: Das Steuerprivileg für die Lebensversicherung ist seit dem 01.01.2005 für alle Neuverträge gefallen. Das bedeutet, dass die Erträge aus den Lebensversicherungen besteuert werden. Somit scheint diese Finanzierungsform, die von dem Steuerprivileg besonders profitiert hat, nicht mehr rentabel. Wer beispielsweise aus einer neuen Lebensversicherung am Ende der Laufzeit 100.000 Euro erhält, müsste etwa 20.000 Euro Steuern darauf zahlen. Bei über 60-Jährigen reduziert sich der Betrag um die Hälfte, also auf 10.000 Euro. Deshalb ist diese Finanzierungsform auch nicht mehr zu empfehlen.

Policendarlehen

Lediglich für einen Sonderfall ist ein Darlehen noch interessant: für ein Policendarlehen, wenn der Vertrag bereits vor dem 01.01.2005 bespart wurde. Ein Policendarlehen ist nur bei bereits bestehenden Verträgen möglich. Dazu sollte in diesen Vertrag bereits einige Jahre eingezahlt worden sein, um eine entsprechende Summe daraus zur Verfügung zu haben. Entscheidend für die Höhe des Policendarlehens ist der Rückkaufswert – das heißt der Guthabensbetrag – der Lebensversicherung. Es wird also das eigene Guthaben des Vertrags beliehen. Gut einsetzbar sind solche Darlehen bei plötzlich auftretendem Finanzierungsbedarf – beispielsweise bei einer Nachfinanzierung.

4.4 Geld von der Bausparkasse

Vielleicht der bekannteste Weg, sein neues Zuhause zu finanzieren, ist der Vertrag mit der Bausparkasse. Das Bausparen dient ausschließlich zur Finanzierung der eigengenutzten Immobilie. Zum Ende des Jahres 2003 waren rund 33 Millionen Bausparverträge im Besitz von tatsächlichen oder potenziellen Bauherren oder Immobilienkäufern.

Grundidee

Das System des Bausparens funktioniert bereits seit mehr als 80 Jahren. Die Grundidee ist seit jeher gleich geblieben. Nach einer meist mehrjährigen Ansparphase hat der Bauherr niedrige Bauspardarlehenszinsen erworben. Darüber hinaus wird der Kredit beim Bausparen in der Regel nachrangig im Grundbuch eingetragen. Neben diesem Vorteil hat der Kunde eine klar kalkulierbare Verzinsung in der Anspar- und Darlehensphase.

Staatliche Förderung

Der Staat fördert das Bausparen mit zwei Fördertöpfen: der Wohnungsbauprämie und den vermögenswirksamen Leistungen (VL). Letztere sind gerade für junge Erwachsene mit noch geringerem Einkommen interessant. Lesen Sie dazu mehr in Kapitel 6.

Tipp:

Sie können zur Baufinanzierung durchaus auch Bausparverträge von Verwandten verwenden, beispielsweise von Ihren Eltern oder Schwiegereltern. Fragen Sie die Bausparkasse, von welchen Verwandten Verträge für die eigene Finanzierung akzeptiert werden. Dies wird in vielen Fällen bejaht werden können.

4.4.1 Wie läuft die Finanzierung beim Bausparen ab?

Das Bausparen besteht aus zwei voneinander abhängigen Phasen:

- der Ansparphase und
- der Darlehensphase.

Während der Ansparphase bespart der zukünftige Bauherr einen durch die Bausparsumme festgelegten monatlichen Sparbeitrag, um danach in der Darlehensphase die Raten für den Bausparkredit und die damit verbundene Tilgung zu leisten.

Auszahlungsvoraussetzungen

Die wesentlichen Auszahlungsvoraussetzungen für die Bausparsumme sind

- der Anspar- und Zuteilungszeitraum und
- das erreichte Mindestsparguthaben.

Das Mindestsparguthaben wird je nach Vertrag – von Sonderformen abgesehen – nach 18 bis 60 Monaten erreicht. Es vergeht ein mehr oder minder langer Zeitraum, bis der Bausparer dann über den Gesamtauszahlungsbetrag verfügen kann. Dieser besteht aus dem Bausparguthaben und dem Bauspardarlehen. Ohne Zeitverzug beginnt dann die Tilgungsphase für das Bauspardarlehen. Die Höhe des Bauspardarlehens ist von der Bausparsumme und der besparten Summe des Vertrags abhängig.

4.4.1.1 Die Bausparsumme

Durch die Festlegung der Bausparsumme wird bestimmt, über welchen Betrag der Bausparer bei Auszahlung des Vertrags verfügen möchte. Zeitgleich wird damit auch die Höhe des Mindestsparguthabens festgelegt, das über die Sparleistungen des Bausparers erbracht werden muss. Aus dem Mindestsparguthaben ergibt sich die Höhe der monatlichen Sparleistung. Darüber hinaus bestimmt die Bausparsumme die Höhe der späteren Tilgungsraten und nicht zuletzt auch die Abschlussgebühren, die der Bausparer zu entrichten hat.

Standard- und Sondertarife

In Standardtarifen ist meist vereinbart, dass der Bausparer monatlich vier Promille in der Ansparphase bespart und in der Darlehensphase den Vertrag mit sechs Promille bedient. Da die Bausparkassen jedoch meist neben Standardtarifen auch Sondertarife offerieren, können sich deutliche Abweichungen davon ergeben. Sie sollten deshalb versuchen, sich über den Zeitraum, in dem Sie ein Haus bauen oder kaufen wollen, klar zu werden. Das erleichtert die Auswahl der Tarife. Einige Tarife bieten zudem den Vorteil, noch während der Laufzeit beispielsweise den Guthaben- oder Darlehenszins zu ändern.

Tipp:

Hohe Bausparsummen sind ein Bumerang für die Baufinanzierung. Wer bald bauen möchte, sollte darauf achten, nicht zu hohe Bausparsummen abzuschließen. Denn dann müssten die Verträge zu lange bespart werden, um in den Genuss des Bauspardarlehens zu kommen.

4.4.1.2 Die Ansparphase

Höhe der Sparleistungen

In der Ansparphase wird der Bausparvertrag je nach Tarif bespart. Die Höhe der Sparleistungen beträgt meist zwischen drei und zehn Euro je 1.000 Euro Bausparsumme oder anders ausgedrückt etwa drei bis zehn Promille. Diese Sparleistungen werden als „Regelsparbeitrag" bezeichnet. Je nach finanzieller Situation können Sie auch höhere Summen einzahlen, was die Zuteilung des Vertrags beschleunigt.

Guthabenzinsen

Die Guthabenzinsen für den Betrag liegen meist zwischen 2,5 und drei Prozent, also in der Regel etwas unter dem marktüblichen Zins. Allerdings hat dies auch einen erheblichen Vorteil, denn dadurch vergibt die Bausparkasse entsprechend günstigere Darlehen. Wer also höhere Guthabenzinsen haben möchte, wird auch mehr für die Darlehenszinsen zahlen müssen.

In der Regel dauert die Ansparphase etwa sieben bis zehn Jahre.

4.4.1.3 Die Zuteilung

Die Zuteilung ist die entscheidende Hürde bei einem Bausparvertrag, um letztendlich über die Bausparsumme verfügen zu können. Damit der Bausparvertrag tatsächlich zur Auszahlung kommt, müssen einige Mindestanforderungen erfüllt sein. Dies sind im Einzelnen:

- Mindestsparzeit,
- Mindestsparguthaben und
- Bewertungszahl.

Mindestsparzeit

Die Mindestsparzeit ist der Zeitraum, den der Vertrag mindestens bespart werden muss. Sie steht in Abhängigkeit zum gewählten Tarif. Meist beträgt die Laufzeit 18 bis 24 Monate, es gibt aber auch so genannte Langläufer, die eine 60-monatige Mindestsparzeit haben, und Kurzläufer, die in der Regel schneller zum Ziel kommen als Standardtarife. Einige Tarife können auch ohne Ansparzeit abgeschlossen werden.

Mindest-sparguthaben

Beim Abschluss des Vertrags wird in der Regel eine Mindesteinlage von 40 Prozent vereinbart. Darüber hinaus gibt es auch einzelne Tarife, die ein Mindestsparguthaben von 50 Prozent verlangen. Ein Mindestsparguthaben von beispielsweise 40 Prozent heißt, dass 40 Prozent angespart werden müssen, um ein 60-Prozent-Bauspardarlehen zu erhalten. Ist nun diese Mindestvoraussetzung erfüllt und der Vertrag weist ein Mindestsparguthaben von 40 Prozent auf, so bedeutet das jedoch nicht automatisch, dass der Vertrag zugeteilt wird. Die Bausparkassen fertigen Listen über die Bausparer an, die das Recht auf Zuteilung erworben haben. Wann die Auszahlung erfolgt, hängt von der wirtschaftlichen Situation der Bausparkasse ab. Haben Sie das Mindestsparguthaben erreicht, so sollten Sie diesen Vertrag nicht weiter besparen, da sonst das günstige Bauspardarlehen entsprechend reduziert würde. Die Höhe des Bauspardarlehens ergibt sich aus der Differenz zwischen dem Mindestsparguthaben und der Bausparsumme. Entsprechend empfiehlt es sich auch, bei Erreichen des Mindestsparguthabens einen neuen Vertrag abzuschließen.

Tipp:

Um die Chancen bei der Zuteilung zu erhöhen, sollten Sie besser zwei kleinere Verträge statt einen großen Vertrag abschließen, weil durch die geringere Darlehenssumme die Möglichkeit besteht, dass ein Vertrag auch etwas schneller durch die Bausparkasse bedient wird. Allerdings müssen Sie dann auch eine doppelte Abschlussgebühr entrichten.

Bewertungszahl

Die Bewertungszahl ist der zentrale Faktor, der dic Zuteilung bestimmt. Die Bausparkassen ermitteln Kennziffern, die im weitesten Sinn eine „Schulnote" des Bausparers für seine Spartreue sind. Hierbei werden zu einem bestimmten Stichtag die Ansparleistungen geprüft und in einem komplexen Verfahren die Sparleistungen und die Spardauer zueinander ins Verhältnis gesetzt. Hierbei spricht man vom „Zeit × Geld-System". Die Bewertungszahl wird an den Periodenstichtagen ermittelt und gilt dann für die gesamte Periode.

Da die ausgeschütteten Mittel der Bausparkasse meist begrenzt sind, werden darüber hinaus an einem Stichtag noch so genannte Zielbewertungszahlen ermittelt, die den Rang der Ausschüttung des Bausparvertrags bestimmen. Wer all diese Kriterien erfüllt hat, dessen Vertrag wird als „zuteilungsreif" bezeichnet. Um es noch einmal deutlich zu machen: Der Zuteilungstermin ist nicht identisch mit dem Stichtag, an dem das Mindestsparguthaben erreicht wird.

Auszahlung

Auch die zuteilungsreifen Verträge werden in der Regel nicht sofort bedient. Etwa ein bis drei Monate nach dem Stichtag der Errechnung der Zielbewertungsziffer erfolgt die Auszahlung der Bausparsumme, die noch weitere drei bis sechs Monate in Anspruch nehmen kann. Natürlich kann bei Vertragsabschluss ermittelt werden, wann der Vertag zuteilungsreif ist, allerdings ist die Berechnung nicht verbindlich, sodass sich der Termin – aufgrund der wirtschaftlichen Entwicklung der Bausparkassen –noch um geraume Zeit nach hinten schieben kann. Das können Monate oder auch Jahre sein, da die Berechnung meist von einem Idealfall ausgeht. Daher sollten Sie das Bauspardarlehen auch nie zu einem festen Zeitpunkt einplanen, denn dann sind meist – teure – Überbrückungsfinanzierungen fällig, die die Immobilienfinanzierung erschweren. Planen Sie den Vertrag deshalb nur ein, falls er bereits zuteilungsreif ist und die Gelder in Kürze zur Verfügung stehen.

Tipp:

Es gibt einen Trick, wie Sie Ihre Zielbewertungszahl verbessern können. Sind Sie in der Lage, hohe Tilgungsraten zu zahlen, sollten Sie dies in Ihrem Vertrag vereinbaren, denn das fließt in die Zielbewertungsziffer mit ein. Dadurch erreichen Sie eine höhere Zielbewertungszahl am Stichtag, was wiederum eine schnellere Zuteilung bewirkt. Sie sollten sich deshalb auch immer einen Anspar- und Tilgungsplan erstellen lassen, um genau abschätzen zu können, ob der Vertrag Ihren Finanzierungswünschen entspricht.

4.4.1.4 Die Darlehensphase

Ist die Durststrecke bis zur Auszahlung der Bausparsumme beendet, beginnt unverzüglich die Darlehensphase. Zwei Dinge werden dann überprüft:

1. Sind Sicherheiten für den Kredit vorhanden (beispielsweise eine Risikolebensversicherung)?
2. Wird der Kredit auch für wohnwirtschaftliche Zwecke genutzt?

Schnelle Tilgung, hohe Tilgungsraten

Für das Darlehen selbst wird noch einmal eine Darlehensgebühr fällig. Sie beträgt etwa zwei bis drei Prozent der Darlehenssumme und wird auf das zu zahlende Darlehen aufgeschlagen. Darlehenszins und Tilgung sind für den gesamten Zeitraum festgeschrieben. Dieser liegt häufig zwischen sieben und zehn Jahren, maximal bei zwölf Jahren. Daraus ergibt sich, dass die Tilgungsraten im Vergleich zu anderen Finanzierungsformen recht hoch sind. Daher sollte die Bau-

sparfinanzierung auch nur ein Baustein im Finanzierungsmix darstellen.
Die Auszahlung der Bausparsumme erfolgt entsprechend dem Vertrag. Danach schließt sich sofort die Tilgungsphase mit einem Darlehenszins von meist vier bis fünf Prozent an.

Achtung:
Außer den Aufwendungen für das Darlehen entstehen auch Kosten für dessen Besicherung. Hier bietet sich neben der Risikolebensversicherung die Restschuldversicherung an, die sich immer der Höhe des noch verbleibenden Kredits anpasst und daher meist deutlich günstiger ist.

Sondertilgung erwünscht

Einen weiteren Vorteil hat das Finanzieren mit dem Bausparvertrag: Sondertilgungen sind in der Regel recht problemlos. Durch den Zustrom von Kapital aus Sondertilgungen steht der Bausparkasse eine nicht planbare zusätzliche Summe zur Verfügung, die wiederum für die Finanzierung anderer Verträge genutzt werden kann und die Zuteilungszeit verringert.

4.4.1.5 Die Wartezeit

Gerade wer ad hoc eine Immobilie finanzieren muss, gerät mit der Bausparfinanzierung in eine Bredouille, denn der Erwerber oder Bauherr weiß einerseits genau, über welche Mittel er beim Bausparvertrag verfügt, nur der Zeitpunkt steht noch nicht fest.
Auf die Wartezeit selbst haben Sie als Bausparer nur durch das ständige Besparen des Vertrags und durch die Höhe der Tilgung Einfluss. Die weiteren Faktoren können Sie jedoch nicht beeinflussen:

Einflussfaktoren für die Wartezeit

- die Entwicklung des Neugeschäfts und die Anzahl der künftig abgeschlossenen Verträge,
- die Spar- und Tilgungstreue der anderen Bausparer,
- die Anzahl der Personen, die auch tatsächlich ihr Bauspardarlehen wahrnehmen,
- die Höhe der eingehenden Sondertilgungen und nicht zuletzt auch
- die Kostenstruktur der Bausparkasse.

Aus dieser Konstellation wird klar, dass günstiges Bausparen von der Solidargemeinschaft der Sparer abhängt. Daher ist es schwierig, die Wartezeit zu prognostizieren. Zwar sind auch Bausparkassen verpflichtet, einen Puffer – den so genannten Ausgleichsfonds – für Phasen schwacher Neuabschlüsse zu bilden, das kann jedoch Schwankungen in der Wartezeit nicht komplett verhindern. Die Entwicklung des Neugeschäfts ist sicherlich auch von der stattlichen Förderung abhängig. Falls weitere Einschnitte bei VL-Leistungen oder der Wohnungsbauprämie erfolgen, drückt dies auch auf das Neugeschäft.

4.4.2 Wie werden Bausparverträge refinanziert?

Die Bausparkassen refinanzieren sich über die Sparleistungen und Sondertilgungen ihrer Kunden. Die Wartezeit bildet den Puffer, um zu gewährleisten, dass genügend finanzielle Mittel zur Verfügung stehen, um wohnwirtschaftliche Darlehen zu vergeben. Diese rigide Vorgehensweise muss von dem Bauwilligen mit einem nicht genau vorhersagbaren Zeitpunkt über das Verfügen der Bausparsumme erkauft werden. Daher sind auch hohe Vertragsabschlüsse für Bauherren nicht zu empfehlen. Aus dem Zusammenspiel zwischen relativ geringen Guthabenzinsen und der maximalen Laufzeit des Darlehens von zwölf Jahren ergeben sich die günstigen Darlehenszinsen.

4.4.3 Finanzierungsstrategien mit Bausparverträgen

Für denjenigen, der bauen oder kaufen will, ist natürlich der zuteilungsreife Bausparvertrag der Idealzustand. Dann heißt es eigentlich nur noch, die Zuteilung schnell zu beantragen. Wenn sich das Bauvorhaben oder der Kauf wider Erwarten verzögern, kann die Zuteilung widerrufen und auf das nächste Quartal verschoben werden.

Vermögenswirksame Leistungen

Weit häufiger kommt es allerdings vor, dass jemand keinen Bausparvertrag hat, sich aber den Traum von den eigenen vier Wänden möglichst sofort verwirklichen will. Dann ist ein Bausparvertrag nur im Rahmen der vermögenswirksamen Leistungen interessant. Es gibt zwar auch beim Bausparen so genannte Sofortdarlehen, die meist in Verbindung mit einem tilgungsfreien Hypothekendarlehen angeboten werden, das ähnlich wie eine Lebensversicherungshypothek auf einen Schlag getilgt wird; diese Variante ist jedoch unwirtschaftlich. Dabei muss nämlich berücksichtigt werden, dass noch eine sehr teure Überbrückungsfinanzierung wahrgenommen werden muss, bis der Bausparvertrag zuteilungsreif ist.

Mindestsparguthaben als Gesamtsumme einzahlen

Eine weitere Möglichkeit besteht darin, das Mindestsparguthaben von 40 oder gar 50 Prozent als Gesamtsumme einzuzahlen. Doch auch davon ist abzuraten, da dies auf Kosten des Eigenkapitals geschieht. Besser ist es, diese Summe als Eigenkapital zu belassen, um möglichst wenig Fremdkapital aufnehmen zu müssen und die Kreditzinsen entsprechend geringer zu halten.

Kurzspartarife oder Schnellläufer

Möchten Sie erst in rund fünf Jahren bauen oder kaufen, kann ein Bausparvertrag für Sie durchaus interessant sein. Für solche Vorhaben bieten Bausparkassen vielfach Kurzspartarife oder so genannte Schnellläufer an. Jedoch sind hierbei die finanziellen Belastungen für den Bauherrn deutlich höher, da die Sparleistung auch eher erbracht werden muss. Empfehlenswert sind die Verträge immer dann, wenn sich dadurch auch die Wartezeit deutlich verkürzt.

Tipp:

Eine Alternative zu den Schnellläufern bieten Standardtarife, falls sie mit einem erhöhten Regelsparbeitrag bespart werden. Hier können gerade leistungsfähige Bausparkassen ähnliche Ergebnisse erzielen wie bei Kurzspartarifen.

4.4.4 So verschaffen Sie sich einen Überblick beim Bausparen

Der Tarifdschungel der Bausparkassen stellt – nicht nur für Laien – ein Problem dar. Eine schier unerschöpfliche Vielfalt macht es schwierig, Vergleiche anzustellen. Die folgende Checkliste, die Sie auch auf Ihrer CD-ROM finden, soll Ihnen helfen, etwas Ordnung und Übersichtlichkeit in den Informationswust zu bringen, und Ihnen damit eine Entscheidungshilfe an die Hand geben, die Ihnen das Vergleichen der Tarife erleichtert.

Checkliste: Bausparen und Tarife

Was?	Bemerkungen
Bausparkonditionen • Tarif 1 • Tarif 2 • Tarif 3	
Name der Bausparkasse	
Telefon	
Homepage	
Name des Tarifs	
Bausparsumme	
Mindestsparsumme in Prozent	
Monatlicher Sparbetrag	
Abschlussgebühr in Prozent	
Guthabenzins in Prozent	
Darlehenszins	
Darlehensgebühr in Prozent	
Tilgungsbeitrag in Promille	
Wohnungsbauprämiengebühr	
Voraussichtlich zuteilungsreif am	
Voraussichtlich getilgt bis	
Gesamtbetrag von Zins und Tilgung	

Die folgende Übersicht fasst noch einmal kurz und prägnant alle Vor- und Nachteile bei der Finanzierung durch Bausparverträge zusammen. Auch diese Aufstellung finden Sie auf Ihrer CD-ROM.

Bausparen – Pro und Kontra

Vorteile	Nachteile
Große Auswahl an Tarifen, die es dem Bausparer erleichtern, ein für ihn gutes Angebot zu finden.	Unübersichtlichkeit bei den Tarifen, daher ist es für den potenziellen Bausparer schwierig, den Überblick zu behalten.
Mit Vertragsbeginn steht bereits fest, welche monatliche Belastungen auf den Bausparer während der Darlehensphase zukommen.	Niedrige Guthabenzinsen wirken sich besonders in Hochzinsphasen negativ aus, während sie in Niedrigzinsphasen kaum Bedeutung haben.

Vorteile	Nachteile
Die Höhe der Zinsen liegen bei den Bausparverträgen fest, dadurch finden Zinssteigerungen nicht mehr statt.	Da das Bauspardarlehen in sechs bis elf Jahren – je nach Vertrag – getilgt werden muss, liegt gerade bei größeren Verträgen eine enorme finanzielle Belastung auf der Baufamilie.
Durch den Bausparvertrag erwächst dem Bauherrn ein Anspruch auf ein zinsgünstiges Darlehen zu den vereinbarten Konditionen.	Langjährige Wartezeit bedeutet, dass der Vertrag über mehrere Jahre bedient werden muss, damit er die Zuteilungsreife erlangt. Danach vergehen nochmals einige Monate bis zur Auszahlung der Summe.
Bausparverträge sind flexibeler als zum Beispiel Hypothekendarlehen. Sonderzahlungen können ohne Vorfälligkeitszinsen geleistet werden.	Unflexibel sind die Bausparverträge bei kurzfristigem Immobilienwunsch. Eine gesunde Finanzierung ist dann über Bausparverträge kaum möglich.
Staatliche Förderung durch Wohnungsbauprämie oder Arbeitnehmersparzulage	Falls das Geld doch für andere als wohnwirtschaftliche Zwecke genutzt werden soll, ist nur eine relativ bescheidene Rendite gegenüber anderen Anlageformen wie Aktien zu erwarten.
Nachrangige Eintragung im Grundbuch ohne höhere Zinsen möglich.	

Eine Anmerkung noch zum Schluss: Aufgrund der Struktur des Bausparens ist es schwierig, Bausparangebote zum Beispiel mit Hypothekendarlehen einer Bank oder zu vergleichen.

4.5 Finanzieren mit Investmentfonds

Bei dieser Form der Immobilienfinanzierung werden Investmentfonds in die Finanzierungsstrategie mit einbezogen.
Der Bauherr oder Immobilienerwerber nimmt ein Hypothekendarlehen auf und zahlt lediglich die vereinbarten Zinsen an die Bank – eine Tilgung erfolgt nicht. Stattdessen zahlt er Sparbeträge in einen Investmentfonds ein und setzt darauf, dass sich durch die Sparraten, Zinsen, Dividenden und Kursgewinne schnell ein entsprechender Betrag ansammelt, mit dem er das Darlehen auf einen Schlag tilgen kann.

Bei guter Kursentwicklung günstige Finanzierungsform

Diese Finanzierungsform wurde vor einigen Jahren – besonders während des Aktienbooms – angepriesen. Die Rechnung geht auf, wenn sich die Kurse gut entwickeln. Der Kredit kann dann schneller als bei einem traditionellen Hypothekendarlehen zurückgezahlt werden, bei dem die Tilgungsphase häufig 20 oder 30 Jahre umfasst. Dadurch reduzieren sich auch die Finanzierungskosten. Das funktioniert aber nur, solange die Anlagerendite höher ist als der effektive Kreditzins.

Steuerliche Vorteile für Vermieter

Für Vermieter bringt die Finanzierung mit einem Fonds außerdem steuerliche Vorteile mit sich. Während sich beim Annuitätendarlehen die Zinsen, die – im Gegensatz zu den Tilgungsraten – als Werbungskosten bei der Einkommensteuererklärung geltend gemacht werden können, Jahr für Jahr reduzieren, bleiben sie bei der fondsfinanzierten Variante immer gleich und senken damit das zu versteuernde Einkommen in größerem Umfang.

Beispiel:

Eine Fondsanlage bringt nach Kosten jährlich unterm Strich eine Verzinsung von acht Prozent ein. Die Finanzierung kostet pro Jahr fünf Prozent. Schon nach zehn Jahren liegen die Nettoschulden bei einem Darlehen von 100.000 Euro mit einprozentiger Anfangstilgung unter den Restschulden, die bei einem Tilgungsdarlehen anfielen. Nach 28 Jahren und einem Monat kann der Fondssparer das Darlehen zurückzahlen - vorausgesetzt die Rendite der Fondsanlage entwickelt sich konstant. Das Tilgungsdarlehen wäre erst nach 36 Jahren vollständig zurückgezahlt. Fällt die Rendite der Fondsanlage jedoch auf zwei Prozent, wäre erst nach 55 Jahren und zwei Monaten genug Kapital vorhanden, um 100.000 Euro zu tilgen. Die Finanzierungskosten lägen dann rund 115.200 Euro über denen für das Tilgungsdarlehen.

Großes Risiko

Wie das Beispiel zeigt, geht der Kreditnehmer bei dieser Finanzierungsform ein großes Risiko ein. Bei zu geringer Rendite oder gar Verlusten rückt die Schuldenfreiheit in weite Ferne und er muss eventuell zusätzlich Geld für die Rückzahlung aufnehmen.

Kosten

Fonds bringen auch Kosten mit sich. In der Regel wird ein so genannter Ausgabezuschlag fällig, ein bestimmter Prozentsatz, der dem Käufer beim Erwerb der Fondsanteile in Rechnung gestellt wird. Je höher dieser ausfällt, desto mehr wirkt er sich langfristig negativ auf die Rendite aus.

Grundsätzlich gilt: Wer bei seiner Baufinanzierung auf Nummer Sicher gehen möchte, sollte auf Fondstilgungsmodelle verzichten. Wer sich auf ein Risiko einlassen will und kann, sollte versuchen, dieses zu möglichst zu minimieren und einige Vorsichtsmaßnahmen berücksichtigen:

Vorsichtsmaßnahmen

- Finanzieren Sie nur einen bestimmten Teil Ihres Hypothekendarlehens – höchstens zehn bis 15 Prozent – mit einem Investmentfonds.
- Lassen Sie sich von Fachleuten beraten, welche Fonds geeignet sind.
- Wählen Sie nur einen Fonds, dessen Renditechancen mindestens höher liegen als die Darlehenszinsen, die Sie zahlen müssen.
- Bilden Sie Rücklagen (z. B. die Eigenheimzulage), mit denen Sie notfalls die Verluste aus den Fondsanteilen ausgleichen können.
- Wählen Sie keinen Fonds mit extrem hohem Risiko, sondern gehen Sie lieber kalkulierbare Risiken ein.

4.6 Kredite über Finanzvermittler

Nicht nur Banken, Bausparkassen und Versicherungen bieten Ihnen Kredite an, auch über so genannte Finanzvermittler kommen Sie an das Geld, mit dem Sie Ihren Eigenheimwunsch realisieren können. Dabei gilt es jedoch einiges zu beachten.

Vorsicht vor schwarzen Schafen

Auf dem Finanzierungsmarkt tummeln sich viele Anbieter, darunter auch einige schwarze Schafe, die zwar scheinbar neutral das günstigste Darlehen für Sie heraussuchen können, aber tatsächlich Provisionen von Kreditinstituten kassieren. Vor allem vor nicht namhaften Finanzvermittlern sollten Sie sich in Acht nehmen, denn Finanzierungsberater, -perfektionierer, -partner oder Allfinanzierer kann sich heutzutage jeder nennen und sich damit den Anschein des unabhängigen Beraters geben. Tatsächlich ist jedoch ein erheblicher Teil der Berater oder Vertriebsunternehmen einem oder mehreren Kreditanbietern verpflichtet, die für abgeschlossene Verträge Provisionen zahlen. Scheinen die Kredite dieser „Helfer" auf den ersten Blick auch besonders günstig, so erweist sich dies bei genauerer Betrachtung häufig als Augenwischerei.

Tipp:

Bewahren Sie sich eine gesunde Skepsis bei allzu blumigen Namen des Anbieters und bei Versprechungen, die eine komplizierte Vertragsgestaltung mit mehreren Verträgen beinhalten.

4.6.1 Welche Arten von Vermittlern gibt es?

Hier sind zunächst einmal die Einfirmenvertreter und Mehrfachagenten zu nennen. Ihnen ist gemein, dass sie die Verträge provisionsabhängig im Auftrag von Finanzdienstleistern vermitteln. Der Kunde bezahlt letztendlich den Vermittler durch die im Vertrag bereits eingerechneten Verwaltungskosten – zum Großteil sind dies die Provisionen.

Einfirmenvertreter

Der Einfirmenvertreter ist grundsätzlich für eine Gesellschaft tätig, dabei spielt es keine Rolle, ob es sich um den Versicherungsvertreter, Bankmitarbeiter oder Bausparkassenverkäufer handelt. Da einzelne Anbieter häufig miteinander kooperieren, kann auch ein Einfirmenvertreter durchaus für mehrere Unternehmen tätig sein.

Mehrfachagent

Der Mehrfachagent ist für verschiedene Unternehmen tätig und verkauft Ihnen zum Beispiel die Hausratversicherung des Anbieters A, die Bausparverträge des Anbieters B, die Hypothek des Anbieters C und die Wohngebäudeversicherung des Anbieters D. Da der Mehrfachagent verschiedene Anbieter vertritt, suggeriert er gerne eine Unabhängigkeit und gibt vor, im Sinne des Kunden die besten Angebote herauszufiltern.

Finanz- und Versicherungsmakler

Beim Finanz- oder Versicherungsmakler besteht schon eine größere Unabhängigkeit von den Finanzdienstleistern. In der Regel wird der Makler beauftragt, das günstigste Angebot zu ermitteln und zu vermitteln. Ein echter Makler ist dabei im Alleinauftrag des Kunden tätig und mit einer Vermögensschadenshaftpflicht-Versicherung ausgestattet. Den Hauptteil seiner Einkünfte verdient er allerdings über die Vermittlung der Verträge und bezieht teilweise Gebühren aus der Verwaltung und Bearbeitung der Verträge. Außerdem gibt es auch Finanzmakler, die international tätig sind und daher auch Quellen aus anderen Ländern zur Immobilienfinanzierung anbieten können.

Financial Planner

Der Financial Planner (Finanzplaner) bildet sozusagen die Elite der seriösen Finanzmakler. In Deutschland sind zurzeit über 800 zertifizierte Berater tätig. Sie sind hohen ethischen Zielen verpflichtet, was sowohl die Beratung als auch die Vermittlung von Finanzdienstleistungen betrifft. Der Financial Planner versteht sich als ganzheitlicher Berater des Kunden, wobei die Immobilienfinanzierung einen Teil der Beratung ausmacht. Allerdings bietet nicht jeder Finanzplaner Baufinanzierung an.

Finanzberater

Grundsätzlich sind die Finanzberater rechtlich unabhängig. Sie bekommen ihr Geld nicht für die Vermittlung von Verträgen, sondern für die Weitergabe von Informationen über verschiedene Anbieter und das beste Angebot. Dafür erhält der Berater von Ihnen ein Honorar, das in der Regel auf einem Stundensatz oder einer Fallpauschale basiert – bei größeren Summe kann das Honorar auch von der Investitionsvolumen abhängen. Echte Berater sind Honorar-Finanzberater (z. B. für Baufinanzierungen), gerichtlich zugelassene Rechtsbeistände für Versicherungsberatung, die Mitarbeiter von Verbraucherzentralen und im Einzelfall auch Rechtsanwälte.

4.6.2 Wie schütze ich mich vor unseriösen Anbietern?

Unseriöse Finanzvermittler setzen meist auf die Unwissenheit der Kunden, die Probleme haben, die schwierige Thematik der Immobilienfinanzierung zu durchschauen. Alle Rechentricks kosten im Endeffekt Geld. Das Hauptproblem: Manchmal werden die negativen Auswirkungen einer schlechten Baufinanzierung für den Bauherrn erst nach Jahren richtig spürbar. Hier nun eine Auswahl dubioser Maschen einiger Vermittler:

Die Rechentricks der schwarzen Schafe

Die geringen Monatsbelastungen ergeben sich nicht aufgrund der guten Konditionen, sondern durch einige Rechtentricks, mit denen die Raten heruntergerechnet werden. Folgende Tricks werden z. B. eingesetzt:

- Die Nebenkosten wie Notar- und Grundbucheintragungen, Bereitstellungszinsen usw. werden zu gering angesetzt. Dies senkt den ermittelten Kapitalbedarf sowie die monatliche Belastung.
- Die Eigenheimzulage wird voll in die Kalkulation eingerechnet, obwohl Sie nach acht Jahren ausläuft und dann die monatliche Belastbarkeit sinkt.
- Noch nicht zugesagte staatliche Finanzierungshilfen werden einfach schon einberechnet.
- Die Zinsen scheinen dadurch niedrig, dass ein niedriger variabler Zinssatz oder eine sehr kurze Zinsbindungszeit (zwei bis drei Jahre) angeboten werden.

Tipp:

Lassen Sie sich in jedem Fall alle Berechnungen vom Vermittler aushändigen. Und: Lassen Sie sich auch einen Tilgungsplan erstellen und die Restschuld nach Ende der Zinsbindungsfrist berechnen. So können Sie das Angebot bei sonst gleichen Vorgaben (Auszahlungshöhe, Zinsbindungsfrist, Beleihungsgrenze, Ratenhöhe und -fälligkeit usw.) mit anderen Angeboten vergleichen.

4.7 Welche Kredite noch in Frage kommen

Viele Bauherrn stehen vor dem Problem, sich das nötige Geld für den Bau oder Kauf eines Hauses beschaffen zu müssen. Obwohl bereits Verwandte ein Darlehen versprochen haben, staatliche Fördermittel in Aussicht stehen und Eigenleistungen in die Berechnungen mit einbezogen wurden, scheitert so manches Bauvorhaben an fehlenden Kreditgebern oder mangelndem Eigenkapital. Gerade bei junge Familien ist häufig nicht genügend Eigenkapital vorhanden. Es gibt jedoch Kreditanbieter, an die die meisten Bauherren nicht denken. Sowohl Arbeitgeber als auch Kirchen und berufsständische Versorgungswerke vergeben häufig Kredite an Bauherren.

4.7.1 Das Arbeitgeberdarlehen

Die erste Anlaufstelle für denjenigen, der zusätzliches Geld für sein Bauvorhaben braucht, sollte der Arbeitgeber sein. Es gibt durchaus Firmen und öffentliche Arbeitgeber, die kostengünstige Darlehen an ihre Mitarbeiter vergeben, vorausgesetzt der Mitarbeiter befindet sich nicht mehr in der Probezeit oder absolviert noch eine unternehmensbedingte Ausbildung. Auch Angestellte mit befristeten Verträgen und Auszubildende dürften es schwer haben, ein solches Darlehen zu bekommen.

Unterschiedliche Bedingungen

Die Bedingungen für ein Arbeitgeberdarlehen können sehr unterschiedlich sein. Sie sind häufig von der Dauer der Betriebszugehörigkeit, auch vom Verdienst und manchmal auch von der Stellung im Unternehmen abhängig. Wer hier allerdings hartnäckig bleibt, kann trotzdem ein höheres Arbeitgeberdarlehen aushandeln, denn es gibt keine Regel ohne Ausnahmen. Außerdem sehen kreditgebende Banken ein Arbeitgeberdarlehen gerne, weil es als ein Vertrauensbeweis für den Arbeitnehmer anzusehen ist und daher auch davon auszugehen ist, dass der Arbeitsplatz noch in absehbarer Zeit gesichert ist.

Kredit als Lohnvorschuss

Grundsätzlich sollte jeder, der ein Arbeitgeberdarlehen bekommen kann, dies auch in Anspruch nehmen, da die Zinsen meistens günstig sind und zudem Bearbeitungsgebühren in der Regel nicht anfallen. Für den Arbeitgeber bedeutet ein solcher Kredit einen zinslosen oder zinsermäßigten Lohnvorschuss. Viele Chefs gewähren ihn auf Anfrage statt einer Gehaltserhöhung, von der wegen des Lohnsteuer- und Sozialversicherungsabzugs unterm Strich nicht einmal die Hälfte übrig bliebe. Das kann je nach persönlichem Steuersatz eine erhebliche Ersparnis bedeuten. Insofern können hier beide Seiten profitieren, da natürlich auch das Unternehmen keine Sozialversicherungsbeiträge auf das Arbeitgeberdarlehen zahlen muss.

Steuern

Zu versteuern ist bei einem Arbeitgeberdarlehen grundsätzlich die Zinsersparnis (die im lohnsteuerrechtlichen Sinn Arbeitslohn darstellt), wenn man einen Kredit oberhalb von 2.600 Euro erhält. Die Ersparnis müssen Sie jedoch erst dann versteuern, wenn Sie mit Ihrem Chef dafür einen Zinssatz von weniger als 5,5 Prozent vereinbart haben. Da die 2.600 Euro keine Freigrenze bedeuten, muss der Gesamtbetrag angesetzt werden. Der Staat verlangt nur Steuern von dem Betrag, der sich als Unterschied zum Mindestzins von 5,5 Prozent ergibt.

Beispiel 1:

Kreditbetrag	20.000 Euro
Zinssatz (AG) 6 %	1.200 Euro
Mindestzins 5,5 %	1.100 Euro
Ersparnis	0 Euro

Eine Besteuerung unterbleibt.

Beispiel 2:

Kreditbetrag:	20.000 Euro
Zinssatz (AG) 2 %:	400 Euro
Mindestzins 5,5 %:	1.100 Euro
Zinsvorteil 3,5 %:	700 Euro

Auf diese 700 Euro Zinsvorteil muss Lohnsteuer gezahlt werden, bei einem Steuersatz von beispielsweise 20 Prozent wären dies 140 Euro.

4.7.1.1 Die Vorteile des Arbeitgeberdarlehens

Nachrangiges Darlehen

Arbeitgeber vergeben im Allgemeinen nachrangige Darlehen, die im Grundbuch eingetragen sind, bei kleineren Summen ist oft auch die Lohn- oder Gehaltsabrechnung als Sicherheit ausreichend.
Auch die Höhe der Darlehenssummen, die erteilt werden, kann sehr schwanken – manche Arbeitgeber vergeben 5.000 Euro, andere stellen mit bis zu 200.000 Euro schon einen erheblichen Teil des Fremdkapitals zur Verfügung. Meist bewegen sich die Kredite zwischen 10.000 und 20.000 Euro.

Als Eigenkapitalersatz gewertet

Die Kredite werden häufig von den Banken als Eigenkapitalersatz gewertet, da sie meist grundrechtlich in der letzten Position abgesichert werden. In diesen Fällen wird das fremde Kapital aufgrund der Nachrangigkeit zum Eigenkapitalersatz.

Achtung:

Dies kann bei höheren Arbeitgeberdarlehen anders sein. Hier kann der Arbeitgeber auch verlangen, dass der Kredit als erst- oder zweitrangig ins Grundbuch eingetragen werden muss. Dann geht der Vorteil des Eigenkapitalersatzes verloren und im Grundbuch ist eine Stelle – beispielsweise für ein Annuitätendarlehen – „blockiert".

Der Vorteil des Arbeitgeberdarlehens besteht also auch in der Erhöhung der Eigenkapitalquote, was wiederum die Bonität für andere Baukredite verbessert. In den meisten Fällen ist davon auszugehen, dass sich ein Arbeitgeberdarlehen aufgrund der günstigen Darlehenszinsen und des Steuervorteils lohnt.

Anlaufstelle

Anlaufstelle für den Mitarbeiter ist in der Regel die Personalstelle, aber auch der Betriebsrat oder gegebenenfalls die Gewerkschaft können in diesen Fällen weiterhelfen. In kleineren Unternehmen wenden Sie sich in der Regel an den Geschäftsführer. Vielleicht hält die Personalstelle sogar eine Betriebsvereinbarung parat, welche die Bedingungen für eine Kreditvergabe darlegt.

In jedem Fall sollten Sie sich möglichst frühzeitig um ein Arbeitgeberdarlehen kümmern, da sich die Entscheidungen darüber erfahrungsgemäß eine Weile hinziehen können. Und: Es kann auch sein, dass die Mittel dafür begrenzt sind.

4.7.1.2 Die Nachteile des Arbeitgeberdarlehens

Locken auf der einen Seite die niedrigen Zinsen des Arbeitgeberdarlehens, so bestehen auf der anderen Seite auch Nachteile.

Hoher Tilgungssatz, starke Bindung

Der Tilgungssatz ist in der Regel höher als bei Bankkrediten und der Arbeitsnehmer bindet sich stark an seinen Arbeitgeber. Eine entscheidende Frage sollte in jedem Fall geklärt sein: Was passiert, wenn das Arbeitsverhältnis endet? Achten Sie auf jeden Fall darauf, dass in Ihrem Vertrag eine entsprechende Vereinbarung enthalten ist, in der geklärt ist, zu welchen Bedingungen der Vertrag im Fall der Kündigung des Arbeitsverhältnisses weiterläuft. Auch eine sofortige Rückzahlung des Arbeitgeberdarlehens bei Beendigung des Arbeitsverhältnisses ist möglich oder die Anrechnung auf eine zu zahlende Abfindung.

4.7.2 Die Versorgungswerke der Ärzte und Apotheker

Nicht nur für Ärzte und Apotheker

Auch die berufsständischen Versorgungswerke der Ärzte bzw. Apotheker beispielsweise in Niedersachsen können günstige Hypothekenkredite vergeben – und dies nicht nur an Ärzte oder Apotheker, sondern an jeden Interessierten.
Wie ein Bankdarlehen kann auch ein Kredit der Versorgungswerke im Grundbuch eingetragen werden. Die günstigen Konditionen ergeben sich aus der Tatsache, dass die Versorgungswerke ihren Anteilseignern keine Dividende zahlen müssen, was ihre Liquidität erhöht. Außerdem bieten die berufsständischen Banken häufig keinen Außendienst und können die Verwaltungskosten gering halten. Es kann daher vorkommen, dass der Kunde die Formulare selbst ausfüllen und das Wertgutachten selbst bezahlen muss.
Allerdings werden selten mehr als 60 Prozent des Beleihungswerts finanziert. Es ist jedoch üblich, dass die Versorgungswerke die benötigte Summe mit kooperierenden Banken zur Verfügung stellen.

Tipp:

Natürlich gibt es auch noch weitere berufsständische Versorgungswerke oder Banken, die ebenfalls Hypothekendarlehen vergeben, beispielsweise im landwirtschaftlichen Bereich. Auch Kreditvereine unterstützen Bauwillige, beispielsweise der Calenberger Kreditverein in Hannover, der eigentlich eine Bank für den Landadel ist, aber grundsätzlich allen Bauwilligen offen steht. Die genaue Aufzählung aller Möglichkeiten der Kreditvergabe über Versorgungswerke und berufsständische Banken würde allerdings den Rahmen an dieser Stelle sprengen.

4.7.3 Wie die Kirche bei der Baufinanzierung helfen kann

Katholische Kirche

Die Kirchen sind ebenfalls potenzielle Kreditgeber für Bauvorhaben. Zwar unterscheiden sich die Bedingungen von Diözese zu Diözese, manche fördern auch überhaupt nicht, doch eventuell können Sie auch auf diesem Wege an ein zinsgünstiges Darlehen kommen. Beispielsweise gibt es einen Siedlungshilfefonds – für die Diözese Köln übernimmt beispielsweise das Gerhart Meister Werk die Aufgabe der Antragsprüfung und Kreditverteilung. Eine Finanzspritze aus diesem Fonds wird über den Pfarrer der Gemeinde beantragt. Die Ausgestaltung und auch die Darlehenshöhe können variieren. Meist werden kinderreiche (ab zwei Kinder) Gläubige des jeweiligen Glaubens gefördert, die zudem über geringere Einkommen verfügen. Grundsätzlich wird der Erwerb oder Bau eines Einfamilienhauses unterstützt. Die Wohnfläche ist meist auf 130 Quadratmeter begrenzt.

Wer wird gefördert?

Tipp:

Seien Sie bei Ihrem Pfarrer ruhig hartnäckig, denn erfahrungsgemäß sind nicht alle Gemeinden über diese Möglichkeit der Kreditvergabe informiert. Auch hier gilt, sich frühzeitig um die Finanzierung zu kümmern, da bei vielen Trägern die Mittel für Baufinanzierungen begrenzt sind.

Für Protestanten ist die Verfahrensweise ähnlich. Sie reichen den Antrag bei der zuständige Landeskirche ein und können sich dort weiter informieren. In jedem Fall werden auch hier soziale Kriterien, wie die Anzahl der Kinder und das Haushaltseinkommen, bei der Entscheidungsfindung berücksichtigt. Gute Karten besitzen aber nur diejenigen, die die nötige Kirchenzugehörigkeit nachweisen können und in der Regel dort auch getauft wurden. Die Taufurkunde muss dann auch dem Antrag in Kopie beigefügt werden. Allerdings ist der Weg zum Kredit nicht unbedingt einfach, da nicht jeder Pfarrer über die finanziellen Möglichkeiten seiner Landeskirche informiert ist.

Evangelische Kirche

Tipp:

Beantragen Sie die Mittel möglichst schon zu Jahresanfang, da nur ein bestimmter Rahmen dafür zur Verfügung steht.

Auch bei der Bank der Evangelischen Kirche – der Evangelischen Kreditgenossenschaft e. G. – erhalten Immobilienerwerber Hypothekenkredite. Vergeben werden Summen bis zu einer Höhe von maximal 80 Prozent der Beleihungsgrenze, die Sicherstellung erfolgt durch die Eintragung ins Grundbuch. Auch hier ist ein Glaubensbekenntnis zur evangelischen Kirche notwendig.

4.8 So stellen Sie einen Finanzierungsplan auf

In einem Finanzierungsplan werden die einzelnen Bausteine der Finanzierung (Eigenkapital, Darlehen usw.) den Aufwendungen (Anschaffungs- oder Herstellungskosten) gegenübergestellt.

Beispiel:

Der Kaufpreis einer Eigentumswohnung beträgt 165.800 Euro. Der Erwerber hat eine I. Hypothek (80.000 Euro) und eine Ib-Hypothek aufgenommen. Zusammen mit dem Eigenleistung ergeben diese Mittel den Kaufpreis.

Die zu zahlenden Zinsen und die Tilgung beider Hypotheken ergeben eine jährliche Belastung.

Finanzierungsmittel	Betrag	Zins	Tilgung	Belastung Zins	Belastung Tilgung
I. Hypothek	80.000 €	5,50 %	1 %	4.400 €	800 €
Ib-Hypothek	50.000 €	5,75 %	2 %	2.875 €	1.000 €

Die Eigenleistung beträgt 35.800 Euro, die jährliche Belastung für Zins und Tilgung 9.075 Euro.

Da in dieser Aufstellung noch nicht die Lasten, die für die Bewirtschaftung entstehen, enthalten sind, müssen diese dem Finanzierungsplan noch hinzugefügt werden. Nur so lässt sich die laufende monatliche Belastung für das zu finanzierende Objekt errechnen.

Belastung	
Zins und Tilgung gesamt	9.075,00 €
Hausgeld laut Wirtschaftsplan	3.000,00 €
Grundsteuer (geschätzt)	400,00 €
jährliche Belastung	12.475,00 €
monatliche Belastung	1.039,58 €

4.8.1 Wenn Sie die Immobilie selbst nutzen

Erstellen Sie unbedingt einen Finanzierungsplan, um die monatlichen Belastungen bis zum Ende der Finanzierung kalkulieren zu können. So verhindern Sie, dass Sie irgendwann vor unbezahlbar hohen Raten stehen.

Zwar erstellen auch die Kreditinstitute Berechnungen über die voraussichtlichen monatlichen Raten. Diese Werte sind aber häufig geschönt. Nehmen Sie als Bauherr beispielsweise einen Kredit in einer Niedrigzinsphase auf, besteht die Gefahr, dass die Zinsen für die Zeit nach der Zinsbindungsfrist von der Bank zu niedrig angesetzt werden. Steigen die Zinsen real aber stark an, kann dies die gesamte Finanzierung zum Scheitern bringen. Gehen Sie deshalb von einer weniger günstigen Entwicklung aus. Wir empfehlen, einen Nominalzins von acht Prozent bei der Berechnung zugrunde zu legen, da dies der langjährige Zinsdurchschnitt für Darlehen mit zehnjähriger Zinsbindungszeit ist.

Banken kalkulieren oft zu niedrig

Folgende Maßnahmen sollten Sie für eine ausgewogene Finanzierung ergreifen:

Maßnahmen für eine ausgewogene Finanzierung

- Kalkulieren Sie die Eigenheimzulage als Rücklage für nicht vorhersehbare Ereignisse ein.
- Setzen Sie nicht darauf, in Zukunft ein höheres Einkommen zu erzielen, sondern gehen Sie von Ihrem aktuellen Verdienst aus.
- Planen sie Zusatzeinnahmen durch Nebenjobs oder Überstunden nicht fest ein.
- Gehen Sie – vor allem in einer Niedrigzinsphase, wie sie momentan herrscht – von einem höheren Zinsniveau bei der Anschlussfinanzierung aus.
- Verfügen Sie über finanziellen Spielraum, sollten Sie diesen von Beginn an für eine höhere Tilgung einsetzen. So senken Sie insgesamt die Finanzierungskosten.
- Verringert sich Ihre monatliche Belastung – z. B. weil die Rate für den Bausparvertrag wegfällt –, sollten Sie die Tilgung nach Möglichkeit anheben. Auf diese Weise zahlen Sie den Kredit schneller zurück und reduzieren insgesamt die Finanzierungskosten.

4.8.2 Wenn Sie die Immobilie vermieten

Auch als Vermieter müssen Sie Ihre Belastungen aus Kapitaldienst und Bewirtschaftung langfristig tragen können. Aufgrund der Berücksichtigung der Einnahmen aus Mieten und Umlagen sowie der Möglichkeit der Steuerersparnis für das vermietete Objekt unterscheidet sich die Kalkulation der Vermieter jedoch von der der Selbstnutzer.

Berechnung der Tilgungsbeträge

Um die regelmäßigen Tilgungsbeträge zu errechnen, müssen Sie zunächst – auf monatlicher oder jährlicher Basis – die Gesamtbelastung nach Miete und vor Steuern ermitteln. Die Berechnung erfolgt vor dem Steuerabzug, da der Kapitalanleger diese Beiträge laufend aufbringen muss und sie ihm immer Liquidität entziehen.

Zinsaufwand plus Tilgung ergibt die Belastung aus Kapitaldienst, zu dem die Belastung aus Bewirtschaftung (Hausgeld und Grundsteuer) hinzugerechnet wird. Werden von diesem Betrag die Mieteinnahmen abgezogen, ergibt sich daraus die Gesamtbelastung nach Miete und vor Steuern (Unterdeckung vor Steuern).

Beispiel:

		jährlich	monatlich
	Belastung aus Kapitaldienst (Zinsaufwand und Tilgung)	14.100 €	1.175,00 €
+	Bewirtschaftung	1.950 €	162,50 €
=	Belastung insgesamt	16.050 €	1.337,50 €
–	Miete	9.870 €	822,50 €
=	Belastung nach Miete vor Steuern	6.180 €	515,00 €

Werden von diesem Ergebnis die Steuerersparnisse abgezogen, ergibt sich daraus die tatsächliche Belastung (Unterdeckung nach Steuern), die sich in einen Überschuss nach Steuern wandeln kann, wenn die erzielten Steuerersparnisse über der Belastung vor Steuern liegen. Kurzfristige Überschüsse können eine Belastung niedriger erscheinen lassen, als sie tatsächlich ist. Eine seriöse Kalkulation der zukünftigen Belastung muss deshalb langfristig über die gesamte Darlehenslaufzeit oder mindestens zehn Jahre durchgeführt werden.

4.9 Die richtige Finanzierungsstrategie

Die richtige Finanzierungsstrategie beim Immobilienerwerb hängt davon ab, ob Sie die Immobilie selbst nutzen oder vermieten möchten.

4.9.1 Wenn Sie Selbstnutzer sind

Kosten gering halten

Als Selbstnutzer werden Sie zwar finanziell mit der Eigenheimzulage gefördert, können Ihre Kosten für die Immobilie aber steuerlich nicht absetzen. Eine günstige Finanzierung erreichen Sie deshalb hauptsächlich dadurch, dass Sie die Kosten der Finanzierung möglichst gering halten. Die wichtigste Grundregel für Eigennutzer von Immobilien besteht deshalb darin, so viel Eigenkapital wie möglich einzusetzen und nur so viel Fremdkapital wie nötig aufzunehmen.
Bei der Entscheidung, einen Kredit in Form eines Bank- oder Bauspardarlehens aufzunehmen, scheinen zunächst die durchweg niedrigeren anfänglichen effektiven Jahreszinsen für Letzteres zu sprechen. Ein Vergleich auf Basis des Effektivzinses ist jedoch nicht möglich, da die Vergabe von Versicherungshypotheken und Bauspardarlehen an strenge Voraussetzungen geknüpft ist.

Bausparfinanzierung kann sich lohnen

Die günstigen anfänglichen effektiven Jahreszinsen bei einem Bauspardarlehen ergeben sich aus einer langen Ansparphase mit vergleichsweise geringen Guthabenzinsen. Nur wenn der Bausparer auch Anspruch auf die Wohnungsbauprämie oder die Arbeitnehmersparzulage hat, lassen sich die niedrigen Guthabenzins von z. B. 2,5 Prozent auf rund vier Prozent erhöhen. Wird dieser Guthabenzins erreicht und fällt in der Darlehensphase ein vergleichsweise niedriger Effektivzins an, kann sich die Bausparfinanzierung lohnen. Im Idealfall wird das Bausparguthaben in einer Niedrigzinsphase angespart und das zinsgünstige Darlehen in einer Hochzinsphase für den Kauf einer Eigentumswohnung eingesetzt.

4.9.2 Wenn Sie die Immobilie vermieten

Die Finanzierungsstrategie von Vermietern unterscheidet sich von derjenigen der Selbstnutzer erheblich. Zwar wollen auch Kapitalanleger ihre Zinsen minimieren und die Belastungen aus Kapitaldienst gering halten, doch können sie andererseits von hohen Steuerersparnissen durch den steuerlichen Abzug von Schuldzinsen und Abschreibungen profitieren. Deshalb stellt es für sie häufig einen Vorteil dar, einen hohen Anteil Fremdkapital aufzunehmen und die Entschuldung über einen längeren Zeitraum zu verteilen.

Hoher Fremdkapitalanteil

Vermieter, die über eine starke Finanzkraft und renditestarke Objekte verfügen, sollten ihre Kapitalstrategie quasi entgegengesetzt zu der von Eigennutzern ausrichten. Das Fremdkapital sollte so hoch wie möglich sein und Eigenkapital nur so viel wie nötig eingesetzt werden, was vor allem gilt, wenn sich die Zinskosten aus den Mieteinnahmen decken lassen.

Die Immobilie trägt sich, trotz einer Vollfinanzierung des Kaufpreises, selbst, wenn die Bruttomietrendite des Objekts und der Nominalzins auf gleicher Höhe liegen. Allerdings lässt sich dies nur bei einem preisgünstigen Erwerb gebrauchter Objekte und gleichzeitiger Kreditaufnahme in einer Niedrigzinsphase realisieren.

In der Regel liegen die Nominalzinssätze jedoch deutlich über der Mietrendite. Bei einem Verzicht auf den Einsatz von Eigenkapital würden die Zinskosten die Mieteinnahmen dann stark übersteigen. Der Einsatz von Eigenkapital in Höhe von zehn bis 30 Prozent ist deshalb in der Regel auch für Vermieter empfehlenswert, was besonders gilt, wenn ein Neubauobjekt mit geringer Mietrendite in einer Hochzinsphase finanziert wird.

Überfinanzierung vermeiden

Eine Überfinanzierung, die sich ergibt, wenn sowohl der Kaufpreis als auch die Kaufnebenkosten voll über Kredite finanziert werden, sollten Kapitalanleger möglichst vermeiden. Diese Finanzierungsmodelle, die Anlegern ohne Eigenkapital bisweilen von Verkäufern oder Bauträgern angeboten werden, bergen ein hohes Risiko in sich. Zum einen entsteht die Gefahr einer zu hohen Abhängigkeit vom Kreditgeber, zum anderen kann der Anleger in finanzielle Schwierigkeiten geraten, da die bei dieser Finanzierung entstehenden ohnehin hohen Zinslasten noch steigen können, wenn sich die Zinsen nach Ablauf der Zinsbindung erhöht haben. Kommen dann durch Vermietungsprobleme noch Mietausfälle hinzu, sind die finanziellen Auswirkungen noch stärker.

4.9.3 Welche Strategie ist für Mischnutzer sinnvoll?

Erwirbt ein Immobilienbesitzer ein Zweifamilienhaus, so kann er bei der so genannten Mischnutzung für den selbst genutzten Teil die Eigenheimzulage in Anspruch nehmen und für den vermieteten Teil die Finanzierungskosten und Erhaltungsaufwendungen steuerlich absetzen. Der vermietete Teil sollte nach Möglichkeit mit dem Eigenkapital finanziert werden, den vermieteten finanziert man fremd. Auf diese Weise lässt sich ein höherer Schuldzinsenteil für die Steuerminderung einsetzen. Einen noch größeren Vorteil erzielen Sie jedoch, wenn Sie mit einem tilgungsfreien Darlehen finanzieren, bei dem hohe Schuldzinsen anfallen.

4.10 Sonderformen der Finanzierung

Die Sonderformen der Finanzierung waren bislang meist etwas für gewiefte Kapitalanleger. Doch durch das weitere Abschmelzen der staatlichen Förderung werden diese Finanzierungsformen künftig an Bedeutung gewinnen. Gerade für einkommensstarke, aber kapitalschwache Käufer oder Bauherren tun sich neue Möglichkeiten auf.

4.10.1 Das Verkäuferdarlehen

In Zeiten knapper Kassen fällt es den Erwerbern zunehmend schwerer, die von den Banken geforderte Eigenkapitalquote zu erfüllen. Wenn Sie Ihren Wunsch nach einer Immobilie dennoch befriedigen möchten, dann könnte das Verkäuferdarlehen ein Ausweg sein.

Das Verkäuferdarlehen ist eine besondere Form des Darlehens, das der Immobilieneigentümer beim Verkauf geben kann. Es ist ursprünglich ein Baustein der so genannten Mezzanine-Finanzierung (Mezzanine Money) und eine Finanzierungsform, die im Unternehmensbereich üblich ist. „Mezzanine" ist vom italienischen Wort „Mezzanino" abgeleitet, das bei Renaissancehäusern ein Halbgeschoss zwischen zwei Vollgeschossen beschreibt. Genau dies trifft vom Grundsatz auch auf das Verkäuferdarlehen zu, bildet es doch eine Zwischenform von Eigen- und Fremdkapital.

Nachrangiges Darlehen

Formal gibt der Verkäufer ein nachrangiges Darlehen an den Käufer. Daher handelt es sich zunächst um Fremdkapital, wobei allerdings das Verkäuferdarlehen wegen der Nachrangigkeit bilanztechnisch zum Eigenkapital umgewidmet wird, da sowohl eine Nachrangigkeit als auch eine Verlustbeteiligung in Höhe des Darlehensbeitrags für den Verkäufer besteht. Insoweit wird das Verkäuferdarlehen auch analog dem Arbeitgeberdarlehen bewertet. Da sich für Banken das Risiko aber vermindert, sind Finanzierungen leichter darzustellen. Dieser Effekt erhöht daher die geforderte Eigenkapitalquote, was sich wiederum positiv auf die Bonität auswirkt.

Die durchschnittliche Höhe des Verkäuferdarlehens liegt meist bei fünf bis zehn Prozent des Verkaufspreises der Immobilie, meist handelt es sich um Summen zwischen 10.000 und 20.000 Euro. Neben der zu zahlenden Ablösung des Darlehens fällt in der Regel noch ein Darlehenszins an.

Stundung eines Teils des Kaufpreises

Vom Prinzip her stundet der Verkäufer einen kleinen Teil des Kaufpreises bis zu einem vertraglich geregelten Termin, ohne noch Eigentümer des Objekts zu bleiben. Zwei Möglichkeiten der Bezahlung bieten sich an:

- entweder die ratierliche monatliche Bezahlung oder
- die Ablösung des Gesamtbetrags plus Darlehenszins zum Ende der Laufzeit.

Tipp:

Eine Alternative ist bei einem Mehrfamilienhaus vorstellbar: Bleibt der Verkäufer in einer der Wohnungen wohnen, so könnten die Mieteinkünfte gegen das Verkäuferdarlehen verrechnet werden, sodass der Verkäufer für einige Zeit die Wohnung quasi mietfrei nutzen kann.

Wichtig ist die Eintragung des Verkäuferdarlehens im Grundbuch, in der Regel als letzte Position, um die Vorteile der Nachrangigkeit nutzen zu können.

Verkäuferdarlehen aus Käufersicht

Für den Käufer erleichtert das Darlehen den Kauf des Hauses. Es erhöht die Eigenkapitalquote, sodass zusätzliches Fremdkapital von Banken aufgenommen werden kann. Gerade für Familien mit noch wenig Eigenkapital ist diese Möglichkeit sehr interessant. Und: Ein Verkäuferdarlehen spricht auch für die Werthaftigkeit des Objekts,

denn der Verkäufer übernimmt ein gewisses Risiko beim Verkauf der Immobilie.
Der Nachteil für den Käufer besteht darin, dass ein weiterer Kredit getilgt werden muss und der Todesfallschutz erhöht werden sollte. Außerdem ist ein moderater Darlehenszins von maximal fünf Prozent effektiv zu empfehlen, da bei zu hohen Raten eine positive Bonitätsprüfung durch die Banken gefährdet ist.
Als Ansparmöglichkeiten für die Tilgung des Verkäuferdarlehens bieten sich Bausparverträge an. Diese Verträge müssen dann natürlich an den Verkäufer abgetreten werden.

Tipp:

Kaufen Sie als Kapitalanleger über ein Verkäuferdarlehen ein Objekt, können Sie die Schuldzinsen bei der Einkommensteuer in Ansatz bringen.

4.10.2 Das nachrangige Darlehen

Familie und Freunde als Darlehensgeber

Eine Variante des Verkäuferdarlehens ist das nachrangige Darlehen, das beispielsweise durch Familienangehörige, Freunde oder auch freie Kapitalgeber vergeben werden kann. Hierbei wird das Darlehen in der letzten Position im Grundbuch gelistet und daher auch als Eigenkapitalersatz gewertet. Freie Anbieter erwarten allerdings für das höhere Risiko auch einen entsprechenden Zinsaufschlag, der die monatliche Belastung erheblich erhöhen kann.

Tipp:

Freie Anbieter sollten Sie nur nutzen, wenn Sie über ein so hohes Einkommen verfügen, dass Sie ein nachrangiges Darlehen auch bedienen können. Solche Anbieter findet man in den einschlägigen Seiten der meist überregionalen Tagespresse.

4.10.3 Die Ansparfinanzierung

Für junge Familien ohne Eigenkapital

Eine ausgefallene Methode, eine Immobilie zu finanzieren, ist die Ansparfinanzierung, die ideal ist für junge Familien ohne Eigenkapital. Gerade diese Zielgruppe hätte mit ihrem Wunsch nach einem

Haus bei herkömmlichen Kreditgebern keinen Erfolg, selbst wenn sie finanziell die Belastungen durch eine Immobile tragen könnte. Denn die Banken fordern eine Eigenkapitaldeckung von mindestens 20 bis 30 Prozent. Um dieses Manko auszugleichen, wurde von der Unternehmensberatung Rimark in Gaggenau die so genannte Ansparfinanzierung entwickelt.

Das Prinzip der Anspar-finanzierung

Das Grundprinzip der Ansparfinanzierung besteht darin, dass der Käufer sofort Eigentümer des Objekts wird, ohne Eigenkapital eingebracht zu haben. Daher erhält er auch keine Finanzierung von der Bank. Faktisch könnte er die Immobilie aus Bankensicht gar nicht bezahlen. Bei diesem Modell bezahlt der Käufer seine Immobilie erst drei Jahre später und nutzt die Zeit zum Aufbau des geforderten Eigenkapitals.

Der Vertrag zwischen dem Käufer und dem Makler oder Bauträger besteht aus drei Teilen:

Monatlicher Zinszuschuss

- Der erste Teil besteht aus dem monatlichen Zinszuschuss, den der Käufer dem Verkäufer bezahlen muss. Als Rechnungsbasis dient der anteilige Finanzierungsbetrag, der auf die Immobilie entfällt. Dadurch wird sichergestellt, dass der Käufer für die Darlehenslast durch die Vorfinanzierung freigestellt wird.

Monatliche Ansparrate

- Der zweite Teil der Finanzierung besteht aus der monatlichen Ansparrate, die auf ein Treuhandkonto überwiesen wird. Die Summe der Ansparraten entspricht nach Ablauf der Ansparzeit mindestens den geforderten 20 Prozent Eigenkapital. Sollte ein Teilbetrag bereits als Eigenkapital vorliegen, so verkürzt sich die Ansparzeit entsprechend oder die monatlichen Raten werden reduziert. Über diesen Weg wird sichergestellt, dass der Kreditgeber zum Ablauf der Dreijahresfrist auch den Baukredit genehmigt.

Staatliche Förderungen

- Der dritte Teil der Verpflichtungen besteht aus den staatlichen Förderungen, zum Beispiel Eigenheim- und Kinderzulage, die ebenfalls auf das Treuhandkonto fließen. Diese staatlichen Zuschüsse können sofort in Anspruch genommen werden, da der Käufer auch sofort Eigentümer des Objekts wird.

Achtung:
Mit Änderung der staatlichen Förderpraxis ändern sich auch die monatlichen Raten der Ansparfinanzierung.

Achten Sie als Käufer beim Treuhandkonto darauf, dass Sie eine ordentliche Verzinsung erhalten. Hierdurch lässt sich der ein oder andere Euro mehr erzielen.

Absicherung des Verkäufers

Da der Verkäufer dem Käufer in diesem Modell das Vertrauen entgegenbringt, dass Letzterer seine vertraglichen Verpflichtungen erfüllt, müssen die möglichen Konsequenzen auch im Vertrag ausdrücklich dargestellt werden. So ist es gängige Praxis, dass bei Zahlungsrückstand – in der Regel von zwei Monaten – der Zinsentschädigungs- oder Ansparraten dem Verkäufer ein Rücktrittsrecht vom Vertrag eingeräumt wird. Außerdem wird in solchen Fällen eine mögliche Entschädigung angedroht, falls der Verkäufer keinen Käufer findet, der den Erstpreis der Immobilie bezahlt. Hier gilt dann die Preisdifferenz als Entschädigungssumme. Außerdem ist der Käufer verpflichtet, eine Schadensversicherung abzuschließen, die einen mindestens zehnprozentigen Wertverlust des Objekts abdeckt, wenn die Folgen der Vertragsverletzung aus Scheidung, Arbeitslosigkeit, Versetzung oder Tod herrühren. Den überschüssigen Anteil muss dann der Käufer tragen. Achten Sie als Käufer darauf, dass diese Versicherung Bestandteil der Errechnung der monatlichen Belastung ist, um gegebenenfalls mit anderen Finanzierungsformen vergleichen zu können.

Achtung:
Dieses Modell kommt vorwiegend für Familien mit einem hohen Einkommen in Frage, da die Raten für eine Finanzierung doch beträchtlich sind. Es ist davon auszugehen, dass rund ein Prozent des Kaufpreises monatlich zu entrichten ist. Auch sollten Sie das Thema möglicher Sondereinzahlungen auf das Treuhandkonto gegenüber dem Treuhänder ansprechen, um eventuell die monatliche Rate noch in der Ansparzeit absenken zu können.

4.10.4 Fazit

Die oben dargestellten zusätzlichen Finanzierungsmöglichkeiten ergeben neue Chancen, eine Immobilie zu finanzieren. Und natürlich können sie auch miteinander kombiniert werden, zum Beispiel ein durch die Gehaltsabrechnung besichertes Arbeitgeberdarlehen mit einem in der letzten Position des Grundbuchs besicherten Verkäuferdarlehen. Entscheidend jedoch ist auch, dass diese Finanzierungsbausteine für den Käufer finanzierbar sein müssen. Denn jeder Geldgeber möchte auch sein ihm zustehendes Kapital plus Verzinsung zum Zeitpunkt X auf dem Konto sehen. Insoweit handelt es bei diesen Kreditbausteinen um Hilfskonstruktionen, die kapitalschwachen, aber einkommensstarken Personen besonders zugute kommen. Gerade Kaufinteressenten, die bislang Schwierigkeiten hatten, bei Banken eine solide Finanzierung herzustellen, bieten sie neue Perspektiven. Diese Finanzierungsbausteine sollten Sie nach Möglichkeit auch dazu nutzen, die finanzielle Belastung abzusenken – gerade in Anbetracht der zu erwartenden Veränderung der staatlichen Förderpraxis.

Achtung:

So gut die Sonderfinanzierungsformen auch sind, es gibt einen Wermutstropfen: Die Bindung an diese Anbieter ist höher als bei herkömmlichen Krediten. Ein Wechsel zu vergleichbaren Kreditgebern ist daher schwierig bis unmöglich und in der Regel auch teuer.

4.10.5 Rentenkauf der Immobilie

Da zum Thema Immobilienverrentung bislang wenig publiziert wurde, soll an dieser Stelle nicht nur die Situation des Erwerbers, sondern auch die des Leibrentners (Veräußerers) dargestellt werden.

Verrentung der Immobilie

Viele Privatleute haben aufgrund reduzierter Renten und hoher Aufwendungen für ihre Gesundheit Probleme, ihre Alterversorgung noch aufrechtzuerhalten. Auch Selbstständige und Unternehmer gehören dazu, wenn sie durch Geschäftsverluste nicht mehr in der Lage sind, ihren Betrieb zu einem angemessen Preis zu verkaufen. Gerade dieser Personenkreis hat meist nur noch ein Faustpfand für die Altersvorsorge: das Eigenheim oder die Eigentumswohnung.

Und das wiederum bietet Chancen für den Erwerber von Immobilien. In anderen Ländern wie in den USA (Reverse Mortgage), Großbritannien (Home Reversion), Frankreich oder der Schweiz, ist es gang und gäbe, die eigene Immobilie zu verrenten. In Deutschland hingegen steckt die wirtschaftliche Verwertung einer Immobilie noch in den Kinderschuhen. Welche Möglichkeiten gibt es?

Lebenslanges oder befristetes Wohnrecht

Die Verrentung der Immobilie bringt dem Eigentümer einen entscheidenden Vorteil: Er muss sein angestammtes Haus und seine Umgebung nicht verlassen. Deswegen bietet sich der Verkauf des Hauses gegen lebenslanges oder zeitlich befristetes Wohnrecht an. Dieses Wohnrecht kann sowohl auf eine als auch auf mehrere Personen ausgedehnt werden – beispielsweise auf das Eigentümerehepaar. Die Leibrente ist dabei über die Laufzeit nicht konstant. Es wird eine Inflationssicherung vereinbart, die sich an den allgemeinen Lebenshaltungskosten orientiert. Das heißt, dass eine nach beiden Seiten offene Vereinbarung geschlossen wird, die das Steigen wie Sinken der Lebenshaltungskosten berücksichtigt. Daher sollte der Vertrag auch an den Preisindex für die Lebenshaltung aller privaten Haushalte für das Bundesgebiet gekoppelt werden. Und: Selbst wenn der Leibrentner später doch ins Altersheim geht, wird die Rente weiter fällig und er kann zudem noch Mieteinnahmen erzielen.

Diese Vorteile bietet die Immobilienverrentung:

Vorteile

- Es können sowohl Ein- wie Mehrfamilienhäuser, Eigentumswohnungen und Grundstücke auf Rentenbasis veräußert werden.
- Die Verrentung bietet eine gesicherte Altersversorgung bis zum Lebensende.
- Höhere Einkünfte sind garantiert und der Lebensstandard im Alter wird verbessert.
- Käufer können zudem die staatliche Förderung beanspruchen, sofern die Verdienstgrenzen eingehalten werden
- Durch eine Mindestlaufzeit können auch Erben bei frühzeitigem Tod des Rentenberechtigten bedacht werden.
- Der Erwerb auf Rentenbasis ist auch für Käufer mit geringem Eigenkapital geeignet.

Rente statt Kaufpreis

Das Prinzip des Wohnrechts auf Leibrentenbasis ist ganz einfach: Der neue Eigentümer zahlt eine Rente statt eines Kaufpreises für das Gebäude und kann dafür bei Vertragsende, also beim Ableben der Wohnberechtigten oder zum festgeschriebenen Ende des Wohnrechts frei über das Haus verfügen.

Zeitrente

Bei der Zeitrente wird für einen vertraglich festgelegten Zeitraum eine Rentenzahlung an ein oder mehrere Personen vereinbart. Die Zeitrente ist dabei unabhängig vom Rentenbezieher zu sehen, denn falls der Rentenberechtigte vor Ablauf des Vertrags verstirbt, werden die Zahlungen an die Erben fortgesetzt. Der Vorteil der Zeitrente ist die Flexibilität: So können die Rentenzahlungen mit Einmalzahlungen verknüpft oder eine beispielsweise um fünf Jahre aufgeschobene Rente vertraglich fixiert werden. Auch kann sich die Rentenhöhe innerhalb der Vertragslaufzeit verändern. Eine Finanzierung über ein Kreditinstitut ist damit nicht mehr erforderlich.

Leibrente

Die Leibrente hingegen zielt auf „das Leben" einer oder mehrerer Personen (verbundene Leibrente). Dabei ist die verbundene Leibrenten nicht nur bei Ehepaaren möglich, sondern auch zwischen Eltern und Kindern. Mit dem Ableben der Person(en) erlischt dann auch die Rentenzahlung. Allerdings kann – um bei frühzeitigem Tod die Immobilie nicht quasi zu verschenken – eine Renten-Garantiezeit mit eingeschlossen werden, um Erben zu bedenken.

Abgekürzte Leibrente

Auch eine Mischung aus Zeit- und Leibrenten lässt sich vereinbaren: die abgekürzte Leibrente. Diese hat eine vertragliche Höchstlaufzeit. Bei Ableben des Leibrentners erlischt die Zahlungspflicht und kann somit nicht auf die Erben übergehen. Die Leistungen sind vom Erwerber dabei regelmäßig in gleicher Höhe zu zahlen. Dies bedeutet jedoch nicht, dass der Betrag immer gleich bleibt. Er orientiert sich vielmehr normalerweise am Lebenshaltungsindex, der regelmäßig vom Statistischen Bundesamt ermittelt wird. Auch Zeitrenten können an den Lebenshaltungsindex gekoppelt werden, jedoch nur dann, wenn die Vertragslänge mindestens zehn Jahre und einen Monat beträgt.

Neben den Rentenzahlungen fällt auch häufig eine Einmalzahlung durch den neuen Eigentümer des Hauses an, der sich meist auf einen gewissen Prozentsatz des Verkehrswerts bezieht. Sollten noch

Hypotheken auf dem Haus lasten, kann zudem vereinbart werden, dass der Neueigentümer die fälligen Kredite weiter bedient.

Grundlage der Rentenhöhe: Verkehrswert des Objekts und Alter des Verkäufers

Die Grundlage für die tatsächliche Höhe der Rentenzahlung ist ein Verkehrswertgutachten des Objekts und das aktuelle Alter des Verkäufers bzw. der Verkäufer. Die gültige Sterbetafel wird vom Statistischen Bundesamt ermittelt und ist über dessen Homepage www.destatis.de unter dem Menüpunkt „Bevölkerung" zu finden. Allerdings ist hier wichtig zu wissen, dass der Verkehrswert nicht unbedingt der Verkaufpreis sein muss. Er ist aber eine realistische Größe, auf deren Basis der Verkaufspreis und damit auch die Rentenhöhe festgelegt werden können. Und: Je höher das Alter des Leibrentners, desto höher ist auch die Rentenzahlung. Das bedeutet, wer sich erst in einem hohen Alter, beispielsweise mit 80 Jahren, dazu entschließt seine Immobilie zu verrenten, der hat unter Umständen Mühe einen Käufer zu finden, weil die monatliche Belastung zu hoch wird.

Tipp:

Setzen Sie sich bei Interesse auf jeden Fall mit einem auf Leibrentenberechnung spezialisierten Berater in Verbindung, denn nur dieser kann eine verbindliche Rentenhöhe ermitteln. An diese Berechnung sind dann beide Vertragsparteien gebunden. Treffen Sie außerdem eine Vereinbarung über die Instandhaltung des Gebäudes, damit nach Vertragsablauf kein völlig verwohntes Haus oder eine völlig verwohnte Wohnung übergeben wird. Wird über das übliche Maß eines Mieters Geld in die Immobilie gesteckt, erhöht dies wiederum die Rentenhöhe. Der Käufer trägt damit seinen Anteil an den Investitionen.

Wohnrecht: ja, nein oder befristet?

Ein wesentlicher Punkt, bevor es um das Finden geeigneter Käufer geht, ist die Frage, ob und wie lange man in der Immobilie wohnen bleibt bzw. ehemalige Kapitalanlageobjekte auf Leibrentenbasis veräußert. Verbleibt der Rentenberechtigte in der Immobilie, so wird dies bei der Rentenzahlung berücksichtigt und verringert die Rentenleistung um den so genannten Nutzwertanteil. Die weitere Nutzung der Immobilie wird quasi als Rentenanteil angesehen. Falls sich der Leibrentner später entscheidet, aus der Immobilie auszuziehen, steht ihm allerdings auch die wirtschaftliche Verwertung des Gebäudes zu. Zieht der Käufer in die Immobilie, ist dann die volle Leibrente ohne Nutzwertabschlag zu zahlen.

Tipp:

Der entscheidende Punkt für den Veräußerer auf Rentenbasis ist die Rentenhöhe. Diese variiert neben der Reduzierung durch das Wohnrecht auch in Abhängigkeit davon, ob der Käufer Einmalzahlungen leistet oder nicht. Streben Sie eine bestimmte Rentenhöhe an, sollten Sie einen Fachmann aufsuchen, um an verschiedenen Rechenbeispielen die unterschiedlichen Vertragskonstellationen durchzuspielen.

Gegenüberstellung: Leibrenten – Zeitrenten

Charakteristika	Leibrente	Zeitrente
Rentenempfänger bis zum Lebensende versorgt?	ja	nein
Sofortiger Beginn möglich?	ja	ja
Späterer Beginn möglich?	ja	ja
Abhängig vom Leben einer Person?	ja	nein
Festgelegter Zeitraum?	nein	ja
Weiterzahlung an Erben?	nein, aber Klausel möglich	ja
Mindestlaufzeit	kann vereinbart werden	ja
Höchstlaufzeit	kann vereinbart werden	ja
Einschließung Lebenshaltungsindex	ab 10 Jahren und 1 Monat	ja

Wer kommt nun als Käufer für eine Immobilie auf Leibrentenbasis in Frage? Unterschieden werden muss hierbei zwischen Selbstnutzern und Kapitalanlegern.

Selbstnutzer

Als Selbstnutzer bieten sich einkommenstarke, aber kapitalschwache Familien oder Singles an, die gerne eine Immobilien kaufen würden, jedoch aus Mangel an Eigenkapital bei Banken Probleme haben, eine Finanzierung darzustellen.

Die zweite Gruppe sind selbstständige Handwerker, die sich durch den Erwerb von Immobilien eine solide Alterssicherung aufbauen oder eine Immobilie später nach Renovierungen oder Umbauten selbst bewohnen möchten.

Die dritte Gruppe umfasst Kapitalanleger und Spekulanten, die zu günstigen Preisen in Immobilien investieren und langfristig Erträge schöpfen wollen. Letztere sind die vorwiegende Zielgruppe für all jene, die sich erst im hohen Alter entschließen, ihre Immobilie zu verrenten, da Kapitalanleger meist über genügend Geldmittel verfügen.

Kapitalanleger und Spekulanten

Wichtig zu wissen: Auch der Käufer hat Anspruch auf die Eigenheimzulage, sofern er über ein zu versteuerndes Einkommen unterhalb den entsprechenden Grenzen von derzeit 70.000 Euro für Alleinstehende und 140.000 Euro für Verheiratete verfügt. Ein weiterer Vorteil: Es fallen keine Banknebenkosten an, da ja die Rente direkt an den ehemaligen Eigentümer fließt.

Achtung:

Wichtigster Punkt für den Erwerber ist der Rentenzins. Dieser sollte unter den üblichen Bankzinsen liegen, da sonst das Objekt zu teuer wird.

Für Kapitalanleger bieten sich natürlich auch größere Objekte wie Mehrfamilienhäuser an. Der renditeorientierte Anleger profitiert von einigen steuerliche Vergünstigungen, etwa Geltendmachung der Abschreibung auf die Gebäudekosten. Zunächst errechnet das Finanzamt aufgrund der monatlichen Rentenzahlung den Wert des Grundstücks. Der daraus resultierende Barwert ist dann der fiktive Kaufpreis. Von diesem wird der Grundstückswert abgezogen und das Ergebnis bildet den Kaufpreis für das Gebäude. Hiervon können die Abschreibungen vorgenommen werden. Außerdem kann noch der Ertragsanteil der Leibrentenzahlung bei den Werbungskosten angesetzt werden.

Bei den steuerlichen Aspekten muss zunächst zwischen Zeitrenten und Leibrenten unterschieden werden.

Steuerliche Aspekte für Verkäufer und Käufer

- Die Zeitrente gilt für den Verkäufer als Einkünfte aus Kapitalvermögen und ist daher mit dem Zinsanteil der Einkommensteuer zu unterwerfen. Der Käufer kann hingegen bei vermieteten Objekten den Zinsanteil als Werbungskosten von den Mieteinnahmen abziehen, ansonsten ist hier steuerlich nichts möglich.

- Bei der Leibrente ist für den Rentenberechtigten je nach Alter der Ertragsanteil als Einnahme zu versteuern. Dieser schwankt je nach Lebensalter – bei 55 Jahren beträgt er 38 Prozent, bei 80 Jahren elf Prozent – und bleibt für die gesamte Laufzeit konstant. Werden Renten gemäß Lebenshaltungsindex angepasst, so ist auch der Anpassungsbeitrag davon betroffen.
- Bei verbundenen Leibrenten wird das Alter des jüngeren Leibrentners angesetzt. Für den Leibrentenzahler können unter Umständen zwei Regelungen greifen: zum einen Abschreibungen auf die Gebäudeanschaffungskosten und zum anderen kann bei vermieteten Objekten zusätzlich noch der Ertragsanteil von den Werbungskosten abgesetzt werden.

Enge Bindung zwischen Leibrentner und Käufer

Neben den Finanzierungspunkten ist ein weiterer Aspekt von besonderer Bedeutung: der Käufer. Die Bindung zwischen Leibrentner und Käufer ist besonders eng. Der Käufer muss also solvent sein und vertrauenswürdig, damit das Geschäft für beide Seiten auf Dauer ein Erfolg ist.

Tipp:

Der Vertrag sollte eine Rückübertragungsklausel enthalten, mit der festgelegt wird, dass der Vertrag bei zwei rückständigen Monatsraten gekündigt und rückabgewickelt werden kann.

5 Was will die Bank? Tipps und Tricks bei den Verhandlungen

Damit Sie aus verschiedenen Angeboten der Banken den günstigsten Hypothekenkredit auswählen können, sollten Sie die grundlegenden Kreditkonditionen und Finanzierungsregeln kennen.
Dieses Kapitel erklärt die wichtigsten Begriffe, erläutert den Weg vom Darlehensangebot zum Darlehensvertrag und die besten Finanzierungsstrategien während und nach der Zinsbindungszeit.

5.1 Hypothekendarlehen – die Konditionen

Das Hypothekendarlehen ist die am häufigsten gewählte Form von Fremdkapital bei einer Immobilienfinanzierung. Doch bevor Sie sich auf den Weg machen, um Angebote von Kreditinstituten einzuholen, sollten Sie wissen, welche Konditionen es gibt und wie sie sich jeweils auf die Finanzierung auswirken.

5.1.1.1 Nominal- und Effektivzinsen

Darlehensangebote von Banken enthalten zwei verschiedene Zinsangaben.

- Der Nominalzinssatz gibt an, wie viel Prozent Zinsen Sie tatsächlich jedes Jahr für Ihr Darlehen zahlen müssen. Zusammen mit dem Tilgungssatz – der meist ein Prozent beträgt – bestimmt er die Höhe der Annuität. Nominalzins
- Die Kosten, die darüber hinaus gehen, bilden sich im so genannten Effektivzins ab. Dieser enthält alle Preisbestandteile eines Kredits und berücksichtigt neben dem Nominalzins z. B. die Zinsbindungszeit, das Disagio, den Tilgungssatz, Bearbeitungsgebühren usw. Effektivzins

Der Effektivzins muss nach der Preisangabenverordnung bei allen Kreditangeboten angegeben sein, damit der Kreditinteressent verschiedene Finanzierungsangebote miteinander vergleichen kann. Doch Achtung: Er enthält trotzdem noch nicht alle Kosten, die anfallen. Denn die Banken erheben inzwischen weitere Nebenkosten, z. B. Schätzkosten oder Bereitstellungs- bzw. Bauzeitzinsen.

Tabelle: Preisbestandteile des effektiven Jahreszinses

Im effektiven Jahreszins enthalten:	Nicht im effektiven Jahreszins enthalten:
Nominalzins	Schätzkosten
Disagio	Kontoführungsgebühren
Tilgungssatz	Bauzeit-/Bereitstellungzinsen
Zinsbindungszeit	Teilauszahlungzuschläge
Tilgungszahlungs- und Verrechnungstermine	Auszahlungsweise bei Teilzahlungen
Zinszahlungs- und Verrechnungstermine	
Restschuld- und Bearbeitungsgebühren	
Risikolebensversicherungsbeiträge	
Vermittlungsprovision	

Die folgende Tabelle zeigt, welche monatliche Belastung bei verschiedenen Zinssätzen auf Sie als Kreditnehmer zukommt:

Tabelle: Monatliche Belastung bei verschiedenen Zinssätzen

Kreditbetrag in Euro	Nominalzins bei 100 % Auszahlung (1 % Tilgung)						
	5,0 %	5,5 %	6,0 %	6,5 %	7,0 %	7,5 %	8,0 %
25.000	125,00	135,42	145,83	156,25	166,67	177,08	187,50
50.000	250,00	270,83	291,67	312,50	333,33	354,17	375,00
75.000	375,00	406,25	437,5	468,75	500,00	531,25	562,50
100.000	500,00	541,67	583,33	625,00	666,67	708,33	750,00
125.000	625,00	677,08	729,17	781,25	833,33	885,41	937,50
150.000	750,00	812,50	875,00	937,50	1.000,00	1.062,50	1.125,00
175.000	875,00	947,92	1020,83	1093,75	1.166,67	1.239,58	1.312,50
200.000	1.000,00	1.083,33	1.166,67	1.250,00	1.333,33	1.416,67	1.500,00

5.1.1.2 Die Zinsbindungszeit

Da sich die Höhe der Zinsen im Laufe der Jahre stark verändern kann, könnten sprunghaft ansteigende Zinsen während der Laufzeit des Darlehens die finanziellen Möglichkeiten des Kreditnehmers überfordern und zu Problemen bei der Rückzahlung führen. Da daran weder der Bauherr oder der Immobilienerwerber interessiert sind, kann der Kreditnehmer die Höhe des Nominalzinses für eine bestimmte Zeit festschreiben lassen. Dieser Zeitraum beträgt bei Kreditinstituten üblicherweise zwischen zwei und zehn Jahren, bei Hypothekenbanken 15 Jahre und mehr. Daneben besteht auch die Möglichkeit, einen variablen Zinssatz zu vereinbaren, bei dem Sie als Kreditnehmer ganz auf die Zinsbindung verzichten und akzeptiern, dass der Zins während der Laufzeit immer wieder an den Marktzins angepasst wird.

Vor- und Nachteile einer langen Zinsbindungszeit

Für längere Zinsbindungszeiten erheben die Banken immer einen höheren Nominalzins. Und Sondertilgungen können nur geleistet werden, wenn die Bank zustimmt. Der Vorteil einer längeren Zinsbindungszeit besteht darin, dass Sie als Darlehensnehmer Ihre finanziellen Verpflichtungen langfristig kalkulieren können. Besonders zu empfehlen ist eine langjährige Zinsfestschreibung in einer Niedrigzinsphase, da Sie sich auf diese Weise den günstigen Zinssatz über einige Jahre sichern.

In einer Hochzinsphase sollten Sie hingegen kurze Zinsbindungen mit niedrigeren Zinssätzen oder variable Zinsen in Erwägung ziehen, um so schnell wieder handlungsfähig zu sein. Eine Garantie, dass die Anschlussfinanzierung nach fünf Jahren günstiger ist, haben Sie jedoch nicht. Eventuell sind die Zinsen dann noch weiter angestiegen und Sie können sich die höheren Raten dann nicht mehr leisten. Verfügen Sie jedoch noch über finanziellen Spielraum, wird Ihnen diese Entwicklung weniger zu schaffen machen.

Tipp:

Die Entwicklung der Zinsen kann niemand genau vorhersagen. Trotzdem gibt es eine Faustregel. Aus Erfahrungswerten der Vergangenheit wurde errechnet, dass der durchschnittliche nominale Hypothekenzins mit zehnjähriger Laufzeit bei acht Prozent lag. Liegt das Zinsniveau deutlich unter acht Prozent, sollten Sie eine längere Zinslaufzeit vereinbaren, liegt es darüber, empfiehlt sich eine kürzere Laufzeit.

Forward-Darlehen

Um sich günstige Zinsen langfristig zu sichern, bietet sich ein Forward-Darlehen an. Dabei wird bis zu dreieinhalb Jahren vor der nächsten Anschlussfinanzierung ein neuer Kredit zu einem günstigen Zinssatz vereinbart, der in dieser Zeit ruht.

Vorschaltdarlehen

Eine andere Variante ist das Vorschaltdarlehen mit Tilgungsaussetzung. Bei diesem Darlehen sind während der gesamten Laufzeit lediglich die Zinsen zurückzuzahlen, Tilgungsbeträge fallen nicht an.

Hypothekenmix

Auch ein Hypothekenmix ist eine Möglichkeit, um eine Hochzinsphase zu überbrücken. Dabei teilen Sie den von Ihnen benötigten Darlehensbetrag in mehrere Teilbeträge auf. Beispielsweise nehmen Sie ein Darlehen mit einer kurzen Bindungszeit von fünf Jahren und eines mit zehnjähriger Zinsbindung auf. Dadurch gewinnen Sie Sicherheit, zahlen aber gleichzeitig für die kurze Zinsbindungsfrist den geringeren Zinssatz und halten sich außerdem offen, nach fünf Jahren immerhin für einen Darlehensbetrag von den eventuell inzwischen gesunkenen Zinsen zu profitieren. Sind die Zinsen hingegen weiter gestiegen, müssen Sie nicht das gesamte Darlehen zu schlechteren Konditionen finanzieren. Grundsätzlich gilt: Wenn Ihre finanziellen Reserven nur gering sind, sollten Sie für den Hauptanteil des Darlehensbetrags die längere Zinsbindungszeit vereinbaren.

5.1.2 Variable Darlehen

In Hochzinsphasen

Darlehen mit variablem Zinssatz sind vor allem in Hochzinsphasen überlegenswert, wenn mit sinkenden Zinsen zu rechnen ist und Sie sich nicht mit einer langen Zinsbindungszeit auf die aktuellen hohen Zinsen festlegen wollen. Sinken dann die Zinsen, werden die Kreditzinsen daran angepasst.

Referenzzins

Fair ist ein Kreditvertrag mit variablem Zins aber nur, wenn der Höhe der Zinsen ein Referenzzins zugrunde liegt. Dies sollte nach Möglichkeit der Drei- bzw. Sechs-Monats-Euribor sein. Das Kürzel „Euribor“ steht für „Euro Interbank Offered Rate“, es handelt sich also um einen Zinssatz, zu dem die Banken untereinander für drei oder sechs Monate Geld leihen und den die Europäische Zentralbank publiziert. Auf den Euribor erheben die Banken einen Aufschlag, die Marge, der in der Regel zwischen einem und 1,5 Prozent liegt.

Vorteile

Ein Vorteil des variablen Darlehens ist die Möglichkeit der Sondertilgungen. Außerdem liegt der am Kapitalmarkt orientierte Nominalzins deutlich unter den Festzinsen, er kann 1,5 bis zwei Prozent günstiger sein. Die Angebote können aber sehr unterschiedlich sein – von sehr günstig, teuer bis sehr teuer. Vergleichen Sie deshalb genau. Ein weiterer Vorteil ist, dass in der Regel keine Bauzeit- oder Bereitstellungszinsen verlangt werden. Zudem kann der variable Zinssatz jederzeit in einen Festzins umgewandelt werden.

Nachteil: enorme Zinsschwankungen

Der größte Nachteil dieser Darlehensform liegt im Zinsrisiko. Die Zinsschwankungen können enorm sein. So gab es laut Aufzeichnungen der Bundesbank in den vergangenen drei Jahrzehnten mitunter beim Drei-Monats-Geld Zinssteigerungen von bis zu drei Prozent innerhalb von drei Jahren.

Tipp:

Ein variables Darlehen sollten Sie nur abschließen, wenn Ihre finanziellen Mittel es zulassen, dass Sie notfalls auch höhere Monatsraten zahlen können. Im Vertrag sollte genau festgelegt sein, wann und an welchen Zins angepasst wird. Am vorteilhaftesten ist ein Referenzzins, dessen Höhe Sie in der Tageszeitung verfolgen können, beispielsweise der Euribor. Möchten Sie das Risiko reduzieren, sollten Sie auf keinen Fall mehr als 30 Prozent der Gesamtfinanzierung mithilfe eines variablen Kredits vornehmen. Kommt es zu einem schnellen Anstieg der Zinsen, sollten Sie zu einer längerfristigen Zinsbindung wechseln.

Exkurs: Zinssicherungsinstrumente für Unternehmen

Zinsderivate

Unternehmen, die ein variables Darlehen aufnehmen, können sich gegen Zinsänderungsrisiken mit bestimmten Zinssicherungsinstrumenten – auch Zinsderivate genannt – absichern. Beispielsweise wird bei einer Bank ein variables Darlehen auf Euribor-Basis gewählt und bei einem Dritten ein so genannter Zinscap (Maximalzins) eingekauft. Dieser Anbieter gewährt dem Kreditnehmer dann eine Zinsobergrenze. Steigt der Referenzzins, wird zwar der Kreditzins angepasst, er darf aber nicht über die vereinbarte Grenze hinaus steigen. Den überschießenden Betrag zahlt der Cap-Anbieter. Als Ausgleich verlangt er dafür eine Cap-Gebühr, die der Kreditnehmer zu

Beginn einmalig oder über Laufzeit verteilt entrichtet. Ein weiterer Vorteil von Zinsderivaten besteht darin, dass sie bilanzneutral sind. Die Finanzierung kann bei Abschluss eines Zinsderivats bestehen bleiben und muss keineswegs aufgelöst oder umgeschuldet werden. Die Zinskomponente der Finanzierung wird vielmehr losgelöst von der Bereitstellung eines Darlehens gehandelt. Weitere Formen sind beispielsweise Floors, Collars oder Swaps.

Floor

- Bei einem Floor wird statt der Obergrenze eine Zinsuntergrenze vereinbart.

Collar

- Mit einem Collar sichert sich der Kreditnehmer sowohl eine Ober- als auch eine Untergrenze.

Zinsswap

- Bei einem Zinsswap handelt es sich um einen Tausch von kurzfristigen und langfristigen Zinszahlungen und die Sicherung eines mittel- oder langfristigen Zinssatzes. Der Ablauf ist folgendermaßen: Der Darlehensnehmer, der über ein mit einem Cap gesichertes Darlehen verfügt, vereinbart mit einem anderen Kreditinstitut einen Zinswap. Dieses Institut zahlt dann die Darlehenszinsen an die finanzierende Bank, während es vom Darlehensnehmer einen vereinbarten mittel- oder langfristigen Festzins erhält.

Achtung:

Auch für Unternehmen gilt: Variable Darlehen bzw. variable Darlehen mit einer Zinssicherung sollten nur aufgenommen werden, wenn Zinssteigerungen verkraftet werden können.

5.1.3 Cap-Darlehen

Variabler Zinssatz mit Obergrenze

Cap-Darlehen sind Darlehen mit variablem Zinssatz, für die eine Obergrenze vereinbart wird. Variables Darlehen und Zinssicherungsinstrument sind also in einem Produkt vereint. Die vereinbarte Maximalzins begrenzt die während der Laufzeit eventuell eintretenden Zinssteigerungen. Mit dieser Konstruktion werden die Risiken einer variablen Verzinsung eingegrenzt.

Beispiel:
Die Bank sagt ein Darlehen mit einer Laufzeit von 15 Jahren zu. Der Zinssatz ist variabel, beträgt anfangs 5,5 Prozent und wird regelmäßig angepasst. Gleichzeitig sagt die Bank zu, dass der Zinssatz in den nächsten fünf Jahren nicht über 6,5 Prozent (Zinsobergrenze) angehoben wird. Der Zinssatz kann sich also bis 6,5 Prozent bewegen, aber nicht darüber steigen. Er kann jedoch auf ein Niveau von unter 5,5 fallen, eine Grenze nach unten hin gibt es nicht.

Regelmäßige Anpassung

Der Zinssatz wird dann in bestimmten Abständen – z. B. alle sechs Monate – dem aktuellen Zinsniveau angepasst. Als Orientierung dient dabei ein Referenzzins, beispielsweise der bereits erwähnte Euribor. Er vairiiert nach der Laufzeit der Kredite. Baufinanzierer wählen gern den Euribor für sechsmonatige Darlehen. Die Medien veröffentlichen ihn täglich und der Darlehensnehmer kann so jederzeit nachvollziehen, in welcher Höhe sein Zins angepasst wird.
Ein Cap-Darlehen ist gegen einen sehr starken Zinsanstieg abgesichert, da vertraglich eine Zinsobergrenze – der Cap – festgelegt ist. So haben Sie die Sicherheit, innerhalb der Laufzeit keinen höheren Zinssatz als die Obergrenze – beispielsweise 6,5 Prozent – zahlen zu müssen.

Cap-Gebühr

Allerdings verlangt die Bank in der Regel eine Cap-Gebühr, eine Bearbeitungsgebühr, die den gesamten Finanzierungsbedarf erhöht und bei schneller Tilgung die Gesamtfinanzierung verteuert. Die Cap-Gebühr wird zu Beginn einmalig oder über die Laufzeit verteilt entrichtet. Ihre Höhe hängt von der gewünschten Zinsobergrenze ab. Je niedriger diese ist, desto geringer ist auch die Gebühr. Steuerlich wird sie wie ein Disagio behandelt. Vermieter können sie bei der Ermittlung der Einkünfte aus Vermietung und Verpachtung als Werbungskosten absetzen.

Hohe Flexibilität

Ein Cap-Darlehen bietet eine hohe Flexibilität: Zum einen können Sie jederzeit eine langfristige Zinsbindung vereinbaren. Sie nehmen ein Darlehen beispielsweise mit einer Cap-Vereinbarung auf und steigen später – wenn die Festzinsen gesunken sind – auf ein Darlehen mit festem Zins um. Zum anderen können bei einem Cap-Darlehen über die reguläre Tilgung hinaus Sondertilgungen in beliebiger Höhe erfolgen, ohne dass dabei Kosten anfallen.

Angesichts des noch niedrigen Zinsniveaus scheint es zwar nahe liegend, eine lange Zinsfestschreibung zu wählen, trotzdem kann sich auch ein Cap-Darlehen lohnen. Da der aktuelle Zinssatz für kurzfristige Darlehen deutlich unter demjenigen für langfristige Darlehen liegt, kann das aufgrund der geringeren monatlichen Belastung gesparte Geld zusätzlich, zumindest anfänglich, in die Tilgung investiert und auf diese Weise die Restschuld schneller reduziert werden. Die Einsparungen lassen sich beispielsweise als Sondertilgungen einsetzen. Steigen die Zinsen, können Sie die Belastung konstant halten, indem Sie die Sondertilgungen entsprechend reduzieren oder einstellen.

Tipp:

Wenn Sie ihre Immobilie umgehend finanzieren möchten, ohne sich gleich langfristig zu binden, kann ein Cap-Darlehen für Sie in Frage kommen. Dies kann z. B. der Fall sein, wenn Sie ein gutes Immobilienangebot vorliegen haben und schnell zuschlagen müssen, oder andererseits, wenn Sie noch nicht sicher sind, ob Sie die Immobilie wieder verkaufen oder vermieten möchten.

Von Vorteil ist das Cap-Darlehen auch, wenn Sie mit hohen Geldzuflüssen rechnen und diese als Sondertilgungen einsetzen wollen.

Sie sollten es aber nur dann wählen, wenn Sie Zinssteigerungen ohne Probleme finanzieren können und nur ein wirklich gutes Angebot auswählen. Der Anfangszins sollte möglichst weit unterhalb des aktuell geltenden Festzinses liegen.

Verkraftet Ihr Nettoeinkommen bzw. verkraften Ihre Einnahmen auch einen höheren Zinsbetrag, können Sie eine höhere Zinsobergrenze bei geringerer Cap-Gebühr aushandeln.

5.1.4 (Zero-Cost)-Collar-Darlehen

Ober- und Untergrenze

Ein Collar-Darlehen ist ebenfalls ein variables Darlehen. Im Gegensatz zum Cap-Darlehen gibt es hier jedoch nicht nur eine Ober-, sondern auch eine Untergrenze. Innerhalb dieser Spanne kann sich der Zinssatz – entsprechend der Kapitalmarktentwicklung – bewegen.

Durch eine entprechende Gestaltung der Zinsober- und -untergrenze kann die Gebühr für die Zinsobergrenze reduziert werden oder sich sogar aufheben lassen (Zero-Cost-Collar-Darlehen).

5.1.5 Fremdwährungskredite

Als Baukredite werden zunehmend Fremdwährungskredite zu spektakulär niedrigen Zinssätzen (beispielsweise 1,6 Prozent Effektivzinsen) angeboten. Der gewünschte Kredit wird dabei statt in Euro in einer fremden Währung aufgenommen – meist über Vermittler bei einer ausländischen Bank. Diese liegen in Ländern, in denen die Zinsen noch niedriger sind als auf dem deutschen Kapitalmarkt – beispielsweise in Japan oder in der Schweiz.

Währungsrisiko

Der Bauherr erhält die Darlehenssumme – nach der Umrechnung zum aktuellen Wechselkurs – in Euro, während das Kreditkonto in fremder Währung abgerechnet wird. Steigt oder sinkt dann der Umrechnungskurs, erhöht bzw. sinkt die Restschuld entsprechend. Bei ungünstiger Währungsentwicklung können Sie da schnell in ein finanzielles Dilemma geraten.

Zinsrisiko

Darüber hinaus werden die Darlehen mit variablem Darlehenszins vergeben, was die Raten bei schnell steigenden Marktzinsen noch zusätzlich explodieren lässt.

Kursrisiko

Die Kredite werden außerdem häufig nicht direkt, sondern per Tilgungsaussetzung über eine fondsgebundene Lebensversicherung oder einen Investmentfonds zurückgezahlt. Zu den Währungs- und Zinsrisiken kommt damit noch das Kursrisiko des Aktienmarktes hinzu.

Achtung:

Fremdwährungskredite eignen sich aufgrund der unkalkulierbaren Risiken nicht für eine solide Baufinanzierung. Für selbst genutzte Immobilien sind ohnehin in der Regel Hypothekenkredite mit regelmäßiger Tilgung von Vorteil, da bei diesen die ständig sinkende Restschuld das Risiko minimiert, dass der Bauherr den Anschlusskredit – bei inzwischen gestiegenen Zinsen – nicht mehr bedienen kann.

5.1.6 Das Disagio

Abschlag von der Darlehenssumme

Ein Disagio – auch Damnum genannt – ist ein Abschlag von der Darlehenssumme, den die Bank vorab einbehält. Die Höhe des Disagios ist die Differenz zwischen dem Nominalbetrag des Darlehens und dem tatsächlichen Auszahlungsbetrag. Das einbehaltene Geld stellt für die Bank sozusagen eine Zinsvorauszahlung dar. Als Ausgleich bietet sie einen niedrigeren Nominalzins als bei voller Auszahlung des Darlehens. Dadurch senkt sich die Anfangsbelastung des Kreditnehmers. Damit er aber die Summe ausbezahlt bekommt, die er benötigt, muss er ein höheres Darlehen aufnehmen, als es für die Finanzierung eigentlich nötig wäre.

Kein Vorteil für Selbstnutzer

Bis 1995 konnten alle Kreditnehmer ein Disagio als Sonderausgabe steuerlich absetzen. Seit 1996 haben Selbstnutzer einer Immobilie diese Möglichkeit jedoch nicht mehr. Für Selbstnutzer überwiegen deshalb die Nachteile. Sind die Raten durch den niedrigeren Nominalzins zu Anfang auch geringer, so kommt es nach Ablauf der ersten Zinsbindungszeit zu einer unnötigen Verteuerung. Dies ist auch dadurch bedingt, dass bei einem Darlehen mit Disagio häufig nur mit einem Prozent getilgt wird, da die niedrigere Monatsrate besonders verlockend erscheint. Da ein größerer Betrag geliehen werden musste, um überhaupt an das benötigte Geld zu gelangen, liegt die verbliebene Restschuld dann aber höher als bei einer Hundertprozent-Auszahlung. Nach Ablauf der Zinsbindungsfrist wird der niedrigere Nominalzins dann an den Marktzins angepasst und für die gesamte um das Disagio erhöhte Restschuld erhoben. Wenn in der Zwischenzeit die Zinsen stark gestiegen sind, steigt die Rate noch stärker und der Kreditnehmer kann sie im schlimmsten Fall nicht mehr aufbringen.

Achtung:

Immer wieder gibt es unseriöse Finanzvermittler, die Selbstnutzern Kreditangebote mit Disagio und besonders niedrigen Monatsraten unterbreiten. Mit diesen Angeboten sollten Sie sich grundsätzlich erst gar nicht näher befassen, denn wie beschrieben kommt das dicke Ende nach der Zinsbindungszeit.

Steuerersparnis für Vermieter und Unternehmen

Für Vermieter und Unternehmen lohnte sich ein Disagio bisher aufgrund der Steuerersparnis. Bis vor kurzem konnten sie den Abschlag vom zu versteuernden Einkommen sofort als Werbungskosten absetzen, die Finanzämter erkannten bei einer Zinsfestschreibung von mindestens fünf Jahren maximal ein Disagio bis zu zehn Prozent des Darlehensvertrags an. Hier hat es jedoch zwei Gesetzesänderungen gegeben:

- Seit 2004 können bei gleicher Zinsbindungszeit nur noch fünf Prozent sofort den Werbungskosten zugeordnet werden. Der darüber hinausgehende Betrag muss nun auf den Zinsfestschreibungszeitraum oder, falls dieser fehlt, auf die Laufzeit des Darlehens verteilt werden. Dies gilt sowohl bei Vermietung im Privatvermögen als auch bei Immobilien, die sich im Betriebsvermögen befinden, wenn die Firma eine Einnahmen-Überschussrechnung erstellen muss. Bilanzierende Unternehmen können das Disagio auf die Zinsbindungszeit verteilt – in jedem Veranlagungszeitraum anteilig – geltend machen.
- Zum 01.01.2005 trat eine weitere Änderung in Kraft. Die neue Regelung basiert auf einer Änderung des § 11 Abs. 2 Satz 3 EStG 2005. Sie besagt, dass Zahlungen, die im Voraus für eine Nutzungsüberlassung von mehr als fünf Jahren geleistet werden, nicht mehr in voller Höhe sofort als Werbungskosten oder Betriebsausgaben absetzbar sind. Vorauszahlungen in diesem Sinne stellen insbesondere Erbbauzins-, Miet-, Pacht- und Leasing-Vorauszahlungen bei Immobilien dar – ein Disagio fällt ebenfalls in diese Kategorie. Ein sofortiger Abzug eines Disagios ist demnach gemäß Gesetz nur noch für Darlehen mit einer maximalen Zinsbindungszeit von fünf Jahren möglich. In allen anderen Fällen muss der Disagiobetrag auf den Zeitraum der Zinsbindungszeit verteilt werden.

Zwar hat der Finanzausschuss des Bundestags in einem Protokoll den Hinweis aufgenommen, dass das Disagio von der Neuregelung nicht betroffen sei. Dieser Hinweis hat jedoch keinerlei Rechtswirkung. Sollte es zum Rechtsstreit mit dem Finanzamt um die Abzugs-

fähigkeit des Disagios kommen, könnte das Gericht zu Ungunsten des Darlehensnehmers entscheiden. Der Gesetzgeber wird deshalb voraussichtlich noch eine klärende Gesetzeserweiterung oder -änderung vorlegen. Informieren Sie sich, wenn Sie ein Disagio in Erwägung ziehen, über die aktuelle Rechtslage – zum Beispiel im Internet oder bei den Verbraucherzentralen.
Aufgrund der noch unklaren Situation sollten Sie gut abwägen, ob Sie mit dem Vorteil der sofortigen steuerlichen Abzugsfähigkeit das Risiko der kürzeren Zinsbindungszeit in Kauf nehmen wollen. Beim derzeitigen Zinstiefstand könnten die Zinsen nach fünf Jahren bereits deutlich höher liegen. Bei einer längeren Zinsbindungsfrist ohne Disagio hätten Sie sich die niedrigen Zinsen über längere Zeit gesichert und dadurch Darlehenskosten eingespart.

Tipp:

Falls Sie sich für ein Darlehen mit Disagio entscheiden, sollten Sie die gleiche Rate zahlen, die Sie auch für ein Darlehen ohne Disagio aufbringen müssten. So profitieren Sie von den Steuervorteilen, ohne das Risiko einzugehen, für das Darlehen wesentlich mehr Finanzierungskosten zu zahlen. Den bei der Steuer gesparten Betrag sollten Sie als Sondertilgung wieder in die Finanzierung einbringen.

5.1.7 Der Tilgungssatz

Der Tilgungssatz ist der Prozentsatz des Darlehensbetrags bzw. der Restschuld, der jährlich an die Bank zurückgezahlt wird. Zusammen mit den Zinsen bildet er beim Annuitätendarlehen die Annuität. In der Regel bieten Kreditinstitute Tilgungssätze von ein bis zwei Prozent an.

Höherer Tilgungssatz, geringere Finanzierungskosten

Die Höhe des Tilgungssatzes wirkt sich auf den Rückzahlungszeitraum und damit auf die Finanzierungskosten des Darlehens aus. Je schneller das Darlehen getilgt wird, desto geringer sind auch die insgesamt entstehenden Finanzierungskosten.
Die Laufzeit eines Darlehens genau vorherzusagen ist aber grundsätzlich schwierig. Gibt die Bank eine Laufzeit an, so wurde diese unter der Annahme des aktuellen Zinssatzes ermittelt. Steigen oder

sinken die Zinsen aber nach Ablauf der Zinsbindungszeit, verändert sich damit automatisch die Dauer der Laufzeit.

5.1.8 Zins- und Tilgungsverrechnung

Die Art der Zins- und Tilgungsverrechnung wirkt sich ebenfalls auf den Preis eines Hypothekendarlehens aus. Nicht selten zahlten Finanzierer in der Vergangenheit durch eine ungünstige Verrechnungsmethode des Kreditgebers drauf. Während die Kreditnehmer ihre Schulden durch monatliche oder vierteljährliche Raten reduzierten, wurde der Zins nicht auf die stetig sinkende Summe bezogen, sondern die Bank legte der Restschuld den „Stand des Kapitals am Schluss des vergangenen Kalenderjahres“ zugrunde. Die monatlichen Zins- und Tilgungszahlungen wurden dann erst am Ende des aktuellen Jahres mit der Schuld verrechnet. So fielen Zinsen auf Kreditteile an, die längst zurückgezahlt waren.

Monatliche oder vierteljährliche Verrechnung

Die meisten Kreditinstitute verrechnen inzwischen monatlich oder vierteljährlich. Je länger die Tilgungsanrechnung dauert, desto teurer wird das Darlehen. Sie sollten also möglichst eine monatliche Verrechnung erreichen.

Auch der Zeitpunkt, zu dem die Zinsen das Kreditkonto belasten, hat Folgen. In der Regel geschieht dies nicht zum Ende eines Jahres, sondern früher – entweder zum Monats- oder zum Quartalsende. Durch die Verkürzung des Zeitraums entsteht ein Zinseszinseffekt, an dem die Bank verdient.

5.1.9 Bearbeitungs- und Vermittlungsgebühren

Für die Abwicklung des Darlehens erheben viele Kreditinstitute eine einmalige Bearbeitungsgebühr zwischen 0,5 und zwei Prozent der Darlehenssumme. Andere Geldgeber verzichten auf die Gebühren und verlangen dafür einen höheren Nominalzins. Hier sollten Sie genau berechnen, welche Variante für Sie günstiger ist.

Verhandlungssache

Bearbeitungsgebühren können mit dem Kreditinstitut verhandelt werden – vielleicht gelingt es Ihnen, sie zu senken oder ganz zu vermeiden. Das Gleiche gilt auch für die Vermittlungsgebühren der Vermittler.

5.1.10 Die Nebenkosten

Schätzkosten

Für die Ermittlung des Beleihungswerts einer Immobilie erheben Kreditinstitute Wertschätzungs- bzw. Schätzkosten. Sie betragen in der Regel 0,2 bis 0,5 Prozent des Darlehensbetrags oder des Schätzwerts. Auch Schätzkosten gehören zur Verhandlungsmasse. Dies lohnt sich umso mehr, wenn ein Angestellter des Kreditinstituts und nicht ein externer Gutachter die Immobilie schätzt, da der Geldgeber auf diese Gebühren dann auch verzichten oder sie deutlich reduzieren könnte.

Bauzeit- und Bereitstellungszinsen

Bauzeitzinsen fallen an, wenn die Bank einen Kredit bereits zugesagt hat, dieser aber in mehreren Raten abgerufen wird. Davon sind vor allem Finanzierer von Neubauten betroffen, die das Geld je nach Bauphase benötigen. Bereitstellungszinsen werden fällig, wenn eine gewisse Zeit verstreicht, bevor das Darlehen abgerufen wird, z. B. aufgrund von Verzögerungen beim Notar.

Beide Zinsarten betragen üblicherweise 0,25 Prozent pro Monat oder drei Prozent pro Jahr für das Darlehen oder den Restbetrag. Die Fristen, ab denen die Zinsen erhoben werden, sind unterschiedlich – Sie können einen Monat oder auch ein Jahr betragen.

Tipp:

Versuchen Sie, längere Fristen auszuhandeln. Bereits durch ein paar Monate lassen sich einige tausend Euro einsparen. Sie können den Kredit bei Bereitstellung auch sofort abrufen und die Summe als Tages- oder Festgeld bei einer anderen Bank anlegen. Erkundigen Sie sich bei verschiedenen Banken und verhandeln Sie auch hier die Zinsen.

Teilauszahlungszuschläge

Für die Auszahlung des Darlehens in Teilbeträgen berechnen manche Banken auch so genannte Teilauszahlungszuschläge. Wird das Darlehen in Teilbeträgen abgerufen, bezahlt der Kunde bis zur vollständigen Auszahlung des Darlehens einen um bis zu ein Prozent erhöhten Nominalzins – häufig zusätzlich zu den Bauzeitzinsen.

Kontoführungsgebühr

Die Bank richtet für ein Darlehen automatisch ein Darlehenskonto ein, für das sie in der Regel eine Kontoführungsgebühr erhebt. Diese Kosten werden jährlich berechnet.

5.2 So gestalten Selbstnutzer den Darlehensvertrag optimal

Die meisten Bauherren oder Immobilienerwerber tilgen jährlich ein Prozent ihres Darlehens. Doch wer es sich leisten kann, sollte darüber hinausgehende Tilgungen leisten, etwa durch Erhöhung der Tilgungsrate oder durch Sondertilgungen. Auf diese Weise lassen sich die Finanzierungskosten deutlich senken.

5.2.1 Schneller tilgen

Bei finanziellem Spielraum mehr tilgen

Hypothekenkredite werden üblicherweise mit einer einprozentigen Tilgung angeboten. In der Regel entspricht dies auch den finanziellen Möglichkeiten des Bauherrn oder Immobilienerwerbers. Mit anderen Worten: Viele Bauherren können es sich leisten, neben den Zinsen einen anfänglichen Tilgungssatz von einem Prozent monatlich zu zahlen. Wer jedoch über mehr finanziellen Spielraum verfügt und seine Immobilie selbst nutzen will, sollte überlegen, ob er nicht eine höhere Tilgung vereinbart.
Hypothekenzinsen sind derzeit auf einen historischen Tiefpunkt gesunken. So bieten einige Finanzdienstler bereits Effektivzinsen von unter vier Prozent bei einer fünfjährigen Zinsfestschreibung an. Wie lange diese Bedingungen anhalten, weiß zurzeit niemand, jedoch ist zu befürchten, dass sich dies bald wieder ändern wird. Deshalb lohnt es, die finanziellen Belastungen durch eine höhere Tilgung und längere Zinsbindungsfristen in den Griff zu bekommen. Der Vorteil: Das Haus ist in wesentlich kürzerer Zeit abbezahlt.

Beispiel:

Berechnungen der Zeitschrift Finanztest ergaben, dass beispielsweise ein 100.000-Euro-Darlehen mit einer einprozentigen Tilgung bei einem Nominalzinssatz von 4,5 Prozent erst in 38 Jahren getilgt wäre. Ein Kreditnehmer, der mit 35 Jahren dieses Darlehen aufnimmt, wäre nach Ende der Laufzeit bereits acht Jahre Rentner. Bei einer dreiprozentigen Tilgung wäre er bereits nach 20 Jahren schuldenfrei.

In Niedrigzinsphasen lohnt sich also gerade der Abschluss einer höheren Tilgung, die bei steigenden Zinsen bei der späteren Anschlussfinanzierung wieder reduziert werden kann.

Tipp:

Wenn Sie Ihr Wohneigentum selbst nutzten, sollten Sie möglichst hoch tilgen, um schnell Ihre Darlehensschuld zu verringern. In wirtschaftlich schwachen Zeiten ist dies die beste Form der risikolosen Geldanlage.

Zinsfestschreibung und effektiver Jahreszins

Entscheidend neben der reinen Tilgung sind zwei weitere Faktoren, die die finanzielle Belastung bestimmen: die Zinsfestschreibung und der effektive Jahreszins. Aufgrund der niedrigen Hypothekenzinsen lohnt sich neben der hohen Tilgung auch eine längere Zinsfestschreibung. So kann über zehn, 15 oder 20 Jahre mit einer konstanten Belastung kalkuliert werden. Allerdings wird dies häufig mit dem Nachteil einer begrenzten Sondertilgung erkauft. Außerdem verteuern sich die Darlehen mit längerer Laufzeit: So liegt der Darlehenszins mit einer 15-jährigen Laufzeit gegenüber einem solchen mit fünfjähriger Laufzeit um etwa 0,7 bis 1,2 Prozent höher. Doch entscheidend für die Hypothekenstrategie ist die Kombination aus Tilgung und Laufzeit.

Zwei Taktiken

Es gibt zwei unterschiedliche Finanzierungstaktiken:

- Wollen Sie geringe Tilgung vereinbaren – beispielsweise ein Prozent –, sollten Sie zurzeit eine möglichst lange Zinsfestschreibung wählen, denn bei kürzerer Festschreibung ist Ihre Restschuldsumme zum Ende der Laufzeit wegen der geringen Tilgung noch hoch. Eine hohe Restschuld wirkt sich gravierend auf die zu zahlenden Kreditraten aus. Hier empfehlen sich Zinsbindungsfristen von 15 bis 20 Jahren oder noch länger, um die monatliche Belastung konstant zu halten, denn sonst droht Ihnen nach Ablauf des Kurzläufers ein „Zinsschock“ mit einem drastische Anstieg der Monatsraten bis zum Ende der Finanzierung.
- Wenn Sie eine höhere Tilgung wählen – beispielsweise drei Prozent –, weil Sie die finanziellen Möglichkeiten dazu haben, sollten Sie eher eine mittlere Laufzeit von etwa zehn oder, wenn Sie auf Nummer sicher gehen wollen, 15 Jahren

wählen. Durch die höhere Tilgung ist die Restschuld nach Ablauf der Zinsbindungszeit im Verhältnis wesentlich niedriger. Der Zinssatz wirkt sich dann weit weniger auf die zu zahlenden Raten aus. Da die Darlehenszinsen mit der Zinsfestschreibungszeit steigen, können Sie darauf spekulieren, dass sie bei der Anschlussfinanzierung für eine kurze Laufzeit günstiger sind als bei einem heutigen Langläufer, ohne ein allzu großes finanzielles Risiko einzugehen.

5.2.2 Sondertilgungsrecht vereinbaren

Während der Rückzahlung eines Kredits kann es vorkommen, dass der Kreditnehmer einen größeren Betrag außerhalb der vereinbarten Zins- und Tilgungszahlungen zurückzahlen möchte, z. B. weil er plötzlich über eine größere Geldsumme verfügt, mehr verdient oder eine Erbschaft gemacht hat – er möchte also eine so genannte Sondertilgung vornehmen.

Sondertilgungen nicht immer möglich

Bei Hypothekendarlehen sind Sondertilgungen nicht immer ohne weiteres möglich. Lediglich bei Darlehen mit variablem Zinssatz können jederzeit Sondertilgungen – nach einer Wartezeit von drei Monaten oder weniger – geleistet werden. Bei längerfristig verzinsten Darlehen ist dies hingegen nur möglich, wenn im Darlehensvertrag ausdrücklich ein Sondertilgungsrecht vereinbart wurde.

Kleinere Banken bereitwilliger

Während kleinere Banken diese Möglichkeit im Vertrag eher einräumen, erklären sich größere Kreditinstitute – vor allem Hypothekenbanken – hierzu oft nicht bereit. Oft wird als Gegenleistung ein höherer Zinssatz verlangt. Begründet wird dies damit, dass das Institut mit der Einräumung ein gewisses Zinsrisiko trage. Falls Sie nämlich eine Sondertilgung während sinkender Zinsen leisten, bedeutet dies, dass die Bank den Betrag als neues Darlehen nur zu geringeren Zinsen weiterverleihen kann und somit geringe Zinseinnahmen hat.

Im Vertrag verankern

Bei Abschluss des Darlehensvertrags sollten Sie möglichst ein Sondertilgungsrecht vereinbaren. Dies gilt vor allem, wenn Sie absehen können, dass Sie später über einen größeren Geldbetrag verfügen werden, oder wenn Sie die Absicht haben, die Immobilie bereits nach einigen Jahre wieder zu verkaufen. Übernimmt der neue Käufer dann nämlich nicht auch den Darlehensvertrag samt Konditio-

nen, müssen Sie an die Bank eine Vorfälligkeitsentschädigung zahlen.
Mitunter gibt es ein Sondertilgungsrecht bis zur Höhe der Eigenheimzulage oder bis zu jährlich fünf Prozent der Kreditsumme noch ohne Zinsaufschlag. Doch für ein Sondertilgungsrecht von jährlich zehn Prozent zahlt der Kreditnehmer häufig um 0,10 bis 0,25 Prozentpunkte mehr Zinsen.

Große Unterschiede von Bank zu Bank

Die Sondertilgungsrechte der Banken unterscheiden sich im Detail zum Teil erheblich. So akzeptieren manche Kreditgeber Sondertilgungen zu bestimmten oder erst ab bestimmten Mindestbeträgen, andere lassen während der gesamten Laufzeit nur eine bestimmte Anzahl von Sonderzahlungen zu oder ermöglichen sie erst nach einer Laufzeit von mehr als zwei Jahren oder zu festgesetzten Zeitpunkten.
Sondertilgungen, für die kein höherer Zinssatz gezahlt werden muss, lohnen sich meist, denn sie bringen dem Kreditnehmer eine Rendite in Höhe des Effektivzinses für den Kredit. Lässt sich die Bank das Sondertilgungsrecht allerdings durch einen höheren Zinssatz bezahlen, sinkt diese Rendite. Wer sich mit einem Zinsaufschlag einverstanden erklärt und dann nie eine Sondertilgung vornimmt, schneidet dabei besonders schlecht ab. Ein Zinsaufschlag lohnt sich nur, wenn Sie davon ausgehen können, später auch tatsächlich zusätzliche Zahlungen leisten zu können.

Tipp:

Beziehen Sie das Sondertilgungsrecht grundsätzlich in die Vertragsverhandlungen ein und wirken Sie darauf hin, dass Ihnen dieses möglichst ohne zusätzliche Kosten in Form von höheren Zinsen eingeräumt wird.

5.2.2.1 Wann lohnen sich Sondertilgungen?

Sondertilgung versus Geldanlage

Ergibt sich für Sie die Möglichkeit, während der Zinsbindungszeit eine Sondertilgung zu leisten, bedeutet dies noch nicht, dass dies für Sie auch finanziell sinnvoll ist. Eventuell können Sie stattdessen das Geld auch lohnenswert anlegen.
Es gilt also herauszufinden, welche der Alternativen sich eher rechnet. Zu diesem Zweck müssen Sie den Effektivzins des Kredits mit der Rendite festverzinslicher Wertpapiere vergleichen, die die gleiche

Laufzeit wie die noch verbleibende Zinsbindungsfrist des Darlehens haben. Liegt der Effektivzins höher, sollten Sie eine Sondertilgung vornehmen. Berücksichtigen Sie außerdem, dass die Zinseinnahmen versteuert werden müssen, wenn die Kapitalerträge den Sparerfreibetrag übersteigen.

Beispiel:

Ein Darlehensnehmer hat eine Darlehenssumme von 150.000 Euro zurückzuzahlen, die restliche Zinsbindungszeit beträgt zehn Jahre, der verfügbare Betrag für die Sondertilgung 15.000 Euro. Der Effektivzins für den Kredit beträgt sieben Prozent, die Rendite für ein festverzinsliches Wertpapier sechs Prozent.

Entscheidet er sich für die Sondertilgung, sinkt sein Restdarlehen auf 135.000 Euro. Dieses wird mit sieben Prozent verzinst, in zehn Jahren zahlt er 9.450 Euro Zinsen.

Legt er das Geld in festverzinsliche Wertpapiere an, erzielt er in zehn Jahren eine Rendite von 900 Euro (15.000 Euro × 6 Prozent, ohne Zinseszinsen). Für die volle Darlehenssumme werden 10.500 Euro Zinsen fällig. Durch das Plus aus den Wertpapieren ergäbe dies in den zehn Jahren eine Belastung von 9.600 Euro (10.500 Euro - 900 Euro).

Die Sondertilgung würde sich hier eher lohnen, da der Kreditnehmer 150 Euro sparen würde.

Für diese Berechnung lässt sich auch eine einfache Formel anwenden. Ergibt die Rechnung ein positives Ergebnis, ist die Sondertilgung von Vorteil, ist das Ergebnis negativ, lohnt sich eine Anlage in Wertpapiere:

Verfügbarer Betrag	×	(Effektivzins - Rendite)	= Belastung
15.000 Euro	×	(7 % - 6 %)	= 150 Euro

5.2.2.2 Sondertilgungen ohne vertraglich eingeräumtes Recht

Auch ohne vertraglich eingeräumtes Recht können Sie Sondertilgungen vornehmen. Hier gilt es zu unterscheiden zwischen Sondertilgungen, die Kosten verursachen, und solchen, die dies nicht tun.

Kostenfrei am Ende der Zinsbindungsfrist

Am Ende der Zinsbindungsfrist können Sie Sondertilgungen vornehmen, ohne dass Ihnen dadurch Kosten entstehen. Sie reduzieren Ihre Restschulden und gehen für den Restbetrag eine neue Zinsbindung ein.

Vertragskündigung bei langer Zinsbindungszeit

Laut § 489 BGB steht Ihnen außerdem ein Kündigungsrecht zu, wenn Sie eine Zinsbindungszeit von mehr als zehn Jahren vereinbaren. Nach Ablauf der zehn Jahre – gerechnet ab der vollständigen Auszahlung des Darlehens – haben Sie das Recht, den Kreditvertrag unter Einhaltung einer sechsmonatigen Frist ganz oder teilweise ohne Angabe von Gründen zu kündigen.

Tipp:

In Niedrigzinsphasen sind Kreditinstitute auch dann gern mit Sonderzahlungen einverstanden, wenn kein vertraglich vereinbartes Sondertilgungsrecht besteht. Steigen die Zinsen, kann die Bank das vorzeitig zurückgezahlte Geld nämlich zu weitaus höheren Zinsen weiterverleihen.

Vorfälligkeitsentschädigung

Leisten Sie als Kreditnehmer während der Zinsbindungszeit eine Sondertilgung und sind die Zinsen seit Abschluss des Vertrags gesunken, kann das Kreditinstitut das zurückgezahlte Geld dem nächsten Kreditnehmer nur zu – aus seiner Sicht – schlechteren Konditionen überlassen und muss damit einen Einnahmeverlust hinnehmen. In diesem Fall verlangt es einen Ersatz des der ihm entstehenden Zinsverlusts, eine so genannte Vorfälligkeitsentschädigung. Sie fällt umso höher aus, je stärker die Zinsen seit Vertragsabschluss gesunken sind und je länger die Zinsbindungszeit noch läuft. Um zu klären, ob sich die Sondertilgung in diesem Fall lohnt, müssen Sie die Vorfälligkeitsentschädigung gegen die Zinsen – die Sie in Zukunft einsparen – aufrechnen.

5.2.2.3 Darlehenssumme splitten

Zwei Verträge

Eine Alternative zur Sondertilgung besteht darin, die Darlehenssumme aufzuteilen und zwei Verträge abzuschließen. Benötigen Sie beispielsweise 160.000 Euro Fremdkapital, schließen Sie einen Vertrag über 60.000 Euro ab mit fünfjähriger Zinsbindungszeit und einen über 100.000 Euro mit zehnjähriger Zinsbindungszeit. Wenn Sie dann in den ersten fünf Jahren außerordentliche Einnahmen wie Abfindungen, Erbschaften, Schenkungen oder Ähnliches haben, tilgen Sie die Restschuld aus dem zweiten Vertrag nach Ende der Zinsbindung und tilgen dann nur den Vertrag über 100.000 Euro.

5.3 So prüft die Bank Ihre Zahlungsfähigkeit

Bevor die Bank Ihnen eine Darlehenszusage erteilt, versucht sie, Ihre Zahlungsfähigkeit einzuschätzen und auf diesem Weg das Risiko, dass sie ihr Geld nicht zurückbekommt, zu verringern. Ab einer bestimmten Kredithöhe ist dies sogar gesetzlich vorgeschrieben. Das Kreditwesengesetz schreibt in § 18 allen Finanzierern vor, sich bei Krediten über mehr als 250.000 Euro die wirtschaftlichen Verhältnisse des Kreditnehmers offen legen zu lassen. Diese Vorschrift entspricht somit dem anerkannten kaufmännischen Grundsatz, Kredite nur nach umfassender und sorgfältiger Bonitätsprüfung zu gewähren und bei bestehenden Kreditverhältnissen die Bonität des Kreditnehmers laufend zu überwachen. Die Regierung plant, den Schwellenwert per Gesetz auf 750.000 Euro anzuheben.

Für die Überprüfung der Bonität von Selbstnutzern oder Privatvermietern werden Schufa-Auskünfte sowie bankinterne Scoring-Verfahren herangezogen. Darüber hinaus wird auch der Wert der bzw. Immobilie überprüft.

Kein Rechtsanspruch auf Darlehen

Bedenken Sie, dass die Bank, selbst wenn die Prüfung Ihrer Bonität und die Bewertung Ihrer Immobilie positiv ausfallen, Ihnen kein Darlehen erteilen muss. Es gibt grundsätzlich keinen Rechtsanspruch auf ein Darlehen, jedes Kreditinstitut kann frei entscheiden, mit wem es ins Geschäft kommt.

5.3.1 Der Schufa-Score

Die „Vereinigung der deutschen Schutzgemeinschaften für allgemeine Kreditsicherung“ (Schufa) hat die Aufgabe, Informationen über Kreditnehmer zu sammeln, damit die Finanzinstitute schnellere Entscheidungen bei der Kreditvergabe treffen können.

Schufa-Verbund

Der Hauptsitz der Gesellschaft befindet sich in Wiesbaden. So genannte Regionalleitungsstandorte befinden sich in Berlin, Hamburg, Bochum/Dortmund, Frankfurt und München/Stuttgart. Seit dem Jahr 2000 ist die Schufa-Holding eine Aktiengesellschaft Mittlerweile haben sich dem so genannten Schufa-Verbund rund 2.300 Kreditinstitute angeschlossen, aber nicht nur das: Etwa 2.000 Händler, Dienstleister und andere Unternehmen, wie Versorgungs- oder Inkassounternehmen, gehören ebenfalls dazu. Gerade für den potenziellen Immobilienkäufer oder Bauherrn ist es wichtig zu wissen, dass sich auch rund 350 gewerbliche Wohnungsgesellschaften dem Verbund angeschlossen haben.

Daten über Kreditwürdigkeit

Die Schufa sammelt alle Daten, die über die Kreditwürdigkeit von Personen informieren. Banken, Sparkassen, Versandhäuser und Versicherungen melden der Schufa jeden Kredit mit Betrag und Laufzeit, jede Eröffnung von Girokonten. Leasingverträge oder Baudarlehen können, müssen aber nicht gemeldet werden. Auch Mahnbescheide, Scheckkartenmissbrauch, fristlose Kündigungen, Ratenrückstände ab einer bestimmten Höhe und fruchtlose Pfändungen werden registriert. Die Vorfälle werden nach einer Weile gelöscht, doch können bestimmte Negativmerkmale auch danach noch in das Scoring mit einfließen und die Bonitätsnote – das so genannte Ranking – beeinflussen.

Bank-Scoring

Aus den gespeicherten Daten entwickelt die Schufa ein so genanntes Bank-Scoring, einen statistischen Wert, der Kunden in spezifische Klassen einordnet. Die Datensätze spiegeln mathematisch-statistisch bewiesene Verhaltensmuster von Kunden wider und setzten sich aus den Einzelbestandteilen Rückzahlung, Kreditneuaufnahme, Valutierung und vertragswidriges Verhalten zusammen. Daraus resultieren Risikoklassen, die die Ausfallwahrscheinlichkeit von Krediten ausdrücken.

Eigenauskunft einholen

Holen Sie vor Beginn der Kreditanfrage eine eigene Auskunft ein, aus der ersichtlich ist, welche Daten der Schufa vorliegen. Sie sollten Ihre Schufa-Auskunft kritisch durchleuchten. Stellen Sie fehlerhafte Daten fest – und das kommt gar nicht so selten vor –, so ist nicht die Schufa Ihr Ansprechpartner, sondern der Vertragspartner der Schufa, der falsche Daten gemeldet hat. Denn die Schufa darf nach einschlägigen Gerichtsurteilen darauf vertrauen, dass die Meldungen der Vertragspartner korrekt sind. Sollte nicht feststehen ob Daten richtig oder falsch sind, so können Sie diese sperren lassen. Manchmal erklärt sich die Schufa auch bereit, zwischen dem Verbraucher und ihrem Vertragspartner zu vermitteln.

5.3.2 Bankinterne Scoring-Verfahren

Jede Bank entwickelt darüber hinaus eigene mathematisch-statistische Verfahren, um die Kreditwürdigkeit eines Kreditnehmers zu überprüfen. Sowohl qualitative als auch quantitative Aspekte spielen dabei eine Rolle.

Selbstauskunft

Zum einen errechnet die Bank den Kapitaldienst, den der Kreditnehmer aufbringen kann. Als Grundlage dient eine Selbstauskunft, die Sie als Kreditinteressent einreichen müssen. Ihr Einkommen weisen Sie anhand entsprechender Lohn- und Gehaltsabrechnungen nach. In der Selbstauskunft machen Sie persönliche Angaben (Geburtsdatum, Familienstand usw.) und führen Ihre voraussichtlichen jährlichen Einnahmen und Ausgaben sowie Vermögenswerte und Verbindlichkeiten auf.

Persönliche Situation

Zum anderen wird Ihre persönliche Situation in Augenschein genommen. Genauer interessiert die Bank z. B. Alter und Familienstand, ausgeübter Beruf und Dauer des Beschäftigungsverhältnisses. Ein langes Arbeitsverhältnis wird zum Beispiel als positiv bewertet, ein gerade erst begonnenes erhält eine weniger gute Beurteilung. Negativ benotet wird auch, wenn Sie in einer krisengeschüttelten Branche arbeiten, in der Arbeitsplätze abgebaut werden. Sind Sie jedoch in einem sehr spezialisierten Beruf tätig, für den eine hohe Nachfrage besteht, geht die Bank davon aus, dass Sie im Falle eines Arbeitsplatzverlusts kurzfristig wieder Arbeit finden werden. Die Bewertung der Branche wird dann kein ausschlaggebender Faktor sein.

Da jede Bank eigene Verfahren hat, anhand derer sie die Kreditwürdigkeit beurteilt, kann es vorkommen, dass Sie von einer Bank eine Kreditzusage erhalten und von einer anderen nicht.

Auch als Vermieter müssen Sie eine Selbstauskunft einreichen. Anders als beim Selbstnutzer steht hier jedoch die Vermietung der Immobilie im Vordergrund. Deshalb liegt das Hauptaugenmerk der Bank auch nicht auf der Gegenüberstellung der Einnahmen und Ausgaben, sondern auf Ihren Vermögenswerten und Verbindlichkeiten und auf Lage und Beschaffenheit des Objekts. Besonders wichtig aus Sicht des Kapitalgebers ist, dass sich die Immobilie durch die Mieteinnahmen selbst nachhaltig tragen kann.

Beleihungsprüfung

Da die gewählte Immobilie auch als Sicherheit für den Kredit dient, überprüft die Bank den eigentlichen Wert des Objekts und kann auf diesem Wege feststellen, wie hoch das Darlehen des Kreditanwärters überhaupt ausfallen kann. Ermittelt wird der so genannte Beleihungswert. Dazu ist es notwendig, dass Sie bei der Bank bestimmte Unterlagen über das Objekt einreichen (s. auch Checkliste im Anhang).

Unternehmen

Die Bonitätsprüfung des Unternehmens ist Bestandteil eines umfassenden internen Rating-Verfahrens. Ebenso wie beim Selbstnutzer fließen neben quantitativen Auswertungsergebnissen auch qualitative Einschätzungen ein. So werden neben den Unternehmenszahlen unter anderem die Professionalität des Managements und die Marktpositionierung überprüft und eingeschätzt. Eine Beleihungsprüfung des Objekts ist ebenfalls Bestandteil des Ratings.

Von bilanzierenden Unternehmen erwartet die Bank, dass diese unter anderem Jahresabschluss und Prüfungsbericht vorlegen. Nicht bilanzierende Firmen oder Freiberufler reichen eine Vermögensaufstellung, eine Einnahme-Überschussrechnung sowie einen aktuellen Einkommensteuerbescheid ein. Immobilienobjektgesellschaften, die nur das finanzierte Objekt im Bestand haben, müssen ebenfalls den Jahresabschluss sowie Unterlagen über alle maßgeblichen Projektbeteiligten, eventuell auch über die Mieter, einreichen.

Basel II

Mit Basel II, das offiziell 2007 in Kraft tritt, erhalten interne oder externe Ratings für Unternehmer, die Kredite aufnehmen wollen, eine entscheidende Bedeutung. Derzeit müssen Firmen acht Prozent der Kreditsumme als Eigenkapital hinterlegen. Zukünftig soll die Höhe des Eigenkapitals von der Bonität des Unternehmens abhängen. Bei schlechter Bonität, ist entsprechend mehr Eigenkapital erforderlich. Kann die Firma dieses nicht aufbringen, bekommt sie entweder keinen Kredit oder muss Zinsaufschläge in Kauf nehmen. Für kleine und mittlere Unternehmen soll es jedoch für Kredite bis 1 Mio. Euro Erleichterungen geben. In der Praxis wenden die Banken die Kriterien von Basel II bereits heute, wenn auch unterschiedlich, an.

Hinweis:

Für Privatpersonen, die abhängig beschäftigt sind, dürfte sich durch Basel II in Zukunft nicht viel ändern. Möglich ist, dass Banken wieder stärker auf die Eigenkapitalquote achten werden und dass günstige Konditionen dann eine höhere als die bisher akzeptierte Quote von 20 Prozent voraussetzen. Anders ist es bei Selbstständigen und Freiberuflern: Da bei ihnen ein Insolvenzrisiko besteht, müssen sich diese Kreditnehmer darauf einstellen, dass die Zinshöhe für ein Darlehen je nach vorhandenem Eigenkapital und der Ertragsentwicklung sehr stark variieren kann.

5.4 Vom Angebot zum Darlehensvertrag

Die Preisunterschiede der Anbieter von Hypothekendarlehen sind mitunter erheblich. Bei Darlehen mit festem Zinssatz liegen die effektiven Zinsen manchmal mehr als zwei Prozent auseinander, bei variablen Darlehen noch weiter. Nehmen Sie sich daher genug Zeit, um verschiedene Angebote zu vergleichen.

5.4.1 Angebote einholen

Über Höhe und Konditionen klar werden

Bevor Sie Kreditangebote einholen, sollten Sie sich darüber klar werden, welche Kredithöhe zu welchen Konditionen Sie in Anspruch nehmen möchte. Erst auf der Grundlage dieser Vorüberlegungen ist ein sinnvoller Vergleich möglich, denn Sie können nur Angebote vergleichen, die auf den gleichen Konditionen basieren.

Checkliste: Das sollte der Kreditnehmer vorab entscheiden

Was?	o. k.
Wie hoch ist der effektiv benötigte Auszahlungsbetrag? (= Gesamtfinanzierungsbedarf – Geld aus anderen Finanzierungsquellen, z. B. Eigenkapital, öffentliche Förderung, Bauspardarlehen usw.)	
Disagio ja oder nein? Ein Darlehen ohne Disagio wird folgendermaßen umschrieben: „Auszahlung des Darlehens zu 100 Prozent"	
Länge der Zinsbindungszeit	
Höhe des Tilgungssatzes: Welcher Tilgungssatz und welche Ratenhöhe können aufgebracht werden?	
Höhe der Beleihungsgrenze: Überschreitet der Kredit die Beleihungsgrenze, ist ein höherer Zinssatz fällig. Deshalb sollten Sie sich die Konditionen bei unterschiedlicher Beleihungsgrenze nennen lassen.	

Um verschiedene Kreditangebote einzuholen, sollten Sie bereits eine Vorauswahl günstiger Anbieter vornehmen.

Hausbank

Der erste Weg führt in der Regel zur Hausbank. Sind Sie dort persönlich bekannt, kann dies eine gute Voraussetzung für Verhandlungen sein.

Regionalbanken

Das Regionalgeschäft teilen sich größtenteils die öffentlich-rechtlichen Sparkassen und Volks- und Raiffeisenbanken. Sie unterhalten eigene Immobilienabteilungen und verkaufen auch selbst Immobilien. Große Privatbanken haben ebenfalls Filialen, sind aber nicht so flächendeckend vertreten.

Viele Banken und Sparkassen arbeiten mit oft konzerneigenen oder zum Verbund gehörenden Bausparkassen zusammen. Bei den Sparkassen sind das die Landesbausparkassen (LBS), bei den Volks- und Raiffeisenbanken ist die Schwäbisch Hall für das Bauspargeschäft zuständig.

Direktbanken

Neben den konventionellen Banken vergeben seit einiger Zeit auch Direktbanken Baudarlehen. Diese haben keine Filialen und dementsprechend weniger Personalkosten. Diesen Kostenvorteil geben sie teilweise an ihre Kunden weiter. Eine Darlehensanfrage wird über das Telefon oder über das Internet abgewickelt.

Zinsvergleiche

Welche Anbieter neben der Hausbank noch in Frage kommen, können Sie anhand von Zinsvergleichen der Stiftung Warentest oder verschiedener Fachzeitschriften herausfinden. Allerdings nützt Ihnen dies nur etwas bei überregional tätigen Bankinstituten. Da sich die Konditionen der Anbieter außerdem schnell ändern und die Tests nichts über die Beleihungsgrenzen und die Nebenkosten aussagen, bieten diese jedoch lediglich einen Anhaltspunkt. Erst ein genauer Vergleich der Ihnen konkret vorliegenden Darlehensangebote zeigt dann, welche Bank die besten Konditionen offeriert. Im Internet finden Sie unter www.baugeld-vergleich.de ebenfalls Zinsvergleiche, aber auch Informationen über Anbieter Ihrer Region.

Persönliches Gespräch

Das Angebot für ein Darlehen holen Sie sich am besten in einem persönlichen oder telefonischen Gespräch bei der Bank ein. Schildern Sie dem zuständigen Bankmitarbeiter Ihre Ausgangssituation und erläutern Sie Ihr Kauf- bzw. Bauvorhaben, indem Sie über Kaufpreis, Eigenkapital, Eigenkapitalanteil, sonstige Finanzierungsmittel, Höhe Ihres Einkommens usw. Auskunft erteilen. Dann erläutern Sie Ihre Wünsche bezüglich Auszahlungssumme, Disagio, Zinsbindungsfrist und Tilgungssatz und stellen eine Darlehensanfrage.

Tipp:

Stellen Sie möglichst zunächst unverbindliche Darlehensanfragen. Denn die Tatsache, dass Sie mehrere Darlehensverträge anfordern, aber nur einen Vertrag abschließen, kann zu einer Verschlechterung Ihres Schufa-Rankings führen. Über die Bank erfährt die Schufa von jedem einzelnen Darlehensantrag. Sagen Sie dem Bankmitarbeiter deutlich, dass Sie nur Angebote einholen möchten und es sich nicht um eine Kreditanfrage handelt.

Sie sollten klar aussprechen, über welche Kreditkonditionen Sie von der Bank genau informiert werden möchten. Am besten überreichen Sie eine Checkliste mit der Bitte an die Bank, die präzisen Angaben zu den aufgeführten Konditionen einzutragen. Eine solche Checkliste finden Sie im Anhang und auf Ihrer CD-ROM. Bitten Sie außerdem um einen genauen Zins- und Tilgungsplan.

Restschuld

Die Restschuld nach Ablauf der Zinsbindung ist besonders wichtig. Falls Sie diese Angabe nicht erhalten, sollten Sie noch einmal bei der Bank nachhaken. Mit dieser Formel können Sie sie notfalls auch selbst berechnen.

Mit dieser Formel können Sie die Restschuld berechnen:

$$R_n = D - A \times \frac{(1+\frac{Z}{100})^n - 1}{\frac{Z}{100}}$$

Dabei ist

R_n = Restschuld nach n Jahren

D = Darlehenssumme

Z = Zinssatz

Beispiel:

Darlehenssumme	= 150.000 Euro
n	= 15 Jahre
Anfangstilgung	= 1 % (1.500 Euro)
Zinssatz	= 6,5 %

$$R_{15} = 150.000\ € - 1.500\ € \times \frac{(1+\frac{6,5}{100})^{15} - 1}{\frac{6,5}{100}} = 113.850\ €$$

5.4.2 Angebote auswerten

Die wichtigsten Prüfsteine

Wenn Sie die Angebote vorliegen haben, werten Sie diese aus. Die wichtigsten Prüfsteine des Kreditangebots sind der effektive Jahreszins und die Restschuld am Ende der Zinsbindungsfrist. Je niedriger diese sind, desto günstiger ist das Finanzierungsangebot. Dies gilt allerdings nur, insofern die Zinsbindungszeit, die Beleihungsgrenzen und die effektiven Auszahlungsbeträge der verglichenen Angebote übereinstimmen. Für den Vergleich der Darlehensrestschuld müssen auch die Tilgungssätze, die Ratenhöhe und die Zahlungstermine übereinstimmen. Da die Kredite der Kreditinstitute aber oft sehr unterschiedlich ausgestaltet sind, kann es sehr schwer sein, in allen Punkten übereinstimmende Angebote zu bekommen.
Neben den Effektivzinsen müssen natürlich auch die Nebenkosten in den Vergleich einbezogen werden.

Tipp:

Sie können die aktuelle Rendite der Bundeswertpapiere mit einer der gewählten Zinsbindungszeit entsprechenden Restlaufzeit als Richtschnur für die Bewertung des effektiven Jahreszinsen heranziehen. Der durchschnittliche effektive Jahreszins der Hypothekenbanken liegt in der Regel ca. ein Prozent darüber.

Wenn Sie über einen Internet-Anschluss verfügen, können Sie verschiedene Angebote der Banken auch unter www.baugeld-vergleich.de vergleichen lassen.

5.4.3 Die vorläufige Darlehenszusage

Unverbindlich oder nur für bestimmten Zeitraum

Wenn Sie der Bank mit dem günstigsten Angebot den Zuschlag erteilen, bekommen Sie von dieser eine vorläufige Darlehenszusage. Das bedeutet, dass die Zusage freibleibend – also unverbindlich – ist oder dass die angegebenen Konditionen nur für einen bestimmten Zeitraum gelten. Bei den Unterlagen befinden sich meist auch gleich ein Darlehensantrag sowie die bereits erwähnte Selbstauskunft, die sowohl Selbstnutzer als auch Kapitalanleger ausfüllen müssen.

Unterschreiben Sie den Darlehensantrag sofort, so verzichten Sie auf die Möglichkeit, mit der Bank zu verhandeln, und akzeptieren automatisch die Wertschätzung der Immobilie durch die Bank, was zusätzliche Kosten verursacht. Daher sollten Sie zunächst noch einmal mit dem Kreditgeber verhandeln, um die Konditionen möglichst noch zu verbessern (s. u.).

Wenn Sie den Darlehensantrag gestellt haben, überprüft die Bank noch einmal Ihre persönlichen Unterlagen und nimmt eine Beleihungsprüfung vor. Erst danach wird die vorläufige Darlehenszusage in eine endgültige umgewandelt.

Tipp:

Drängt die Zeit, weil Sie zum Beispiel ein günstiges Objekt gefunden haben, das Ihnen ein anderer Interessent wegschnappen könnte, sollten Sie mit Ihrer Bank sprechen und sie bitten, Ihre Darlehensanfrage beschleunigt zu bearbeiten. Dies ist häufig möglich. Eventuell erhalten Sie auch eine schriftliche Bestätigung, dass die Bank Ihnen den Kredit gewähren wird. Erst dann sollten Sie mit dem Käufer einen Notartermin vereinbaren und den Kaufvertrag unterschreiben.

Mit den Banken verhandeln

Vor der Stellung des Darlehensantrags sollten Sie in einem persönlichen Gespräch mit der Bank über die Konditionen verhandeln. Bereiten Sie sich auf das Gespräch – ähnlich wie bei einem Bewerbungsgespräch – gut vor. Ihre Unterlagen präsentieren Sie am besten in einer korrekten Mappe, Ihre Einkommenssituation weisen Sie anhand von Einkommens- und Vermögensunterlagen nach. Außerdem sollten Sie Ihren krisensicheren Job hervorheben und Ihre monatliche Belastbarkeit anhand einer Aufstellung darlegen.

Im gleichen Gespräch handeln Sie dann eventuell günstigere Konditionen aus, z. B. die Verringerung des Nominalzinses, einen verbesserten Auszahlungskurs oder geringere Nebenkosten. Bei folgenden Konditionen könnte es sich lohnen zu verhandeln:

- Verringerung oder Befreiung von Bereitstellungszinsen,
- Verringerung oder Befreiung von Wertschätzungskosten,
- Befreiung von Teilungsauszahlungszuschlägen,
- Verringerung oder Befreiung von Bearbeitungs- oder Vermittlungsgebühren,
- Gewährung eines Sondertilgungsrechts ohne Vorfälligkeitsentschädigung.

Gelingt es Ihnen nicht, beim zuständigen Sachbearbeiter oder der Sachbearbeiterin bessere Konditionen auszuhandeln, wenden Sie sich an die nächsthöhere Person. Häufig ist es Zweigstellenleitern, Leitern oder Prokuristen möglich, größere Zugeständnisse zu erteilen als Sachbearbeiter.

5.4.4 Die rechtlichen Grundlagen des Darlehensvertrags

Schriftform

Ein Darlehensvertrag im Baufinanzierungsbereich bedarf grundsätzlich der Schriftform. Bevor Sie den Vertrag unterschreiben, sollten Sie ihn sorgfältig prüfen, um spätere Nachteile zu vermeiden.
Er muss gesetzlichen Vorgaben und Standards entsprechend und bestimmte Bestandteile enthalten. Dazu gehören folgende Angaben:

Gesetzlich vorgeschriebene Inhalte

- Name und Anschrift des Kreditnehmers bzw. aller Kreditnehmer (falls mehrere Personen das Darlehen aufnehmen)
- Kreditbetrag in Zahl und in Buchstaben
- Zinssatz: Nominaler Zinssatz
- Zahlungsweise: Termine (ob monatlich, vierteljährlich, halbjährlich oder jährlich) und Fälligkeit (vor oder nach der Abrechnungsperiode oder zu vorher festgelegten Stichtagen)
- Falls Variable Zinsen vereinbart wurden: Bedingungen für die Zinsanpassung

- Auszahlungskurs als Prozentzahl (in der Regel 100 Prozent, es sei denn, ein Disagio wurde vereinbart)
- Kreditnebenkosten: sowohl die Kosten, die in den Effektivzins einfließen, als auch die, die zusätzlich hinzukommen
- Anfänglicher effektiver Jahreszins nach Preisangabenverordnung
- Zinsbindungszeit
- Höhe der Tilgung pro Jahr
- Zusätzliche Vereinbarungen im Hinblick auf Sondertilgungen, Nichtabnahme usw.
- Sicherheiten: in der Regel das Beleihungsobjekt (oder andere Sicherheiten), die Grundschuld
- Allgemeine Geschäftsbedingungen: Weitere Rechte und Pflichten des Kreditnehmers bzw. des Kreditinstituts, z. B. die Fristen, die der Kreditnehmer nach der Zinsbindungszeit einhalten muss

Entspricht der Vertrag nicht den gesetzlichen Vorgaben, kann das auch gravierende Folgen für die Bank haben. Fehlen beispielsweise Angaben zu den Kreditnebenkosten, muss der Kreditnehmer diese auch nicht zahlen. Enthält ein Vertrag mit variablen Zinsen keine Bedingungen für die Zinsanpassung, dürfen die Zinsen nicht erhöht werden. Fehlende Angaben zum effektiven Jahreszins führen dazu, dass statt der ursprünglich vereinbarten Zinsen der gesetzlich gültige Zinssatz gilt.

Widerruf innerhalb von 14 Tagen

Als Kreditnehmer können Sie den Darlehensvertrag – selbst wenn Sie schon eine Unterschrift geleistet haben – innerhalb von 14 Tagen widerrufen. Allerdings beginnt die Frist nicht ab dem Tag der Unterschrift, sondern mit der Zustellung der Dokumente. Wenn Sie beispielsweise den Vertrag am 1. März erhalten und am 7. März unterschrieben an die Bank geschickt haben, können Sie ihn noch bis zum 14. März widerrufen.

Die Bank hat hingegen auch nach Abschluss des Kreditvertrags unter bestimmten Umständen noch das Recht, die Auszahlung des Darlehensbetrags zu verweigern bzw. bereits gezahlte Beträge für sofort fällig und zahlbar zu erklären. Eintreten kann dieser seltene Fall zum Beispiel, wenn sich die persönlichen oder wirtschaftlichen Verhältnisse des Darlehensnehmers wesentlich geändert oder wenn sich Angaben in den Beleihungsunterlagen als falsch erwiesen haben.

5.5 Wenn Sie nachfinanzieren müssen

Der Kredit reicht nicht aus

Es sollte nach Möglichkeit vermieden werden und tritt doch schnell ein: Im Laufe einer Finanzierung kann es vorkommen, dass die aufgenommene Darlehenssumme für die Umsetzung des Bau- oder Kaufvorhabens nicht ausreicht.
Vielleicht haben Sie an einem erworbenen Altbau einen Schaden übersehen oder die Kosten für die Fliesen oder den Parkettfußboden Ihres Neubaus zu niedrig angesetzt und benötigen nun weiteres Kapital. Sie haben dann zum einen die Möglichkeit, Ihre finanziellen Reserven – falls vorhanden – aufzulösen und mehr Eigenkapital in die Finanzierung zu stecken. Oder aber Sie finanzieren nach.
Haben Sie Ihre erstrangige Beleihungsgrenze noch nicht ausgeschöpft, stellt es in der Regel kein Problem dar, den Kreditrahmen zu erweitern, vor allem, wenn Sie Bürgschaften bieten können. Dies erfordert jedoch zusätzliche Kosten, da der zusätzliche Betrag wie ein weiterer Kredit behandelt und im Grundbuch eingetragen wird.
Haben Sie den erstrangigen Kredit bereits ausgeschöpft, sollten Sie den zusätzlich aufgenommenen Kredit nachrangig sichern. Als Zusatzsicherheit können Sie der Bank z. B. Rechte aus einer Lebensversicherung anbieten.

5.6 Die Anschlussfinanzierung

Umschuldung – ja oder nein?

Nach Auslaufen der Zinsbindungszeit haben Sie die Wahl, Ihr Darlehen bei Ihrem bisherigen Geldgeber zu neuen Konditionen weiterlaufen zu lassen oder zu einem neuen Anbieter zu wechseln. Eine Umfinanzierung – auch Umschuldung genannt – ist dann sinnvoll, wenn ein anderer Kreditgeber die Darlehenssumme in Höhe der Restschuld zu günstigeren Konditionen als die alte Bank zur Verfügung stellt. Leider nutzen viele Betroffene diese Chance nicht und übernehmen das Anschlussangebot des alten Anbieters, ohne entsprechende Vergleichsangebote anderer Banken einzuholen.

Frühzeitig planen

Mit der Planung Ihrer Anschluss- bzw. Umfinanzierung sollten Sie früh genug beginnen. Vorteilhaft ist es, bereits zwei bis drei Jahre vor Ende der Zinsbindungszeit eventuell entstandene Rücklagen oder noch ausstehende größere Einnahmen zu überschlagen. Überprüfen Sie, ob Sie alles in die Wege geleitet haben, damit diese Gelder zum Zeitpunkt der Anschlussfinanzierung für eine teilweise Tilgung der Restschuld bereitstehen. Werfen Sie auch einen Blick auf das aktuelle Zinsniveau. Ist es gerade sehr niedrig und rechnen Sie mittelfristig wieder mit höheren Zinsen, können Sie ein Forward-Darlehen aufnehmen. Kommt ein solches nicht in Frage, müssen Sie sich zunächst nicht weiter mit der Anschlussfinanzierung befassen.

Spätestens sechs Monate vor dem Zinsbindungsende sollten Sie wieder aktiv werden. Manche Banken ermöglichen bereits zu diesem Zeitpunkt ein Paralleldarlehen, ohne dafür Bereitstellungszinsen zu berechnen.

Zwei bis drei Monate vor Ende der Frist sollten Sie von Ihrem Geldgeber ein Anschlussangebot einholen. Falls Sie diesen Zeitpunkt versäumen, könnte es Komplikationen geben. Mitunter schicken Geldgeber dem Kreditnehmer ihre Anschlussangebote von sich aus erst ein paar Wochen vor Ablauf der Zinsbindungsfrist zu, manchmal unter Einräumung einer kurzen Bedenkzeit von beispielsweise zwei Wochen. Diese Entscheidungsfrist ist laut einem Urteil des Bundesgerichtshofs aber zu kurz. In einem solchen Fall sollten Sie versuchen, die Bedenkzeit auf mindestens vier Wochen zu verlängern.

Die Kündigung

Aus den Anpassungsklauseln oder -konditionen des Kreditvertrags geht hervor, wie es nach Ende der Zinsbindungszeit weitergeht. Häufig kann der Kreditvertrag bis einen Monat vor Laufzeitende gekündigt werden, andere Verträge enden automatisch, wenn keine neue Vereinbarung getroffen wurde. Es gibt aber auch Verträge, die eine längere Kündigungsfrist als gesetzlich möglich enthalten. Laut Gesetz darf bei einem Darlehen mit Zinsbindung die Kündigungsfrist maximal einen Monat betragen und bei einem Darlehen mit variablen Zinsen maximal drei Monate.

Achtung:

Manche Kreditgeber räumen für ihr Anschlussangebot eine Widerspruchsfrist von wenigen Wochen ein. Verpassen Sie diese, gilt der Anschlussvertrag mit den von der Bank vorgeschlagenen Konditionen als angenommen.

Weitere Angebote einholen

Parallel zum Anschlussangebot Ihres alten Kreditinstituts holen Sie sich weitere Angebote ein. Genau wie beim Erstdarlehen müssen Sie wiederum Effektivzins, Restschuld am Ende der Zinsbindung, Dauer der Zinsbindungsfrist usw. vergleichen. Bedenken Sie, dass bei einem Wechsel des Kreditgebers die Grundschulden an die neue Bank übertragen werden. Dies verursacht Kosten für den Notar und das Grundbuchamt. Außerdem berechnet die alte Bank eventuell Geld für die Abtretungserklärung oder die neue Bank Schätzkosten für ein neues Wertgutachten. Versuchen Sie, diese Finanzierungsnebenkosten in den Effektivzins hineinrechnen zu lassen, da Sie sonst die Angebote nicht sinnvoll vergleichen können.

Tipp:

Der Zinsvorteil eines neuen Kreditgebers sollte groß genug ausfallen. Bei einem Darlehen mit zehnjähriger Zinsbindungszeit lohnt sich ein Wechsel in der Regel, wenn die Zinsen des neuen Anbieters mindestens 0,2 Prozent unter denen des alten liegen. Grundsätzlich gilt: Je höher die Nebenkosten des Umstiegs und je kürzer die Zinsbindung des Anschlussvertrags, desto höher muss die Zinsdifferenz sein, damit sich der Wechsel überhaupt lohnt.

5.6.1 Das Forward-Darlehen

Ein Forward-Darlehen – auch Vorausdarlehen genannt – kann abgeschlossen werden, wenn eine Anschlussfinanzierung im Laufe der nächsten 3,5 Jahre ansteht. Innerhalb des Forward-Vertrags werden die aktuellen Zinsen für den Anschlussvertrag nach der Zinsbindungsfrist festgeschrieben. Dabei entspricht der Darlehensbetrag der Restschuld des alten Darlehens zum Auslauftermin. Das neue Darlehen wird nicht sofort ausgezahlt, sondern erst zum Zeitpunkt des Auslaufens der Zinsbindung des aktuellen Hypothekendarlehens.

Die Bank, die dem Kreditnehmer ein Forward-Darlehen gewährt, überweist der alten Bank zum Zinsbindungsende die noch bestehende Restschuld. Der Darlehensnehmer zahlt dann an den neuen Geldgeber die vereinbarten Raten bestehend aus Zins und Tilgung.

Während der Forward-Periode entstehen Ihnen als Kreditnehmer keine zusätzlichen Kosten wie Zinsen oder Bearbeitungsentgelte.

Die Kosten

Aber natürlich verursacht auch das Forward-Darlehen Kosten. Für die Zeit bis zur Inanspruchnahme des Darlehens berechnen die Banken auf den vereinbarte Zinssatz einen Zinsaufschlag, der in der Regel 0,01 bis 0,03 Prozentpunkte beträgt. Je länger es dauert, bis das Darlehen in Anspruch genommen wird, desto höher liegt also auch der Zinssatz.

Beispiel:

Ein Kunde schließt zwei Jahre vor der fälligen Anschlussfinanzierung ein Forward-Darlehen mit zehnjähriger Zinsbindungszeit ab.

Vereinbarter Zinssatz: 5,1 %

Zinschaufschlag pro Monat: 0,02 %, für zwei Jahre Wartezeit insgesamt 0,48 %.

Der Kunde zahlt zehn Jahre lang 5,58 % (5,1 % + 0,48 %) Zinsen auf den Darlehensbetrag.

Risikofaktor Zinsen

Ein Forward-Darlehen lohnt sich nur dann, wenn die aktuellen Zinsen möglichst niedrig sind und davon auszugehen ist, dass sie tendenziell mittelfristig steigen werden. Da aber niemand die Zinsentwicklung genau vorhersehen kann, besteht immer ein gewisses Risiko. Falls die Zinsen nämlich nicht steigen, sondern weiter sinken, zahlt man höhere Zinsen, als es bei einer normalen Anschlussfinanzierung der Fall gewesen wäre. Bis zur Inanspruchnahme des Forward-Darlehens sollten nach Möglichkeit nicht mehr als zwei Jahre vergehen.

Auch für ein Forward-Darlehen sollten Sie sich mehrere Angebote einholen und vergleichen. Vor allem lohnt es sich, die Konditionen der Direktbanken oder Baufinanzierer im Internet genauer unter die Lupe zu nehmen, da diese häufig günstiger ausfallen als die der herkömmlichen Banken.

Forward-Darlehen oder Umfinanzierung?

Ziehen Sie ein Forward-Darlehen in Betracht, sollten Sie grundsätzlich auch erwägen, ob sich stattdessen nicht auch eine komplette Umfinanzierung lohnen würde. Zwar verzichten Banken nur selten auf eine Vorfälligkeitsentschädigung, doch sollten Sie überprüfen, welche Variante sich mehr lohnt – ein Forward-Darlehen oder eine Umfinanzierung.

Hierzu ist eine Berechnung notwendig, die das alte Darlehen plus Vorfälligkeitsentschädigung mit einem Forward-Darlehen ins Verhältnis setzt. Dabei müssen sowohl der bisherige Zinssatz plus Vorfälligkeitsentschädigung als auch der neue Zinssatz plus Forward-Darlehens-Aufschlag berücksichtigt werden. Grundsätzlich gilt: Bei längerer Laufzeit als einem Jahr für ein Forward-Darlehen kann sich unter Umständen auch eine Umfinanzierung lohnen, da die Aufschläge für ein Forward-Darlehen zu hoch werden. Außerdem geht Ihnen anteilmäßig auch die Zinsfestschreibung verloren. Wenn Sie beispielsweise eine Forward-Dauer von drei Jahren ins Auge fassen, haben Sie bei einer vereinbarten zehnjährigen Zinsfestschreibung nur noch eine Zinsfestschreibung von sieben Jahren. Eine siebenjährige Zinsfestschreibung für ein Neudarlehen wäre allerdings wiederum günstiger als eine zehnjährige Zinsfestschreibung, was dann gegen ein Forward-Darlehen sprechen könnte.

Selbst wenn sich ein Forward-Darlehen im Vergleich zur Umfinanzierung nicht auf Anhieb lohnt, kann es Beweggründe geben, ein solches in Anspruch zu nehmen.

Gründe für ein Forward-Darlehen

- Der Zinsaufschlag des Forward-Darlehens entspricht in etwa den Konditionen, die eine Bank für die Refinanzierung der Geldmittel benötigt, ist also recht günstig.
- Indirekt hat das Forward-Darlehen noch einen weiteren Vorteil: Durch den Wechsel zu einem zinsgünstigeren Hypothekendarlehen ist natürlich auch bei gleicher Ratenhöhe eine höhere Tilgungsleistung möglich. Dadurch verkürzt sich die Laufzeit des Kredits. Eine Alternative dazu wäre ein Beibehalten der Laufzeit bei Absenken der Ratenzahlungen, um etwa der Familie mehr Geld zur Verfügung stellen zu können.

Nichtabnahme des Forward-Darlehens

Auch ein Darlehensnehmer kann seine Meinung ändern und vom Forward-Darlehen zurücktreten. Einer der häufigsten Gründe ist ein plötzlicher Geldsegen, der es ihm ermöglicht, seinen noch laufenden Kredit zu tilgen oder nach Ablauf des Kredits die Restschuld auf einen Schlag zurückzuzahlen. In diesem Fall ist natürlich dem betreffenden Kreditinstitut eine Entschädigung zu zahlen. In § 489 BGB ist geregelt, unter welchen Bedingungen ein Darlehensvertrag zu kündigen ist. Dies trifft auch auf das Forward-Darlehen zu: Kündigt der Darlehensnehmer, kann der Kreditgeber, der auf Einnahmen verzichten muss, die Zahlung einer Entschädigung verlangen.

5.6.2 Das Paralleldarlehen

Mit diesem Darlehen – das Sie während der Zinsbindungszeit des Altdarlehens abschließen – sichern sie sich den aktuellen Zinssatz, ohne dass dafür Zuschläge anfallen. Die Banken berechnen allerdings Bereitstellungszinsen, jedoch sind manche Kreditinstitute bereit, für einen Teil der Laufzeit des Darlehens – beispielsweise für ein Viertel- oder ein halbes Jahr – darauf zu verzichten. Da die Bereitstellungszinsen nicht in den Effektivzins einfließen, sollten Sie bei einem Vergleich mehrerer Angebote auch diese Nebenkosten einbeziehen oder die Bank ausdrücklich darum bitten, sie mit hineinzurechnen.

Das Paralleldarlehen lohnt sich umso mehr, je mehr Zeit der Zinsbindungsphase schon verstrichen ist. Dauert es bis zum Ende der Laufzeit noch zwei bis drei Jahre, ist hingegen oft ein Forward-Darlehen von Vorteil.

5.7 Umfinanzierung während der Zinsbindungszeit

Voraussetzung: Kündigung des Vertrags

In Zeiten sinkender Zinsen entwickeln viele Darlehensnehmer auch während der Zinsbindungszeit das Interesse, von günstigeren Konditionen zu profitieren und eine Umfinanzierung vorzunehmen. Dem muss eine Kündigung des Darlehensvertrags vorausgehen. Eine Kündigung ist aber nur möglich, wenn der Kreditnehmer seine Immobilie verkaufen möchte – ob nun wegen Arbeitslosigkeit, Krankheit oder weil er einen guten Verkaufspreis erzielen kann. Hat der Darlehensnehmer das berechtigte Interesse, die Immobilie zu veräußern, und hält er die vorgegebene dreimonatige Kündigungsfrist ein, muss die Bank laut § 490 BGB der Kündigung zustimmen, da die Handlungsfähigkeit des Kunden ansonsten zu stark eingeschränkt wäre.

Erfolgt die Kündigung jedoch, um eine Umschuldung durchzuführen und einen Vertrag mit günstigerem Zinssatz abzuschließen, muss die Bank dem nicht zustimmen.

Vorfälligkeitsentschädigung

Für die vorzeitige Vertragskündigung verlangt die Bank eine Vorfälligkeitsentschädigung, quasi als Schadensersatz für den Verlust, der ihr entsteht, wenn sie das verliehene Geld zurücknehmen und eventuell zu ungünstigeren Zinsen wieder anlegen muss. In der Vergangenheit gab es viel Streit zwischen den Vertragsparteien und eine Umfinanzierung konnte für den Kreditnehmer sehr teuer werden. Inzwischen können Banken die Vorfälligkeitsentschädigung aber nicht mehr in beliebiger Höhe verlangen. Laut einem Urteil des BGH im Jahr 2000 (AZ XI ZR 27/00) muss bei der Berechnung der Vorfälligkeitsentschädigung die Differenz zwischen dem nominalen Darlehenszins und der Rendite von Pfandbriefen – die bis zu 0,6 Prozent höher als die Renditen für öffentliche Anleihen liegt – berücksichtigt werden. Das gilt jedoch nur, wenn der Bauherr das bereits erwähnte berechtigte Interesse (Verkauf der Immobilie) an der vorzeitigen Darlehensablösung hat. Dies hat der BGH im Jahr 2002 in einem weiteren Urteil (YI ZR 226/02) entschieden. Stimmt die Bank hingegen einer Kündigung ohne berechtigtes Interesse zu, handelt es sich bei der Vorfälligkeitsentschädigung nach einer früheren Entscheidung des BGH nicht um einen Schadensersatz, sondern um einen „frei ausgehandelten Preis“, der den Schaden der Bank auch übersteigen darf. Verboten ist lediglich eine „sittenwidrige“ Ablösesumme, deren Höhe die Gerichte regelmäßig beim Doppelten des Üblichen ansetzen. Zur Offenlegung ihrer Berechnungen zur Vorfälligkeitsentschädigungen sind die Banken nicht verpflichtet.

Achtung:

Da der BGH in seinem Urteil aus dem Jahr 2000 nicht hinreichend klargestellt hatte, aus welcher statistischen Quelle die Zinsen für die Berechnung der Vorfälligkeitsentschädigungen zu entnehmen sind, war die Folge, dass die Kreditinstitute mit unterschiedlichen Renditen rechneten.

In einem weiteren Urteil vom 30.11.2004 hat der Bundesgerichtshof jedoch für Klarheit gesorgt, indem er die Heranziehung von aus dem Pfandbriefindex PEX abgeleiteten PEX-Renditen bei der Berechnung von Vorfälligkeitsentschädigungen abgelehnt hat. Stattdessen hat er sich für die Verwendung der von der Deutschen Bundesbank ermittelten Hypothekenpfandbriefrenditen ausgesprochen.

Mit den PEX-Renditen rechneten insbesondere Hypothekenbanken und viele Geschäftsbanken, mit den DGZF-Renditen vor allem Sparkassen und Landesbanken. Beide Werte liegen nahezu durchgängig unter den von der Bundesbank ermittelten Werten und führten somit systematisch zu höheren Vorfälligkeitsentschädigungen.

Darlehensnehmer, deren Vorfälligkeitsentschädigung auf Grundlage dieser Renditen berechnet wurde, haben gute Chancen auf eine Erstattung, vorausgesetzt sie haben ihren Anspruch auf die Forderung aufgrund einer Verjährung noch nicht verloren. Die gesetzliche Verjährungsfrist beträgt drei Jahre. Sie beginnt zum Schluss des Jahres, in dem der Anspruch entstanden ist und in dem der Gläubiger von seinem Anspruch hätte Kenntnis erlangen müssen. Kreditnehmer, die vor über drei Jahren eine Vorfälligkeitsentschädigung gezahlt haben, konnten jedoch zu diesem Zeitpunkt nicht wissen, dass der von ihnen gezahlten Summe eine falsche Berechnung zugrunde lag. Derartige Forderungen verjähren laut Gesetz erst nach spätestens zehn Jahren. Die Frage, ob die Gerichte bei einem Rechtsstreit bezüglich der Vorfälligkeitsentschädigungen von der drei- oder der zehnjährigen Frist ausgehen werden, ist derzeit nicht klar zu beantworten. Verbraucherschützer sehen jedoch gute Chancen, dass Betroffene einen Teil ihres Geldes zurückerstattet bekommen. Diejenigen, die ihre Vorfälligkeitsentschädigung nach dem 31.12.1994 gezahlt haben, sollten an ihr Kreditinstitut schreiben und eine Neuberechnung fordern. Sinnvoll ist dies jedoch nur bei Vorfälligkeitsentschädigungen, die für vorzeitige Kündigungen aufgrund eines berechtigtem Interesses gezahlt wurden. Auf der Internetseite der Verbraucherzentrale www.verbraucherzentrale-bremen.de finden Betroffene ein Musterschreiben zur Forderung nach Neuberechnung.

Vorteile durch Umschuldung berechnen

Um festzustellen, ob sich eine Umschuldung während der Zinsbindung überhaupt lohnt, müssen Sie die Vorfälligkeitsentschädigung gegen die Zinszahlungen, die Sie durch den Umstieg sparen, aufrechnen. Allerdings können Sie die Einsparungen nur ungefähr berechnen, da Sie für den neuen Vertrag ebenfalls eine Zinsbindungszeit vereinbaren müssen und nicht genau vorhersehen können, wie sich die Zinsen entwickeln.

Keine Vorfälligkeitsentschädigung fällt an, wenn im Darlehensvertrag eine Zinsbindungszeit von mehr als zehn Jahren – also beispielsweise 15 Jahre – vereinbart wurde. Im diesem Fall besteht laut § 489 BGB ebenfalls ein Kündigungsrecht. Nach Ablauf von zehn Jahren – gerechnet ab der vollständigen Auszahlung des Darlehens – können Sie den Vertrag ganz oder teilweise ohne Angabe von Gründen unter der Einhaltung einer sechsmonatigen Frist kündigen.

6 Welche Fördergelder kann ich beantragen?

Bauherren oder Erwerber von Häusern oder Wohnungen können staatliche Hilfen bei der Finanzierung ihres Objekts in Anspruch nehmen. Bund, Länder und Gemeinden vergeben verschiedene Zuschüsse und Darlehen. Häufig werden bei der Vergabe der Förderungen die jeweiligen Einkommens- und Familienverhältnisse des Antragstellers berücksichtigt.
Wenn Sie Ihre Immobilie selbst nutzen wollen, stellen diese Mittel einen wichtigen Baustein bei der Finanzierung dar, denn je mehr Sie sich fördern lassen, desto weniger sind Sie auf Fremdkapital in Form von teuren Krediten angewiesen.

6.1 Die Eigenheimzulage

Bauherren und Wohneigentumserwerber können seit 1996 einen Antrag auf Eigenheimzulage stellen, die im Eigenheimzulagegesetz (EigZulG) geregelt ist.
Zum 01.01.2004 sind Änderungen bei der Eigenheimzulage in Kraft getreten – das Fördervolumen der Eigenheimzulage wurde im Rahmen des Haushaltsbegleitgesetzes 2004 zugunsten einer Steuersenkung um 30 Prozent gekürzt. Objekte, bei denen die Kaufverträge und Bauanträge vor dem 01.01.2004 gestellt wurden, werden nach altem Recht weiter gefördert. Das Gleiche gilt, wenn der Eintritt in eine Genossenschaft vor diesem Zeitpunkt erfolgte. Alle Bau- oder Kaufvorhaben, die nach dem 31.12.2003 abgeschlossen wurden, werden nach neuem Recht gefördert.

Nicht für Vermieter

Anspruchsberechtigt ist jeder Immobilienerwerber oder Bauherr, der seine Immobilie selbst nutzt sowie seinen Wohnsitz oder gewöhnlichen Aufenthaltsort in Deutschland hat und somit unbeschränkt einkommensteuerpflichtig ist. Die Zulage wird ebenfalls gewährt, wenn die Wohnung unentgeltlich einem Angehörigen überlassen wird.

Was wird gefördert?

Gefördert wird sowohl der Bau oder Kauf von gebrauchten als auch von neu gebauten Ein- oder Zweifamilienhäusern oder Eigentumswohnungen. Seit 2004 gibt es jedoch für Aus- und Umbauten – etwa in Form von Dachgeschossen oder Wintergärten – kein Geld mehr. Erworbene Räume, die gewerblichen, beruflichen oder öffentlichen Zwecken dienen, können nicht dem Wohnbereich zugerechnet werden und werden somit nicht gefördert. Dienen die Räume sowohl Wohn- als auch anderen Zwecken, ist ausschlaggebend, welcher Zweck überwiegt.

Die Zulage wird auch für ein Zwei- oder Mehrfamilienhaus gezahlt, in dem ein Teil des Wohnraums vermietet ist. Ein Zweifamilienhaus wird jedoch grundsätzlich nur mit einer Wohnung gefördert, auch wenn der Besitzer das ganze Haus bewohnt. Ein Einfamlienhaus mit Einliegerwohnung gilt ebenfalls als Einfamilienhaus.

Einkommensgrenzen

Die Eigenheimzulage erhalten Sie nur, wenn Sie eine bestimmte Einkommensgrenze nicht überschreiten. Ausschlaggebend sind dabei nicht nur die Einkünfte aus dem Jahr des Erwerbs oder der Fertigstellung, sondern auch die des Jahres davor. Seit 2004 beträgt die Einkommensgrenze für den Zweijahresraum (Erstjahr und Vorjahr) 70.000 Euro für Alleinstehende und 140.000 Euro für Verheiratete. Für die Ermittlung des Einkommens ist die Summe der positiven Einkünfte maßgeblich. Für jedes Kind erhöht sich der Betrag um 30.000 Euro.

Tipp:

Sind Sie nicht sicher, ob Ihr Einkommen unterhalb der Grenze liegt, sollten Sie Ihren Steuerberater oder Ihre Steuerberaterin zu Rate ziehen, um dieses Geld nicht fälschlicherweise einzuplanen.

Liegt ein Ehepaar über der Einkunftsgrenze und ein Ehepartner hat weniger als 70.000 Euro verdient, sollten sich beide getrennt veranlagen lassen. Derjenige, der unterhalb der Grenze liegt, beantragt dann die Eigenheimzulage. Doch Vorsicht: Die getrennte Veranlagung führt an anderer Stelle zu Steuernachteilen, fragen Sie deshalb am besten immer Ihren Steuerberater, welche Lösung für Sie günstiger ist.

Objektverbrauch

Jeder Steuerpflichtige kann die Eigenheimzulage grundsätzlich nur einmal im Leben in Anspruch nehmen. Man spricht dabei von „Objektverbrauch“. Dies gilt auch für Immobilien, die erweitert oder ausgebaut wurden. Wer die Zulage bereits früher nach §§ 7b EstG, 10e EstG oder § 15 Berlinförderungsgesetz erhalten hat, bekommt nun keine weitere Förderung mehr.
Zusammenlebende Ehepaare können den Grundförderbetrag zweimal erhalten. Dies ist auch dann möglich, wenn einer der Ehepartner alleiniger Eigentümer beider Immobilien ist. Sind beide Partner Miteigentümer einer Immobilie, gilt dies lediglich als ein Objektverbrauch. Lassen sich die Ehepartner aber scheiden, so wird aus einem Objektverbrauch ein zweifacher und beide Personen erhalten zukünftig keine weitere Förderung.
Unverheiratete, die gemeinsam eine Immobilie erworben haben, bekommen den Förderbetrag zwar je zur Hälfte, für beide gilt aber, dass sie einen vollen Objektverbrauch haben. Heiraten sie vor Ablauf des Förderzeitraums, wird der zweifache Objektverbrauch auf einen reduziert.

Bestandteile der Förderung

Neubauten und Altbauten werden einheitlich gefördert – der Fördergrundbetrag läuft acht Jahre mit einem Höchstbetrag von einem Prozent der Baukosten, wobei die Bemessungsgrundlage auf 125.000 Euro begrenzt wurde. Maximal gibt es also 1.250 Euro Fördergrundbetrag im Jahr und somit bis zu 10.000 Euro insgesamt. Berücksichtigt werden neben den Anschaffungs- und Herstellungskosten des Gebäudes und des Grund und Bodens auch Aufwendungen für Instandsetzung- und Modernisierungsmaßnahmen, wenn sie innerhalb von zwei Jahren nach der Anschaffung durchgeführt werden. Für jedes zum Haushalt gehörende Kind wird zusätzlich eine Kinderzulage gezahlt, die ab 2004 jährlich 800 Euro beträgt. Eine Familie mit einem Kind kann somit im gesamten Förderzeitraum eine Eigenheimzulage in Höhe von 16.400 Euro erhalten.

Genossenschaftsanteile

Auch Besitzer von Genossenschaftsanteilen werden gefördert. Haben Genossenschaftler einen Geschäftsanteil von mindestens 5.113 Euro, erhalten sie acht Jahre lang eine Eigenheimzulage von drei Prozent des Anteils. Gezahlt werden also mindestens 153,39 Euro, der maximale Förderbetrag pro Jahr beträgt 1.227 Euro. Hinzukommen kann eine Kinderzulage von 256 Euro pro Kind.

Eine Förderung erhält der Besitzer von Genossenschaftsanteilen jedoch nur, wenn er spätestens im letzten Jahr des Förderzeitraums mit der Nutzung einer Genossenschaftswohnung beginnt. Wer sein Geld nur anlegt – viele Genossenschaften zahlen auf die Einlagen vier Prozent Dividende pro Jahr –, geht hingegen leer aus.
Auch beim Erwerb von Genossenschaftsanteilen entsteht ein Objektverbrauch. Wenn man also später eine weitere Immobilie erwerben möchte, wird die bereits gewährte Zulage auf die dann folgenden Zahlungen angerechnet.

Antrag

Für die Beantragung der Eigenheimzulage wird beim Finanzamt ein amtlicher Vordruck eingereicht. Für den gesamten Förderzeitraum braucht nur ein einziger Antrag gestellt werden.

Förderzeitraum

Der Förderzeitraum beginnt mit der Fertigstellung bzw. dem Erwerb des Hauses oder der Wohnung – die Zulage fließt jedoch erst ab der tatsächlichen Nutzung des Objekts. Es ist deshalb von Vorteil, die Immobilie im gleichen Jahr zu beziehen, in dem sie gekauft oder fertig gestellt wurde. Können Sie das Eigenheim nicht im Jahr des Erwerbs beziehen, sollten Sie im Kaufvertrag eine Klausel vereinbaren, die regelt, dass der Besitz an der Immobilie sowie alle Lasten, Nutzungen und Gefahren daraus erst im nächsten Jahr auf Sie übergehen. So geht kein Jahr des Förderzeitraums verloren.
Ändert sich Ihre Lebenssituation im Förderzeitraum, wird z. B. ein Kind geboren oder ein Kindergeldanspruch geht verloren, so müssen Sie dies dem Finanzamt mitteilen. Das Finanzamt zahlt dann eine Kinderzulage bzw. streicht diese.
Eine Übersicht über die Eigenheimzulage finden Sie im Anhang sowie auf Ihrer CD-ROM.

6.2 Das Wohnraumförderungsgesetz

Für Selbstnutzer

Als Selbstnutzer von Immobilien können Sie vom Staat zinsgünstige Darlehen, monatliche Aufwendungshilfen oder direkte Baukostenzuschüsse, die Sie nicht zurückzahlen müssen, erhalten. Der Bund und die Länder übernehmen außerdem Bürgschaften und die Gemeinden stellen verbilligtes Bauland zur Verfügung. Geregelt ist dies im Wohnraumförderungsgesetz (WoFG), das seit dem 01.01.2002 das II. Wohnbauförderungsgesetz (II. WoBauG) vollständig abgelöst hat.

Nach dem Wohnraumförderungsgesetz werden nun nicht mehr nur Neubau-Eigenheime, sondern auch der Kauf sowie die Modernisierung und Instandsetzung bereits vorhandenen Wohnraums unterstützt, ebenso der Kauf eines Grundstücks über Erbbaupacht. Im WoFG sind lediglich die Rahmenbedingungen, die Einkommensgrenzen und die Förderkriterien für die Vergabe der Mittel festgelegt. Über die genaue Ausgestaltung der Fördergramme und die entsprechenden Richtlinien entscheiden die einzelnen Bundesländer selbst.

6.2.1 Welche Voraussetzungen müssen erfüllt sein?

Ob Sie zur Gruppe der Begünstigten gehören, hängt zunächst einmal von Ihrem Gesamteinkommen ab. Nach § 9 des WoFG darf das Gesamteinkommen des Haushalts eines Antragstellers bestimmte Grenzen nicht überschreiten. Das Gesamteinkommen setzt sich aus den Jahreseinkommen aller im Haushalt lebenden Personen abzüglich bestimmter Frei- und Abzugsbeträge zusammen.

Einkommensgrenzen

Gefördert werden Haushalte, deren Gesamteinkommen folgende Grenzen nicht überschreiten:

- Einpersonenhaushalte: 12.000 Euro
- Zweipersonenhaushalte: 18.000 Euro
- Für jeden weiteren zum Familienhaushalt zählenden Angehörigen erhöht sich die Einkommensgrenzen um 4.100 Euro.
- Für jedes zum Haushalt zählende Kind erhöht sich die Grenze um weitere 500 Euro.

Viele Bundesländer sind kulant

Die Bundesländer werden jedoch im WoFG ausdrücklich ermächtigt, bei der Förderung selbst genutzten Wohneigentums von diesen Grenzen aufgrund örtlicher und regionaler wohnungswirtschaftlicher Verhältnisse abzuweichen. In vielen Bundesländern können Sie mit Kulanz rechnen, wenn Sie über der Einkommensgrenze liegen. Häufig werden auch dann Fördermittel gewährt, wenn die Einkommensgrenzen um 30 oder 40 Prozent überschritten werden, wenn auch oft in geringerem Umfang.

Wohnflächengrenzen

Auch die Größe der geförderten Wohnfläche ist nicht einheitlich geregelt. Mit dem neuen Gesetz sind die im Vorgängergesetz noch vorgegebenen Wohnflächengrenzen weggefallen. Es bleibt den Bundesländern überlassen, entsprechende Grenzen festzulegen, die verhindern sollen, dass sich Bauherren oder Käufer mithilfe der staatlichen Darlehen überzogene Wohnansprüche erfüllen.

Vorhaben noch nicht begonnen

Eine weitere Bestimmung des Gesetzes besagt, dass Fördermittel grundsätzlich nur für Vorhaben bewilligt werden dürfen, die noch nicht begonnen wurden. Stellen Sie einen Antrag also frühzeitig vor Abschluss des Kauf- oder Bauvertrags.

Auch zum Teil sehr detaillierte bautechnische Bestimmungen und diverse andere Faktoren spielen bei der Vergabe von Fördermitteln eine Rolle. Zum Beispiel wird derjenige grundsätzlich nicht gefördert, der schon Wohneigentum besitzt oder bereits gefördert wurde.

Kein Rechtsanspruch

Es gibt außerdem keinen Rechtsanspruch auf die Förderung. Selbst wenn Sie alle Fördervoraussetzungen erfüllen, können Sie noch nicht sicher davon ausgehen, dass Sie auch eine Förderung erhalten.

Achtung:

Da bei der Bewilligung auch die Reihenfolge der abgegebenen Anträge eine Rolle spielt und die jährlichen Mittel je nach finanzieller Lage des Bundeslandes begrenzt sind, sind diese im Laufe des Jahres verbraucht und zu spät gestellte Anträge werden abgewiesen. Treten Sie also möglichst frühzeitig mit der Bewilligungsstelle in Kontakt.

6.2.2 Ländermittel beantragen

Über Förderprogramme informieren

Sie können sich in jedem Bundesland bei den zuständigen Gemeinde- oder Kreisverwaltungen oder direkt bei den die Darlehen verwaltenden Landeskreditanstalten über die einzelnen Förderprogramme und deren genaue Ausgestaltung (Voraussetzungen, Höhe der Darlehen, Verzinsung und Tilgung, Baukostenobergrenzen, Wohnflächengrenzen usw.) informieren. Diese Stellen sind in der Regel auch für die Annahme und Bewilligung der Anträge zuständig. Ob der Antrag direkt bei der Landeskreditanstalt oder entsprechenden für den Bau- bzw. Standort zuständigen Förderstellen eingereicht wird, ist von Bundesland zu Bundesland individuell geregelt.

Günstige Darlehen

Die Bundesländer unterstützen Bauherren oder Käufer in der Regel mit günstigen Darlehen, nicht zurückzahlbare Zuschüsse werden inzwischen seltener vergeben. In der höchsten Förderstufe können Sie mit Darlehen von 50.000 Euro oder mehr rechnen. Die Höhe der Kredite hängt manchmal auch von der Region, in der das Objekt liegt, ab. So kann die Förderung für Objekte in Ballungsgebieten, für die höhere Grundstückspreise und Baukosten anfallen, höher liegen als für Objekte in anderen Gebieten. Mehr Geld gibt es auch, wenn Sie eine öffentlich geförderte Mietwohnung bewohnt hatten und diese durch den Umzug ins Eigenheim frei wird.

KfW-Kredite

Wenn Sie Fördermittel Ihres Bundeslandes in Anspruch nehmen, können Sie zusätzlich auch noch ein Darlehen der staatlichen Kreditanstalt für Wiederaufbau (KfW) erhalten. Hier gibt es von Seiten der KfW und bei den eigentlichen Landesfördermitteln keine Einschränkungen. Einige Bundesländer bieten jedoch zusätzliche Programme an, die bereits aus KfW-Mitteln bestehen und bei denen eine weitere Förderung durch die KfW nicht möglich ist.

6.2.3 Förderung von Mietwohnraum

Auflagen und Voraussetzungen

Als Vermieter können Sie für die Finanzierung von Mietobjekten ebenfalls Fördermittel nach dem Wohnraumförderungsprogramm erhalten. Wer die Förderung erhält, unterliegt jedoch einer Mietpreisbindung sowie Veräußerungs- und Verfügungsbeschränkungen. Zu den Voraussetzungen gehört, dass die Wohnungen für einen definierten Personenkreis (beispielsweise Familien mit Kindern, Senioren oder Schwerbehinderte) zur Verfügung gestellt und festgelegte Einkommens-, Wohnraum- und Miethöhengrenzen berücksichtigt werden. Die genauen Regelungen legen jedoch die Bundesländer fest, die Programme variieren hier ebenso wie bei der Förderung der Selbstnutzer von Bundesland zu Bundesland.

Informationen über die einzelnen Förderprogramme (z. B. genaue Voraussetzungen, Höhe der Darlehen, Verzinsung und Tilgung, Angaben zu Baukostenobergrenzen und Wohnflächengrenzen usw.) erhalten Sie bei den zuständigen Gemeinde- oder Kreisverwaltungen oder direkt bei den die Darlehen verwaltenden Landeskreditanstalten.

Adressen der zuständigen Länderbehörden und Landeskreditanstalten finden Sie im Anhang sowie auf Ihrer CD-ROM.

6.3 KfW-Programme

Die Kreditanstalt für Wiederaufbau Bankengruppe (KfW) ist eine öffentlich-rechtliche Förderinstitution, die sowohl Unternehmen als auch Privatpersonen mit dem Ziel, die Politik des Gesetzgebers zu unterstützen, finanziell fördert.

Mittel der KfW-Förderbank

Die KfW-Förderbank – Bestandteil der KfW-Bankengruppe – ist unter anderem für die Finanzierung des privaten und gewerblichen Wohnraums zuständig. Es gibt verschiedene Fördergramme, die private bzw. gewerbliche Bauherren oder Immobilienerwerber in unterschiedlicher Weise unterstützen. Folgende Programme stehen zurzeit zur Verfügung:

Aktuelle Förderprogramme

- KfW-Wohneigentumsprogramm: Gefördert wird der Bau oder Erwerb selbst genutzter Eigenheimen und Eigentumswohnungen;
- Wohnraum modernisieren: Für alle bestehenden Wohngebäude unabhängig vom Baujahr, allgemeine Modernisierungsmaßahmen werden mit einer Basisförderung gefördert, Maßnahmen zum Klimaschutz mit einem günstigeren Zinssatz, der so genannten Öko-Plus-Variante.
- Solarstrom erzeugen: Für private und gewerbliche Antragsteller sowie Landwirte; Fotovaltaik-Anlangen werden mit Darlehen bis max. 50.000 Euro gefördert.
- Ökologisch bauen: Förderung von KfW-Energiesparhäusern 40 und 60; Finanzierung von Heiztechnik auf Basis erneuerbarer Energien für Neubauten
- KfW-CO_2-Gebäudesanierungsprogramm für umfangreiche energetische Sanierung an Wohngebäuden, die 1978 oder eher fertig gestellt worden sind
- ERP-Umwelt-und-Energiesparprogramm und KFW-Umweltprogramm für Energiesparmaßnahmen an gewerblich genutzten Gebäuden

Privatpersonen, die selbst genutztes Wohneigentum erwerben oder bauen möchten, werden von der KfW mit einem zinsgünstigen Kredit aus dem KfW-Wohneigentumsprogramm unterstützt. Finanziert werden bis zu 30 Prozent der Gesamtkosten, jedoch nur bis zu einer Obergrenze von 100.000 Euro. Bei einer Gebrauchtimmobilie fördert die KfW den Kaufpreis inklusive der Nebenkosten und außerdem Modernisierungs-, Instandsetzungs- und Umbauarbeiten, unabhängig davon, ob das Objekt von Privatpersonen, über Immobilienmakler oder eine Auktion bzw. Zwangsversteigerung erworben wurde. Bei einer neu gebauten Eigentumswohnung werden sowohl das Baugrundstück als auch die Erstellung des Gebäudes sowie die Bau- bzw. Baunebenkosten und die Außenanlagen anteilig bezuschusst. KfW-Wohneigentumsprogramm

Die Laufzeit des KfW-Kredits beträgt maximal 30 Jahre, wobei höchstens die ersten fünf Jahre tilgungsfrei sind. Nach Ablauf der tilgungsfreien Anlaufjahre müssen sowohl Zinsen als auch Tilgung in gleich hohen vierteljährlichen Raten zurückgezahlt werden. Laufzeit

Grundsätzlich gilt, dass die Fördermittel nicht direkt bei der Kreditanstalt für Wiederaufbau beantragt werden können. Sie müssen den Antrag über das Kreditinstitut Ihrer Wahl, also bei einer Bank oder Sparkasse, abwickeln, da die Kreditsumme über das Institut in die Gesamtfinanzierung des Objekts einfließt. Stellen Sie den Antrag möglichst vor Beginn des Bauvorhabens, spätestens jedoch nach Abschluss des notariellen Kaufvertrags. Antrag

Da es sich bei den Krediten des KfW-Wohneigentumsprogrammen immer um nachrangige Kredite handelt, eignen sie sich gut, um die Finanzierungslücke, die sich zwischen den Gesamtkosten und dem Eigenkapital sowie dem erstrangigen Hypothekendarlehen ergibt, zu schließen, zumal für den rachrangigen KfW-Kredit kein Zinszuschlag berechnet wird. Nachrangiges Darlehen

Als privater Antragsteller können Sie das Wohneigentumsprogramm ohne weiteres mit anderen Förderprogrammen der KfW kombinieren.

6.4 Förderung durch Kommunen

Bund-Länder-Programm zur Städtebauförderung

Kommunen vergeben über das Bund-Länder-Programm zur Städtebauförderung ebenfalls Fördermittel. Wurde eine Stadt oder eine Gemeinde in dieses Programm aufgenommen, kann der Immobilienerwerber Mittel erhalten, sofern die Immobilie in einem geförderten Sanierungsgebiet liegt.
Daneben vergeben die Kommunen Gelder im Rahmen des Bund-Länder-Programms „Die soziale Stadt", welches das Ziel hat, die Wohn- und Lebensqualität insbesondere in Stadtteilen mit besonderem Entwicklungsbedarf zu verbessern.
Darüber hinaus gibt es auch Kommunen, die eigene Förderprogramme auflegen. Gelder aus diesen Programmen können Sie unabhängig von anderen öffentlichen Mitteln erhalten. Nähere Informationen erhalten Sie im Rathaus ihrer Gemeinde oder Stadt.

6.5 Stadtumbau Ost

Wenn Sie Investitionen in den neuen Bundesländern für die Sanierung oder Instandsetzung eines Altbaus in einem innerstädtischen Altbauquartier vornehmen und ein solches Gebäude anschließend selbst nutzen, können Sie acht Jahre lang einen Zuschuss aus dem Bauförderungsprogramm „Stadtumbau Ost" erhalten.

Vorher: Investitionszulagengesetz

Das Programm „Stadtumbau Ost" gilt seit dem 01.01.2002 und hat – zumindest in Bezug auf selbst genutzte Immobilien – das Investitionszulagengesetzt (InvZulg) abgelöst. Die Bundesregierung legte das Programm „Stadtumbau Ost" mit dem erklärten Ziel auf, die Attraktivität der neuen Bundesländer als Wohn- und Wirtschaftsstandort zu sichern und zu erhöhen. Es wird bis zum Jahr 2009 durchgeführt und enthält verschiedene Elemente, u. a. Zuschüsse für selbst genutzte Immobilien.

Voraussetzungen

Gefördert werden nur Wohnungen mit über 70 Quadratmetern, die der Erwerber nach dem 31.12.2001 erworben hat. Jede Wohnung wird nur einmal bezuschusst. Die Investitionen müssen an einem Gebäude vorgenommen werden, das

- in einem Sanierungsgebiet (§142 BauGB), einem Erhaltungsgebiet (§ 172 BauGB) oder einem Kerngebiet (§ 7 BauNVO – Baunutzungsverordnung) liegt und
- entweder vor dem 01.01.1949 gebaut wurde
- oder nach dem 31.12.1948 und vor dem 01.01.1960 gebaut wurde und ganz oder teilweise unter Denkmalschutz steht.

Außerdem dürfen Sie nicht die Einkommensgrenzen, die auch für die Eigenheimzulage gelten, überschreiten. Folgende Grenzen gelten:

Einkommensgrenzen

- Ledige dürfen innerhalb von zwei Jahren nicht mehr als 81.807 Euro verdienen.
- Verheiratete dürfen innerhalb von zwei Jahren nicht mehr als 163.614 Euro verdienen.
- Pro Kind erhöht sich die Einkommensgrenze um jeweils 30.687 Euro.

Der Zuschuss beträgt jährlich 2,5 Prozent der berücksichtigten Investitionskosten und wird acht Jahre lang in gleichen Jahresraten ausgezahlt, jedoch nicht länger als Sie die Wohnung als Eigentümer selbst nutzen. Insgesamt erhalten Sie also 20 Prozent der berücksichtigten Investitionskosten. Ein Rechtsanspruch auf den Zuschuss besteht nicht, die Vergabe richtet sich nach den dem Land zur Verfügung stehenden Mitteln.

6.6 Finanzieren mit der Riester-Rente

Zwischenentnahmemodell

Immobilien gelten bei den Deutschen als besonders geeignete Form der Altersvorsorge. Mit dem Zwischenentnahmemodell ermöglicht es der Staat deshalb zukünftigen Eigenheimbesitzern, über die Riester-Rente günstig an finanzielle Mittel für die eigene Immobilie zu kommen.

Selbstbeleihung

Anleger eines riestergeförderten Vorsorgeprodukts dürfen sich quasi selbst zinslos beleihen, indem sie ihrer Riester-Anlage (Fonds, Versicherung, Fondpolice usw.) einen Betrag zwischen 10.000 und 50.000 Euro für den Kauf oder Bau der eigenen vier Wände entnehmen. Dies können Sie jedoch erst dann tun, wenn Sie das Geld auch bereits angespart haben. Wenn Sie also über den Mindestbetrag verfügen möchten, müssen Sie erst einmal 10.000 Euro einzahlen.

Achtung:

Es wird nur der Erwerb von im Inland gelegenen, selbst genutzten Immobilien gefördert. Wenn Sie Wohneigentum vermieten oder sich ein Eigenheim im Ausland zulegen möchten, erhalten Sie keine Förderung.

Rückzahlung

Spätestens bis zur Vollendung des 64. Lebensjahres, also mit Rentenbeginn, müssen Sie den entnommenen Betrag in monatlich gleichen Raten in einen zertifizierten Altersvorsorgevertrag zurückgezahlt haben. Die Rückzahlung muss mit dem zweiten auf das Jahr der Auszahlung folgenden Jahr beginnen und wird steuerlich nicht gefördert.

Folgen bei Nichterfüllen

Geraten Sie bei der Rückzahlung mit mehr als zwölf Monatsbeiträgen in Verzug, wird von einer „schädlichen Verwendung“ ausgegangen. In diesem Fall müssen Sie die auf den noch nicht zurückbezahlten Betrag gewährten Zulagen oder Steuervorteile an das Finanzamt zurückerstatten. Auf den noch nicht zurückgezahlten Betrag sind außerdem fünf Prozent Zinsen zu zahlen.

Wer den entnommenen Betrag bis zum Rentenbeginn noch nicht komplett wieder eingezahlt hat, muss die gesamte staatliche Förderung zurückerstatten. Entschließen Sie sich, Ihre Immobilie zu verkaufen oder zu vermieten, müssen Sie neues Wohneigentum erwerben oder bauen oder das Restdarlehen auf einen Schlag in einen Altersvorsorgevertrag einzahlen. Erfüllen Sie diese Auflagen nicht, müssen Sie sämtliche Förderzulagen und Steuererstattungen zurückzuzahlen.

Stirbt der Anleger, bevor die entnommene Summe zurückerstattet wurde, erfolgt die Zurückzahlung des noch ausstehenden Restbetrags aus dem Erbe. Als Ausnahme wird gestattet, dass der Ehepartner den Vertrag des Verstorbenen übernimmt und sich verpflichtet, die noch zahlbare Summe in einen eigenen Vorsorgevertrag zu zahlen. Für Kinder gilt diese Ausnahmeregelung nicht.

Die steuerliche Förderung wird zurückgefordert, wenn ein Anleger ins Ausland zieht, allerdings wird sie bis zum Bezug der Altersvorsorgeleistung gestundet. Wer von seinem Arbeitgeber beruflich ins

Ausland entsandt wird, kann für die im Ausland verbrachten Jahre trotzdem die Förderung in Anspruch nehmen.

6.6.1 Hürden des Modells

Der Zeitaspekt

Eine Hürde der Immobilienfinanzanzierung mit der Riester-Förderung besteht in der Zeit. Wenn Sie Ihrer Riester-Anlage Geld entnehmen möchten, müssen Sie zunächst eine recht lange Zeit einzahlen. Etwa sechs bis zehn Jahre, je nach Verzinsung, dauert es, bis der Mindestbetrag von 10.000 Euro angespart ist – ein Betrag, der bei der Finanzierung einer Immobilie noch nicht viel weiterhilft. Um den Höchstbetrag zu entnehmen, muss ein Durchschnittsverdiener mindestens 20 Jahre einzahlen. Ob sich eine Entnahme dann überhaupt lohnt, kann aus heutiger Sicht im Grunde noch nicht entschieden werden.

Hohe Belastung bei der Tilgung

Kaufen Sie dann eine Immobilie und entnehmen Ihrem Riester-Vertrag Geld nach dem Zwischenentnahmemodell, zahlen Sie nicht nur die üblichen Kreditraten, sondern auch die monatliche Belastung aus dem Vorsorgekonto. Und auch die Eigenbeiträge für die Riester-Anlage müssen Sie weiterleisten. Auf eine lange Ansparphase folgt also eine recht hohe Belastung bei der Tilgung. Wer bei der Eigenheimfinanzierung sowieso schon genau rechnen muss, für den könnten die monatlichen finanziellen Belastungen zu hoch werden.

Vor- und Nachteil

Das Zwischenentnahmemodell hat einen grundsätzlichen Vor- und Nachteil: Auf der einen Seite lassen sich Zins- und Tilgungsbelastungen einsparen, weil aufgrund des Geldes aus der Riester-Anlage ein geringerer Bankkredit aufgenommen werden muss. Andererseits verzichtet man aber – zumindest teilweise – auf die Zinsen beim Vorsorgekonto.

Berücksichtigen müssen Sie außerdem, dass durch die Entnahme vom Vorsorgekonto eine neue Versorgungslücke entsteht, weil Ihre Vorsorgeanlage durch das entnommene Geld insgesamt weniger Rendite einbringt. Diese Lücke können Sie nur schließen, wenn Sie nicht nur das geliehene Geld in den Vorsorgetopf zurückzahlen, sondern zusätzlich weiterhin in ein Riester-Produkt einzahlen.

6.6.2 Wann lohnt es sich?

Hohe Rendite, hoher Zins

Ob sich das Entnahmemodell für Sie überhaupt lohnt, hängt von zwei Faktoren ab: zum einen von der Höhe der mit der Bank ausgehandelten Hypothekenzinsen, zum anderen von der Verzinsung Ihrer Riester-Produkte. Rechenmodelle zeigen, dass sich das Entnahmemodell nur bei hoher Rendite des Vorsorgekontos und hohem Zins auf den aufgenommenen Kredit lohnt.

Familien mit Kindern

Familien mit Kindern erhalten zusätzlich zur Grundzulage noch Kinderzulagen. Sie werden damit höher bezuschusst als Singles und müssen für die gleiche Sparleistung weniger eigenes Geld einzahlen. Deshalb lohnt sich für diese Familien auch eher, Geld aus dem Vorsorgevertrag für die eigene Immobilie einzusetzen, allerdings nur dann, wenn sie sich die zusätzlichen monatlichen Belastungen für die Rückzahlung leisten können.

Für besser Verdienende kaum lohnend

Wenn Sie sehr gut verdienen, sollten Sie sich genau überlegen, ob Sie überhaupt in eine riestergeförderte Anlage investieren, wenn Sie im Alter voraussichtlich eine hohe Steuerlast zu tragen haben. Denn die Erträge, die Ihnen im Rentenalter aus Ihrer Riester-Anlage ausgeschüttet werden, müssen Sie ebenfalls voll versteuern. Schnell rutschen Sie dann in der Steuerprogression nach oben und zahlen womöglich drauf. Deshalb sollten Sie andere Vorsorge-Produkte in Erwägung ziehen, z. B. offene Immobilien- oder Aktienfonds, bei denen ein hoher Teil des Ergebnisses steuerfrei ist. Auch diese Produkte sind zwar prinzipiell „riesterfähig". Wenn Sie aber so ein Produkt als Riester-Anlage wählen, erhalten Sie zwar auf der einen Seite Zulagen bzw. nehmen Sie den Sonderausgabenabzug in Anspruch, auf der anderen Seite erkaufen Sie sich aber diese Förderung mit dem Verlust der Steuerfreiheit.

6.7 Lastenzuschuss

Wohngeld

Den Lastenzuschuss, eigentlich Wohngeld, können auch Bauherren oder Immobilienerwerber beziehen, die zwar Darlehen und Zuschüsse erhalten, aber trotzdem nicht für ihre Kosten allein aufkommen können. Unterschreitet Ihr Einkommen bestimmte Grenzen,

haben Sie als Eigentümer einer selbst genutzten Immobilie sogar einen Rechtsanspruch darauf. Sie werden so mit den Mietern gleichgestellt, die einen Mietzuschuss beanspruchen können, und beziehen Wohngeld nach den geltenden Regeln.
Die Höhe des Lastenzuschusses hängt von der Familiengröße, dem Familieneinkommen und der Höhe der monatlichen Belastungen ab, vor allem Selbstnutzer von Eigentumswohnungen, die durch Arbeitslosigkeit, eine länger dauernde Krankheit oder Berufs- bzw. Erwerbsunfähigkeit Einkommenseinbußen in Kauf nehmen müssen, sollten diese staatliche Hilfe in Anspruch nehmen. Der Lastenzuschuss ist bundesweit einheitlich geregelt und muss beim jeweiligen Wohngeldamt beantragt werden. Der Bewilligungsabschnitt beträgt zwölf Monate, danach wird geprüft, ob der Zuschuss auch weiterhin erforderlich ist.

Achtung:
Im Zuge der Hartz-IV-Gesetze gab es bezüglich des Wohngeldes Änderungen. Seit dem 01.01.2005 erhalten Personen, die Arbeitslosengeld II, Sozialgeld, Sozialhilfe, Grundsicherung, Hilfe zum Lebensunterhalt nach dem Bundesversorgungsgesetz oder Kinder- bzw. Jugendhilfe beziehen, kein Wohngeld mehr, da Wohnkosten künftig zusammen mit dieser Leistung gewährt werden. Erhalten ein oder mehrere Familienmitglieder des Haushalts keine der vorstehenden Leistungen, so besteht nur für diese Personen weiterhin ein Anspruch auf Wohngeld.

6.8 Die staatliche Bausparförderung

Anspar-förderung

Mit der staatlichen Bausparförderung sollen Kauf oder Bau einer Immobilie erleichtert werden. Da sich die Bausparförderung sowohl über die Wohnungsbauprämie als auch über die Arbeitnehmersparzulage vor allem auf die Ansparphase bezieht, handelt es sich eigentlich um eine staatliche Ansparförderung, die vor allem für diejenigen interessant ist, die ihren Wunsch nach dem Eigenheim nicht sofort, sondern erst in der Zukunft realisieren wollen und die Zuschüsse somit langfristig in die Finanzierung des Kaufvorhabens einplanen.

Wohnungsbauprämie

Bei der Wohnungsbauprämie erhalten Bausparer seit dem 01.01.2004 jährlich maximal eine Prämie von 45,06 Euro (vorher 51,20 Euro), was 8,8 Prozent des zu fördernden Maximalbetrags entspricht. Die Beträge werden dem Bausparkonto nach Ablauf von sieben Jahren gutgeschrieben, unabhängig davon, ob die Gelder tatsächlich zum Kauf oder Bau von Wohnungen verwendet werden.

Ledige, die pro Jahr über mehr als 25.600 Euro zu versteuerndes Einkommen verfügen (Verheiratete mehr als 51.200 Euro), erhalten jedoch keine Bausparprämie. Der Antrag auf die Prämie wird jedes Jahr neu beim Finanzamt gestellt.

Vermögenswirksame Leistungen

Für das Sparen mit vermögenswirksamen Leistungen können Arbeitnehmer seit dem 01.01.1999 Zulagen aus zwei verschiedenen Fördertöpfen erhalten. Zum einen wird das Sparen in Form von Vermögensbeteiligungen (beispielsweise Aktien), zum anderen das Bausparen gefördert. Seit dem 01.01.2004 sind auch hier Änderungen bezüglich der Höhe und des zu fördernden Höchstbetrags und der Zulage wirksam. Zahlt ein Arbeitnehmer über seinen Arbeitgeber den zulagenbegünstigten Höchstbetrag von nun 470 Euro (vorher 480 Euro) vermögenswirksam in einen Bausparvertrag ein, gibt der Bund neun Prozent (vorher zehn Prozent) auf die jährliche Sparleistung, also bis zu 43 Euro (vorher 48 Euro) dazu. Für Verheiratete beträgt der zulagenbegünstigte Höchstbetrag 940 Euro und der maximale Förderbetrag 86 Euro. Eine Voraussetzung, um in den Genuss der Zulage zu kommen, besteht darin, dass die festgelegten Einkommensgrenzen nicht überschritten werden – allein stehende Arbeitnehmer dürfen nicht mehr als 17.900 Euro im Jahr verdienen, verheiratete nicht mehr als 35.800 Euro.

Tipp:

Die doppelte Förderung eines Sparbetrags mit Bausparprämie und Arbeitnehmersparzulage ist grundsätzlich nicht möglich. Allerdings können Sie beide Zulagen nutzen, wenn Sie jährlich innerhalb eines Bausparvertrags zusätzlich zu den 470 Euro noch 512 Euro (Verheiratete 1.024 Euro) ansparen – Ledige erhalten so eine maximale staatliche Förderung von 88,06 Euro, Verheiratete von 176,12.

7 Wo erhalte ich die besten Informationen?

Eine Immobilienfinanzierung bedarf einer guten Vorbereitung des Bauherrn oder Immobilienerwerbers, denn mangelndes Wissen und Fehlentscheidungen können fatale Folgen haben. Mit den richtigen Informationen und eventuell einer guten Beratung lassen sich jedoch viele Fehler vermeiden.

7.1 Zunächst einmal: Überblick verschaffen

Bevor Sie sich von Fachleuten oder Institutionen beraten lassen, sollten Sie sich einen eigenen Überblick über das Thema Baufinanzierung verschaffen. Nur so sind Sie in der Lage, in Gesprächen die richtigen Fragen zu stellen und das zu erfahren, was Sie wirklich wissen müssen. Von einem breiten Fundament können Sie dann in die Tiefe gehen.

Internet

Das Internet ist eine fast unerschöpfliche Informationsquelle. Zum Thema Immobilienfinanzierung gibt es eine riesige Menge von Links. Nicht jeder liefert Nützliches, einige enthalten jedoch sehr hilfreiches Detailwissen oder aktuelle Informationen.

Nützliche Informationen im Internet

baufoerderer.de	Überblick über die Förderprogramme der Bundesländer. Mit dem Förderrechner können Sie ermitteln, ob Sie Anspruch auf die Mittel haben.
baugeld-vergleich.de	Hier können Sie Ihre bisherige Finanzierung mit aktuellen Angeboten und auch verschiedene aktuelle Angebote untereinander vergleichen.
baunetz.de	Kostenpflichtige Auskünfte über Förderprogramme vom Bund bis zu den Kommunen

bmvbw.de	Homepage de Bundesministeriums für Verkehr, Bau- und Wohnungswesen, Infos über die staatliche Bauförderung und die Eigenheimzulage
finanztest.de	Informationen der Stiftung Warentest rund um das Thema Immobilienfinanzierung
kfw-foerderbank.de	Homepage der KfW Förderbank, genaue Darstellung der Programme im Bereich Bauen, Wohnen, Energie sparen mit aktuellen Konditionen
stiftungwarentest.de	Informationen rund um das Bauen und Wohnen
verbraucherschutz.de	Informationen rund um das Thema Immobilienfinanzierung und Bauen
wiso.de	Homepage des ZDF-Magazins Wiso, Infos zum Thema Immobilienfinanzierung

Fachzeitungen und -zeitschriften

Das Thema Immobilien und Immobilienfinanzierung ist auch Gegenstand zahlreicher Zeitungen und Zeitschriften. Um auf dem Laufenden zu bleiben, sollten Sie Meldungen und Berichte im Immobilien- und Wirtschaftsteil Ihrer regionalen Zeitung aufmerksam verfolgen. Darüber hinaus bieten auch einige Fachzeitschriften wertvolle Hinweise rums und Bauen, Kaufen und Finanzieren. Mithilfe dieser Medien behalten Sie den Überblick über neue Trends, gesetzliche Änderungen und den neuesten Stand der Bautechnik. Hier eine Auswahl:

• Capital	• Allgemeine Immobilienzeitung
• Wirtschaftswoche	• Das haus
• Finanztest	• Investment
• DM/Euro	• Bauen
• Geldidee	• Das Fertighaus
• Focus Money	• Stein aus Stein
• Wirtschaftskurier	• Junge Häuser
• Financial Times Deutschland	• Aus zweiter Hand

7.2 Information und Beratung

Verbraucherzentralen

Verbraucherzentralen bieten Publikationen zum Thema Bauen und Finanzieren. Auch telefonisch lässt sich hier so manche Frage klären. So gibt es bei der Verbraucherzentrale Niedersachsen beispielsweise

ein kostenpflichtiges Verbrauchertelefon speziell zum Thema Baufinanzierung.
Darüber hinaus führen Verbraucherzentralen auch kostenpflichtige Beratungen bei Bauvorhaben und Baufinanzierungen für den Einzelfall durch. Im Rahmen dieser Beratung checken Juristen auch Bau- oder Finanzierungsverträge auf Vertragsleistungen durch, damit es hinterher kein böses Erwachen gibt. Die niedersächsische Verbraucherberatung beispielsweise führt eine Baufinanzierungsberatung für 110 Euro durch.
Unter www.verbraucherzentralen.de finden Sie die Internet-Adressen, Anschriften und Telefonnummern der Verbraucherzentrale in Ihrer Nähe.

Kaufvertrag durch Rechtsanwalt prüfen lassen

Mit der Überprüfung des Entwurfs eines Kaufvertrags sollten Sie einen Rechtsanwalt betrauen. Zwar unterliegt der Bauträgerkaufvertrag gemäß der Makler- und Bauträgerverordnung gewissen Vorgaben, dennoch gibt es Gestaltungsmöglichkeiten, die sich für Sie nachteilig auswirken können. Ein Rechtsanwalt kann hier Ihre Interessen wahrnehmen, indem er eventuell auch direkt mit dem Verkäufer oder dessen Anwalt in Verbindung tritt, um für Sie die bestmöglichen vertraglichen Regelungen zu erzielen.

Steuerberater

Von einem Steuerberater können Sie hilfreiche Ratschläge über die steuerlichen Vor- und Nachteile des Immobilienkaufs erwarten. Allerdings kann man dieses Wissen nicht bei jedem Steuerberater voraussetzen, denn aufgrund der komplizierten Materie kann sich nicht jeder Vertreter dieses Berufsstands in allen Bereichen des Steuerrechts auskennen. Suche Sie sich daher einen Steuerberater, der sich auf den Bereich Immobiliensteuerrecht spezialisiert hat.

Achtung:

Erwarten Sie nicht zu viel von Ihrem Steuerberater. In den meisten Fällen sind Steuerberater keine Immobilienexperten und haben das betreffende Objekt weder gesehen noch alle Informationen dazu vorliegen. Ihre Entscheidung, ob ein Kauf richtig ist oder nicht, kann der Steuerberater Ihnen nicht abnehmen, und auch für die Frage, welches Objekt das richtige ist, ist er nicht der richtige Ansprechpartner. Sein Rat über die steuerlichen Folgen eines Kaufs oder Verkaufs ist jedoch unabdingbar.

Vorsicht bei der Beratung von Banken

Als Immobilienfinanzierer sollten Sie einer Beratung durch die Bank kritisch gegenüberstehen. Entsprechende Test der Stiftung Warentest haben in der Vergangenheit ergeben, dass dort häufig Informationen zu Krediten nur spärlich fließen oder gar mit falschen Zahlen gerechnet wird.
So kann es vorkommen, dass die Berater bei der Berechnung des Kreditbedarfs eine zu hohe Summe ermitteln, weil sie die Eigenmittel des Kreditnehmers nicht ausreichend berücksichtigen. Auch den Angaben zur monatlichen Belastung sollten Sie nicht blind vertrauen. Sie können zu niedrig sein, weil z. B. die Spar- und Darlehensraten für Bausparverträge außen vor gelassen werden.
In vielen Beratungen ist außerdem das Zinsrisiko nach der Zinsbindungszeit oft kein Thema. Die Raten werden dann auf der Basis des niedrigen Anfangszinses ermittelt, obwohl für eine seriöse Berechnung mindestens acht Prozent zugrunde gelegt werden sollten.
Staatliche Darlehen der KfW-Förderbank, deren Zinsen unter denen der Bankenzinsen liegen, werden häufig nicht erwähnt. Und auch über die Konditionen klären Berater die Kreditinteressenten nicht immer ausreichend auf: Über die Restschuld am Ende der Zinsbindung, über Nebenkosten wie Schätzgebühren erfahren die Kunden oft nichts, wenn sie nicht gezielt danach fragen – sogar der Effektivzins wird häufig nicht angegeben.
Hier hilft nur eines: eine gute Vorbereitung. Wer eine Immobilie finanzieren möchte, sollte sich vorab intensiv mit dem Thema auseinander setzen, damit er dem Berater oder der Beraterin der Bank die richtigen Fragen stellen kann.

8 Welche Versicherungen sollte ich abschließen?

Jeder Bauherr sollte sich gegen Schadenfälle absichern, die durch das Errichten von Gebäuden entstehen können. Auf den folgenden Seiten wird es überwiegend um die Versicherungen in der Bauphase gehen.

Nach dem Bezug des Hauses oder nach dem Hauskauf kann sich weiterer Versicherungsbedarf ergeben. So ist beispielsweise für Selbstnutzer eine Wohngebäudeversicherung ein Muss, während Vermieter zusätzlich unbedingt eine Haus- und Grundbesitzerhaftpflichtversicherung abschließen sollten.

Für die meisten Bauversicherungen gibt es im Internet Seiten, die Prämienvergleiche erstellen. Alternativ dazu können Sie auch Versicherungsmakler oder Versicherungsberater auf Honorarbasis mit Ihrem Versicherungswunsch beauftragen. Beide Vermittlertypen versprechen eine Unabhängigkeit von Versicherungsgesellschaften und somit die Sicherheit, einen im Preis-Leistungsvergleich optimalen Versicherungsschutz zu bekommen. Dabei erhält der Honorarberater statt einer Provision von der Versicherungsgesellschaft einen festen Honorarsatz vom Kunden.

8.1 Die Bauherrenhaftpflichtversicherung

Die wichtigste Versicherung für einen Bauherrn ist die Bauherrenhaftpflichtversicherung. Sie ist praktisch unerlässlich, weil damit alle Schäden gegenüber Dritten abgesichert werden.

Unerlässlich für den Bauherrn

Fügt jemand einem anderem einen Schaden zu, auch ungewollt, haftet er nach § 823 BGB dafür mit seinem gesamten Vermögen jetzt und in Zukunft, bis der (finanzielle) Schaden komplett bezahlt ist, notfalls ein Leben lang. Dieses Risiko trägt jeder Bauherr. Ein Schadensfall auf einer Baustelle kann schnell im fünfstelligen Euro-Be-

reich liegen, bei mehrfachen Personenschäden auch weit darüber. Der Bauherr haftet grundsätzlich unbegrenzt für Schäden auf seinem Grundstück oder bei der Errichtung eines Bauwerks. Dafür steht dann die Bauherrenhaftpflicht gerade. So wird sichergestellt, dass trotz Schadensfall und der damit verbundenen Kosten der Bauherr sein Objekt fertig stellen kann.
Doch welche Risiken werden genau von der Bauherrenhaftpflichtversicherung übernommen? Einige exemplarische Beispiele:

Auswahl übernommener Risiken

- Passanten werden von herabstürzenden Dachteilen schwer verletzt.
- Kinder fallen in die Baugrube und verletzen sich (auch das Schild „Eltern haften für ihre Kinder" befreit nicht von der Verpflichtung auf Schadensersatz).
- Parkende Autos werden durch herabfallende Gebäudeteile zerstört.
- Das Nachbargebäude wird beschädigt (zum Beispiel durch Feuer, Rohrbruch oder Absenken des Baugrundes).

Tipp:

Einige wenige Versicherungsgesellschaften bieten auch die Kombination aus Privat- und Bauherrenhaftpflicht an. Für Bauherren eine interessante Kombination, da auch die Haftpflicht für den Privatbereich zur Grundausstattung des Versicherungsschutzes gehört. Außerdem bieten einige Versicherer einen Einschluss zumindest kleinerer Bauvorhaben im Rahmen der Privathaftpflichtversicherung an.

Die Bauherrenhaftpflichtversicherung schließt alle Bauherren-Risiken ein, die aus Neu-, Um-, Anbauten, Reparaturen, Abbruch- und Grabarbeiten entstehen können. Das gilt sowohl für Personen- als auch für Sachschäden. Die Versicherung prüft grundsätzlich die Rechtslage und kann daher auch in Anspruch genommen werden, um unberechtigte Ansprüche an den Bauherrn abzuwehren. Gerade wenn viele Unternehmen oder Personen an der Erstellung des Bauwerks beteiligt sind, ist diese Versicherung wichtig, falls Streitigkeiten über den Verantwortungsbereich jedes Einzelnen entstehen.

Achtung:

Einige Versicherer schließen die Haftung für unverschuldet eingetretene Schäden an Nachbars Grundstück aus. Das sollte jedoch unbedingt mitversichert werden.

Frühzeitig abschließen

Schließen Sie die Bauherrenhaftpflicht bereits beim Grundstückskauf ab, wenn das Haus innerhalb der nächsten zwei Jahre gebaut werden soll. Bis zum Baubeginn wird dann das noch unbebaute Grundstück ohne Prämie mitversichert.

Tipp:

Es empfehlen sich Versicherungssummen, die bei mindestens drei Millionen Euro pro Personenschaden liegen. Hier sollten Sie nicht an der falschen Stelle sparen, denn bei schweren Personenschäden kann die Summe schnell erreicht werden.

Die Verantwortung des Bauherrn

Zwar haftet der Bauherr nicht für alle Risiken am Bau, da die beauftragten Unternehmen auch Sicherungsmaßnahmen durchführen, doch für einiges ist er allein verantwortlich. So trägt er Sorge dafür, dass die Baustelle gesichert wird. Dazu zählen eine Umzäunung des Bauvorhabens, die Sicherung der Baugrube und von Schächten und die ordnungsmäßige Lagerung der Baumaterialien. Der Bauherr ist nicht für jede Gefahrenquelle gleichsam verantwortlich, es ist ihm aber auch zumutbar, bei für Laien erkennbaren Risiken einzuschreiten. Er unterliegt zwar keiner ständigen Anwesenheitspflicht, jedoch sollte er stichprobenartig die Sicherheitsmaßnahmen überprüfen.

Achtung:

Selbst wenn die Hauptschuld für einen Schaden beim Bauunternehmen liegt, muss der Bauherr dafür gesamtschuldnerisch eintreten, falls das Bauunternehmen insolvent ist, selbst wenn ihn nur eine geringe oder auch gar keine Mitschuld trifft. Der Geschädigte kann vom Bauherrn also die volle Summe verlangen, falls das Bauunternehmen für seine Zahlungsverpflichtungen selbst nicht mehr eintreten kann.

8.2 Die Bauherreneigenleistungsausfall-Garantieversicherung

Wichtig bei umfangreichen Eigenleistungen

In vielen Fällen sind beim Bau oder Kauf eines Hauses Eigenleistungen gewünscht, um die Eigenkapitalquote des Bauherrn zu erhöhen. Es gibt aber immer wieder vom Bauherrn unverschuldete Vorkommnisse, die dazu führen, dass er zum Beispiel nicht in der Lage ist, sein Werk zu beginnen oder zu vollenden. Da die Finanzierung des Objekts meist eng mit der Eigenleistung verknüpft ist, würde nun eine Zwangsversteigerung drohen. Um dies abzuwenden, deckt die Bauherreneigenleistungsausfall-Garantieversicherung die finanziellen Folgen bei unverschuldeter Arbeitslosigkeit und Arbeitsunfähigkeit durch Unfall, längere Krankheit oder Tod des Bauherrn ab.
So ist es möglich, Handwerker, Architekten oder Ingenieure damit zu beauftragen, das Haus fertig zu stellen. Bei unverschuldet eingetretener Arbeitslosigkeit oder längerer Krankheit kann die Versicherung zudem die Raten für Zins und Tilgung der Baudarlehen übernehmen, allerdings in der Regel maximal ein Jahr lang.

Achtung:
Der Ausfall von privaten Bauhelfern kann nicht abgesichert werden.

Prämie

Die Prämie richtet sich nach dem Umfang der Absicherung und der Höhe der zu versichernden Eigenleistungen. Die Versicherung ist dann zu empfehlen, wenn Sie als Bauherr einen größeren Teil Eigenleistungen in das Bauvorhaben einbringen.

8.3 Die Unfallversicherung der Bau-Berufsgenossenschaft

Pflichtversicherung für Bauhelfer

Die Unfallversicherung der Bau-Berufsgenossenschaft sichert Bauhelfer gegen Arbeits- und Wegeunfälle beim Erstellen oder Renovieren des Bauwerks ab. Der Bauherr ist verpflichtet, die Bauhelfer bei der Bau-Berufsgenossenschaft zu melden.
Diese Versicherung wird auch als „Bauhelferunfallversicherung“ bezeichnet. Dabei ist es für die Berufsgenossenschaft unerheblich, ob

die Bauhelfer bezahlt werden oder nicht oder wie lange sich das Bauvorhaben hinzieht. Versichert werden müssen auch Fach- und Hilfskräfte, die außerhalb ihres Arbeitsverhältnisses, beispielsweise an arbeitsfreien Tagen, für den Bauherrn tätig werden.

Meldung innerhalb von einer Woche

Die Meldung muss binnen einer Woche nach Baubeginn bei der Bau-Berufsgenossenschaft eingegangen sein, andernfalls begeht der Bauherr eine Ordnungswidrigkeit, die regelmäßig mit einer Geldbuße belegt wird.

Unfallverhütungsvorschriften

Damit der Versicherungsschutz der Bau-Berufsgenossenschaft greift, müssen am Bau alle entsprechenden Unfallverhütungsvorschriften beachtet und angewendet werden, denn bei Schadenfällen überprüft die Bau-Berufsgenossenschaften deren Einhaltung. Die entsprechenden Vorschriften erhalten Sie über die Bau-Berufsgenossenschaften, auch eine Vorortberatung von Sicherheitsspezialisten ist möglich. Als Bauherr tragen Sie außerdem dafür Sorge, dass alle Bauhelfer entsprechend den Sicherheitsauflagen instruiert worden sind, denn im Zweifelsfall können die Bauhelfer Sie dafür in Regress nehmen.

Freiwillige Absicherung für den Bauherrn

Rechtlich gesehen gilt der Bauherr als Unternehmer und ist deshalb selbst nicht über die Unfallversicherung der Bau-Berufsgenossenschaft abgesichert. Jedoch gilt der Schutz für den übrigen Teil der Baufamilie, also für Kinder oder Ehefrau bzw. Ehemann, soweit diese nicht selbst auch Bauherr sind. Eine freiwillige Absicherung bei der Bau-Berufsgenossenschaft ist jedoch möglich. Über die gesetzliche Unfallversicherung erhält der Geschädigte in der Regel eine Unfallrente oder ein Verletztenentgeld bei bestimmten Schädigungen, die keine Erwerbsunfähigkeit nach sich ziehen. Arbeitsunfälle müssen innerhalb von drei Tagen bei der Bau-Berufsgenossenschaft angezeigt werden.

8.4 Die Haus- und Grundstückshaftpflichtversicherung

Grundsätzlich teilt sich diese Versicherung in zwei Bestandteile auf:

Hausversicherung

- zum einen in die Hausversicherung, die sich mehr an Eigentümer bzw. Vermieter oder Wohneigentümergemeinschaften von Mehrfamilienhäusern wendet, und

Grundstücksversicherung

- zum anderen in die Grundstücksversicherung, die sich vorwiegend an die Eigentümer von Bauland wendet.

Haftung aus dem Besitzstand heraus

Der Versicherungsgegenstand ist eine Absicherung gegen Schäden, die durch schuldhaftes, also fahrlässiges Handeln des Haus- und Grundbesitzers (Eigentümer, Mieter, Pächter, Nutznießer) verursacht wurden. Nach deutschen Recht haftet jeder Eigentümer einer Sache aus dem Besitzstand heraus, und zwar unbegrenzt. Ausgenommen vom Versicherungsschutz ist allerdings grobe Fahrlässigkeit.

Der Eigentümer eines Bauwerks muss für alle Schäden aufkommen, die Dritten aufgrund des Gebäudes widerfahren sind. Dazu zählen insbesondere die Verletzung der Verkehrssicherungspflichten zum Beispiel durch bauliche Mängel, die nicht beseitigt wurden, oder durch die Verletzung der Räum- und Streupflicht. Es werden sowohl Personen- als auch Sachschäden abgesichert. Einige typische Fälle: Schnee- und Eisabgänge vom Dach verletzen Passanten oder beschädigen Autos, Mieter stürzen auf schlecht beleuchteten oder verschmutzten Treppen oder spielende Kinder verunglücken auf dem Grundstück. Im Schadensfall werden der jeweilige Sach- oder Personenschaden ersetzt und Verletztenentgelte oder Renten bezahlt.

Auch eine Vermögensschadenhaftpflicht-Versicherung ist meist in der Police enthalten – erfahrungsgemäß kommen allerdings solche Ereignisse sehr selten vor. Ein denkbares Schadensereignis wäre, dass durch Schneeabgang ein Auto beschädigt wird, wodurch der Geschädigte einen wichtigen Geschäftstermin verpasst und aufgrund dessen einen entsprechenden Verlust geltend machen kann.

Sinnvoll bei Mehrfamilienhäusern

Sinnvoll ist die Haus- und Grundstückshaftpflichtversicherung für all jene, die entweder Häuser (ab drei Wohnungen) vermieten oder selbst als Eigentümer in einem Mehrfamilienhaus wohnen. In letzte-

rem Fall ist der Versicherungsschutz erst ab vier Wohnungen notwendig, da der Vermieter in der Regel nicht „mitzählt". Wichtig dabei ist eine ausreichende Versicherungssumme – drei Millionen Euro je Personenschaden sollten es mindestens sein.
Der Besitzer eines Eigenheims oder einer Eigentumswohnung ist in der Regel über seine Privathaftpflichtversicherung ausreichend versichert.
Der Abschluss der Versicherung ist nach Beendigung der Bauarbeiten sinnvoll und wird daher meist nahtlos mit der Bauherrenhaftpflichtversicherung abgeschlossen.
Die Grundstückshaftpflichtversicherung ist für Besitzer von Grundstücken wichtig – beispielsweise bei Besitz von Wohnbauerwartungsland –, die erst in mehreren Jahren bauen wollen oder können. Kürzere Zeiträume können in der Regel über die Bauherrenhaftpflichtversicherung mit abgedeckt werden.

8.5 Die Risikolebensversicherung

Finanzielle Absicherung der Baufamilie

Die Risikolebensversicherung sichert die Familie gegen finanzielle Engpässe, die durch den Tod des Hauptverdieners entstehen, finanziell ab. Die Risikolebensversicherung – oder alternativ die Restschuldversicherung – ist ein Muss für den Bauherrn und wird in der Regel auch von den Kreditgebern erwartet. Die Risikolebensversicherung dient ausschließlich zur finanziellen Absicherung der Baufamilie, im Todesfall wird die Versicherungssumme an die Hinterbliebenen ausgezahlt. Auf diese Weise soll sichergestellt werden, dass das Bauvorhaben in jedem Fall vollendet werden kann.
Im Gegensatz zur kapitalbildenden Lebensversicherung erfolgt keine Kapitalauszahlung bei Ablauf der Versicherung, lediglich die Auszahlung kleinerer Überschüsse ist möglich. Alternativ können die Überschüsse auch zur Verringerung der Prämienzahlungen oder zur Erhöhung der Todesfallleistung verwendet werden.

Konstante Versicherungssumme

Bei der Risikolebensversicherung bleibt über die gesamte Laufzeit die gleiche Versicherungssumme bestehen. Dabei ist es egal, wie hoch der Restfinanzierungsbedarf ist, im Todesfall wird immer die vereinbarte Summe an die Hinterbliebenen ausbezahlt. Über diesen

Weg können zum Beispiel Kosten für den Zukauf von Leistungen, die wegen fehlender Eigenleistung des verstorbenen Bauherrn entstehen, abgefedert werden.

Tipp:

Erbringen Sie als Bauherr in größerem Umfang Eigenleistungen, sollten Sie die Versicherungssumme möglichst über den eigentlichen Fremdfinanzierungsbedarf der Baufinanzierung ausdehnen.

Versicherung für beide Ehepartner

Sind sowohl Vater als auch Mutter der Baufamilie finanziell gleichmäßig an dem Bauvorhaben beteiligt, sollten auch Versicherungen für beide abgeschlossen werden. Hier gibt es zwei Möglichkeiten:

- Entweder schließt jeder eine eigene Versicherung ab oder
- es wird eine so genannte Risikolebensversicherung auf verbundene Leben (also das Leben zweier Personen) gewählt.

Die verbundene Lebensversicherung ist immer dann sinnvoll, wenn zum Beispiel der Tod der Hausfrau eine besondere Härte darstellen würde, weil nun größere Kosten für die Kinderbetreuung und Haushaltsführung anstehen. Dies ist häufig der Fall, wenn mehrere Kinder zu versorgen sind. Die Versicherungssumme wird hierbei nur einmal ausbezahlt.

Möglichkeit zur Nachversicherung

Wer plant, beim Hauskauf noch umfangreiche Baumaßnahmen auf dem Grundstück vorzunehmen, sollte einen Vertrag mit Nachversicherungsmöglichkeit wählen, um den Versicherungsschutz entsprechend anpassen zu können. Der Vorteil: In vielen Fällen kann die Versicherungssumme ohne weitere Gesundheitsprüfung erhöht werden. Dies ist allerdings immer abhängig vom Alter des Versicherungsnehmers zum Zeitpunkt der Nachversicherung und teilweise auch davon, welche Vertragsform gewählt wurde.

In der Regel fällt die Auszahlung der Risikolebensversicherung nicht in die Erbmasse und daher muss auch keine Erbschaftsteuer gezahlt werden, die die Versicherungssumme ganz erheblich schmälern kann.

Lebenspartnerschaften

Da Lebenspartnerschaften durch die Erbschaftsteuergesetzgebung benachteiligt sind, muss in diesem Fall ein gesonderter Weg zur finanziellen Absicherung beschritten werden. Der zu versorgende Lebenspartner schließt eine Risikolebensversicherung auf das Leben des Hauptverdieners ab. So fällt die Versicherung nicht in die Erbmasse.

Kombination mit Zusatzversicherungen

Die Risikolebensversicherung kann auch mit Zusatzversicherungen kombiniert werden. So sind der Einschluss einer Berufsunfähigkeitsversicherung, die Erhöhung der Todesfallleistung oder der Abschluss einer zusätzlichen privaten Unfallversicherung als Vertragsbestandteil möglich.

8.6 Die Restschuldversicherung

Die Restschuldversicherung ist eine abgewandelte Form der Risikolebensversicherung, die die Baufamilie gegen die finanziellen Folgen des Todes des Hauptverdieners absichert, allerdings – im Gegensatz zur herkömmlichen Risikolebensversicherung – mit fallender Todesfallsumme.

Günstiger als Risikolebensversicherung

Die Versicherungssumme fällt jährlich oder monatlich gleichmäßig von der Anfangsversicherungssumme bis auf null zum Zeitpunkt des Ablaufs der Finanzierung. Dadurch wird die Restschuldversicherung dem tatsächlichen Restfinanzierungsbedarf der Immobilie über die gesamte Laufzeit angepasst. Mit dem dann im Versicherungsfall ausgezahlten Geld ist es für die Hinterbliebenen möglich, die verbleibende Restsumme des Kredits zu tilgen. Eine Alternative ist eine Restschuldversicherung, die die Prämien bis zum Ende der Laufzeit übernimmt, damit der Kredit wie vorgesehen zum Laufzeitende getilgt werden kann. Vorteil: Diese Versicherungspolice ist meist günstiger als eine reine Risikolebensversicherung. Der Nachteil besteht darin, dass finanziell keine Mittel bleiben, mit denen unvorhergesehene Verteuerungen, die bei Tod des Hauptverdieners entstehen, kompensiert werden können.

Die Prämienzahlung kann einmalig zu Beginn des Vertrags erfolgen oder monatlich über die gesamte Vertragszeit.

Zusatzversicherungen

Der Einschluss von Zusatzversicherungen ist grundsätzlich möglich. Denkbar wären Zusatzversicherungen, die Risiken wie Berufsunfähigkeit, Krankheit, Unfall oder Arbeitslosigkeit abdecken. Bei Krankheit, Berufsunfähigkeit oder Arbeitslosigkeit werden die Prämien weitergezahlt, solange der Versicherungsfall gilt, jedoch gibt es

häufig Karenzzeiten bei Arbeitslosigkeit oder Krankheit, die finanziell überbrückt werden müssen.
Sinnvoll ist die Restschuldversicherung für all jene, die knapp kalkulieren müssen oder wollen bzw. Zusatzversicherungen abschließen wollen, die bei reinen Risikolebensversicherungen nicht angeboten werden.

8.7 Die Feuer-Rohbauversicherung

In der Regel ist eine kostenlose Feuerversicherung für den Rohbau bei der Wohngebäude-Versicherung mit eingeschlossen. Ist das nicht der Fall, könnten Sie zusätzlich noch eine Feuer-Rohbau-Versicherung abschließen.

Voraussetzung für die Kreditvergabe

Normalerweise befinden sich die Wohngebäude- und die Feuer-Rohbauversicherung auf ein und demselben Antrag des Versicherers. Dieser übernimmt dann alle Feuerrisiken, die den Rohbau des Hauses betreffen können. Dazu zählen in erster Linie Schäden, die direkt am Gebäude oder Gebäudeteilen entstehen, und deren Beseitigung, einschließlich gegebenenfalls anfallender Aufräumungs- und Abbruchkosten. Schlägt allerdings ein Blitz in den Rohbau ein und verursacht Schäden, so ist dies meist nicht mit abgesichert. Das Gleiche gilt für Explosionen. Jedoch können diese Risiken zusätzlich – gegen eine entsprechende Prämie – mit in die Versicherungspolice aufgenommen werden. Die Versicherung gilt, solange das Gebäude noch nicht bezugsfertig ist. Bezugsfertig ist ein Haus laut Versicherungsbedingungen dann, wenn Dach, Wände, Fenster, Außentüren, sanitäre und elektrische Anlagen vorhanden sind und es somit bewohnbar ist.
In der Regel werden zunächst sechs Monate Mitversicherung gewährt, sollte das Gebäude auch danach noch nicht bezugsfertig sein, werden häufig nochmals sechs Monate gewährt. Verzögert sich der Bau des Hauses noch weiter, muss der Rohbau kostenpflichtig mitversichert werden. Allerdings ist die kostenlose Mitversicherung nicht selten an die Vertragsdauer der Versicherung geknüpft und unter Umständen auch auf Kulanz zu verlängern. Häufig muss die Versicherung zusätzlich ohne Mehrkosten für die Rohbauzeit bean-

tragt werden. Und: In den meisten Fällen ist die erste Prämie bereits zum Zeitpunkt des Rohbau-Versicherungsschutzes fällig. Ebenso wie die Wohngebäude-Versicherung ist die Feuer-Rohbauversicherung ein Muss für jeden Bauherrn.

8.8 Die Wohngebäude-Versicherung

Elementarschäden

Diese Versicherung gilt für Gebäude, die überwiegend zu Wohnzwecken genutzt werden. In der Regel können Elementarschäden, die durch Feuer, Wasser oder Sturm entstehen, abgesichert werden. Werden alle Risiken in einem Vertrag eingeschlossen, so spricht man von einer „verbundenen Wohngebäude-Versicherung“. Diese Bündelung der Versicherungen hilft die Verwaltungskosten, die pro Vertrag entstehen, zu senken und ist daher in der Regel günstiger als eine Einzelabsicherung.

Teils verpflichtend

In einigen Gebieten gibt es eine Pflicht, sich gegen bestimmte Risiken abzusichern, so z. B. in Hamburg sowohl gegen Feuer als auch gegen Sturm oder in Baden-Württemberg gegen Feuer.

Was ist versichert?

Abgesichert ist zunächst einmal der eigentliche Baukörper, also das Haus oder der Rohbau. Jedoch gilt der Versicherungsschutz auch allgemein für die Bauwerke, die sich auf dem Grundstück befinden, also für Garagen, Nebengebäude oder Ähnliches. Darüber hinaus sind noch alle Sachen versichert, die man im weitesten Sinne als Zubehör des Gebäudes ansehen kann und die zu Wohnzwecken genutzt werden. Dazu zählen zum Beispiel die Sanitär- und Elektroanlagen, Holzdecken, Markisen, Rollos, Veranda, Wintergarten usw. Entscheidend ist, dass sich die Sachen im oder in direkter Verbindung zum Gebäude befinden. Weiteres Zubehör wie Mauerwerke oder Einfriedungen können je nach Umfang des Vertrags mitversichert sein oder müssen zusätzlich versichert werden. Versichert sind alle Sachen, die durch Einwirkung von Elementarschäden zerstört oder beschädigt bzw. auch abhanden gekommen sein können, aber auch alle Kosten, die aufgrund des Schadensereignisses entstanden sein können, wie Löscharbeiten, das Niederreißen von Gebäudeteilen, alle Aufräum- und Abbruchkosten sowie auch Kosten, die durch Minderung des Schadens entstehen, und Mietausfall für eine bestimmte Zeit, wenn beispielsweise eine Wohnung oder Zimmer im Haus vermietet ist. Entschädigt werden bei einer verbundenen Wohngebäude-Versicherung Sachen, die durch Feuer, Blitzschlag (aber keine Überspannungsschäden!), Explosion oder durch Absturz oder Anprall von Flugzeugen oder deren Teile beschädigt wurden.

Zusatzversicherungen möglich

Bei der Mitversicherung von Sturm (ab einer Windgeschwindigkeit von mehr als 70 km/h) werden alle unmittelbar dadurch zerstörten oder beschädigten Sachen ersetzt. Dazu zählen neben Gebäudeteilen auch alle am Gebäude befindlichen Zubehöre (diese müssen teilweise zusätzlich abgesichert werden, falls die Versicherungssummen nicht ausreichen, dies gilt auch für die Absicherung von Hagelschlag ohne Sturm).

Bei Schäden, die durch den bestimmungswidrigen Austritt von Leitungswasser entstehen, sind folgende Risiken abgesichert: Schäden innerhalb des Hauses, die durch defekte Zu- und Abwasserrohre oder Schläuche der Wasserversorgung entstehen, mit Rohrsystemen verbundene Einrichtungen und Anlagen der Warmwasser- oder Dampfheizungsanlagen können in die Police mit eingeschlossen werden, außerdem noch Rohrbruch und Frostschäden innerhalb des Gebäudes und die Zuleitungsrohre der Wasserversorgung auch außerhalb des Gebäudes. Die Ableitungsrohre sind hingegen außerhalb des Hauses nicht versicherbar. Außerdem werden noch Zuleitungsrohre versichert, die der Versorgung nicht versicherter Anlagen dienen, sowie Leitungswasserrohre, die auch außerhalb des Grundstücks liegen, wenn der Versicherungsnehmer dafür die Verantwortung trägt.

Nach Bezug des Hauses durch den Bauherrn können noch Versicherungen gegen weitere Elementarschäden vereinbart werden wie gegen Überschwemmungen, Rückstau, Erdbeben oder Erdfall/Hangrutsche. Ob das allerdings Sinn macht, muss im Einzelfall überprüft werden. Außerdem gibt es Gebiete, in denen einzelne Elementarschäden gar nicht versicherbar sind. So gibt es Baugebiete am Rande von Flussauen, die gegen Hochwasser nicht versicherbar sind, da es hier regelmäßig zu Überschwemmungen kommt.

Achtung:
Banken vergeben ohne den Abschluss einer Wohngebäude-Versicherung meist keine Hypothekenkredite, da das Haus für den vergebenen Kredit die Sicherheit darstellt.

8.9 Die Bauleistungsversicherung

Auch bei sorgfältiger Planung können während der Bauzeit Schäden auftreten, die jede Kalkulation und damit die Finanzierung des Bauvorhabens gefährden. Von der Einrichtung der Baustelle bis zur Fertigstellung trägt der Bauherr das finanzielle Risiko möglicher Schäden.

Absicherung vor allen Dingen gegen Diebstahl

Die Bauleistungsversicherung deckt unvorhergesehene Schäden, die in der Roh-, Aus- oder Umbauphase entstehen können, ab. Versichert ist der Diebstahl fest eingebauter Teile sowie alle Beschädigungen und Zerstörungen an Bauleistungen und Baumaterial. Die Versicherung zahlt beispielsweise bei Schäden durch höhere Gewalt wie Hochwasser- oder Sturmschäden, aber auch bei Schäden, die durch unbekannte Eigenschaften des Baugrunds oder durch Konstruktions- und Materialfehler entstehen.

Gegen Pfusch am Bau bietet die Bauleistungsversicherung jedoch keinen Schutz. Sie zahlt auch dann nicht, wenn das Material noch nicht eingebaut ist (z. B. Heizkörper) oder der Schaden durch normalen Witterungseinfluss entstanden ist, beispielsweise durch Frost. Auch entwurzelte Bäume zählen nicht zu den direkten Schäden am Haus und die Aufräumarbeiten müssen vom Bauherrn selbst bezahlt werden. Durch einen entsprechenden Prämienaufschlag kann dieses Risiko aber zusätzlich versichert werden, ebenso wie die Risiken Diebstahl und Feuer.

Achtung:
Als Bauherr müssen Sie die anerkannten Regeln der Technik oder Sicherheitsmaßnahmen beachten und dürfen beispielsweise empfindliches Baumaterial nicht dem Frost aussetzen, sonst geht der Versicherungsschutz verloren.

Prämie

Die Bauleistungsversicherung wird einmalig für die Dauer der Bauzeit abgeschlossen und der Beitrag in der Regel im Voraus für die gesamte Baudauer gezahlt. Im Einzelfall – z. B. bei großen Bauvorhaben – können aber auch Ratenzahlungen vereinbart werden. Die Prämie für die Police ist zwischen allen am Bau Beteiligten – Bauherren, Architekten und Bauunternehmen – teilbar. Mit einer gewissen Eigenbeteiligung lässt sich die Höhe der Prämie, die sich nach der Bausumme richtet, reduzieren. Für Fertighäuser bieten einige Anbieter auch Sondertarife an. Der Bauherr ist in der Regel bis zum Bezug des Gebäudes versichert, maximal aber zwei Jahre. Die Versicherungssumme entspricht dem Wert der Bauleistung einschließlich aller Baustoffe und Bauteile.

Was wird ersetzt?

Im Schadensfall werden alle Kosten ersetzt, die für die Wiederherstellung des Zustands vor Eintritt des Schadens aufgewendet werden müssen. Eine Bauleistungsversicherung ist grundsätzlich für jeden Bauherrn zu empfehlen, denn jedes Risiko, mit dem er nicht gerechnet hat, kann zu unvorhergesehenen Kosten führen und damit die gesamte Finanzierung gefährden.

8.10 Die Öltank- und Gewässerschadenhaftpflichtversicherung

Die Öltank- und Gewässerschadenhaftpflichtversicherung versichert den Bauherrn gegen Schadensersatzansprüche für eine drohende oder eingetretene Wasserverschmutzung durch den Öltank.

Unerlässlich für jeden, der mit Öl heizt

Die Öltankhaftpflichtversicherung deckt die gesetzliche Haftpflicht des Versicherungsnehmers für den Besitz oder das Betreiben eines Öltanks für die im Versicherungsschein beschriebene Tankanlage ab, die sich laut § 22 des Wasserhaushaltsgesetzes (WHG) ergibt. Demnach können Besitzer eines Hauses, die einen Öltank besitzen oder unterhalten, für alle daraus entstehenden Schäden sowie für Maßnahmen, die zur Behebung dieser Schäden erforderlich sind, zur Verantwortung gezogen werden. Manchmal haften auch die Mieter dafür, diese Regelung muss dann im Mietvertrag vereinbart sein.

Ein Öltank ist nur begrenzt haltbar, deshalb sollte er regelmäßig kontrolliert und gewartet werden. Kommt es trotz aller Vorsichtsmaßnahmen zum Schaden, haftet der Besitzer mit seinem gesamten Vermögen und seinem Einkommen. Dabei spielt es keine Rolle, ob der Besitzer oder eine andere Person das Auslaufen oder Überlaufen des Tanks verursacht hat oder nicht (Gefährdungshaftung).
Die Höhe der Schadensersatzkosten bei einem Unfall sind nicht vorherzusehen. Der Besitzer muss im Fall des Falles für alle Kosten, die entsehen, um das Grundwasser zu reinigen, die verschmutzte Erde auszuheben, um Schäden am Haus und Garten zu beseitigen und eventuell einen Sperr- oder Bebachtungsbrunnen zu errichten, aufkommen. Im schlimmsten Fall muss das ganze Haus abgerissen werden, auch dafür zahlt der Besitzer. Wer eine Öltank-/ Gewässerschadenhaftpflichtversicherung abschließt, ist gegen diese Ansprüche geschützt.
Die Kosten für die Versicherung hängen von der gewählten Deckungssumme, vom Fassungsvermögen des Öltanks und dessen Lage ab. Ein unterirdischer Tank muss teurer als ein oberirdischer versichert werden. Da der Tankbesitzer in unbegrenzter Höhe haftet, sollte die Versicherungssumme so hoch wie möglich sein. Bei einem ernsteren Vorfall können Schäden in Millionenhöhe entstehen.

8.11 Weitere Versicherungen für den Bauherrn

Neben den bereits erwähnten Versicherungen gibt es weitere, die insbesondere für Bauherren interessant sein können.

Private Unfallversicherung

Dazu zählt die private Unfallversicherung, falls der Bauherr sich nicht freiwillig über die Bau-Berufsgenossenschaft versichern möchte. Diese Unfallversicherung gilt dann allerdings nicht nur für die Baustelle, sondern insgesamt für Verletzungen, die dem Versicherten widerfahren, egal, wo sie ihn ereilen.

Berufsunfähigkeitsversicherung

Eine Alternative dazu ist auch eine Berufsunfähigkeitsversicherung, die nicht nur bei Erwerbsunfähigkeit aufgrund von Verletzungen, sondern auch bei Krankheiten greift. Vorteil dieser Versicherung für den Bauherrn: Während die anderen Versicherungen nur den Tod oder die Arbeitsunfähigkeit während der Bauphase absichern, ist über diesen Weg der Versicherungsschutz auch während der Finanzierungszeit gegeben.

8.12 Bei wem kann ich die Versicherungen abschließen?

Internet

Über das Internet bekommen Sie zahlreiche Informationen und auch Prämienvergleiche zu den Versicherungen. Geben Sie in einer Suchmaschine das Stichwort „Bauherrenhaftpflichtversicherung" ein, so erhalten Sie viele Websites von Versicherungen und Vermittlern als Ergebnis.

Achtung:

Zwar werfen die Online-Vergleiche günstige Versicherer aus, aber ob man über diesen Weg immer den günstigsten Versicherer findet, ist nicht gesagt. Gerade viele kleine oder auch lokale Versicherer sind nicht immer bei den Online-Vergleichen vertreten.

Natürlich können Sie Versicherungen zum Teil auch online abschließen, besonders bei preiswerten Direktversicherern. Benötigen Sie ein Standardangebot, werden Sie hier meist gut bedient. Alternativ können Sie sich auch gegen eine Gebühr bei den Verbraucherzentralen informieren.

Versicherungsvermittler

Wollen Sie Ihre Versicherung über einen Versicherungsvermittler abschließen, gilt dasselbe, was bereits in Kapitel 4.6 zu den Finanzberatern gesagt wurde.

9 Wie kann ich mit der Immobilie Steuern sparen?

9.1 Steuern sparen als Vermieter

Eine vermietete Immobilie sollte grundsätzlich auch ohne Berücksichtigung der Steuervorteile eine lohnende Geldanlage sein. Die Mieteinnahmen müssen – entsprechend dem eingesetzten Kapital – hoch genug sein, um eine ausreichende Rendite zu erzielen. Ein weiterer wichtiger Aspekt ist eine gute Lage des Objekts, da hiervon die zukünftig zu erreichenden Wert- und Mietsteigerungen abhängen. Unabhängig davon sollten Sie als Vermieter aber natürlich alle sich Ihnen bietenden legalen Möglichkeiten der Steuerersparnis nutzen.

9.1.1 Einsparungen bei der Einkommensteuer

Während Selbstnutzer steuerlich von der Eigenheimzulage profitieren, haben Vermieter entsprechend dem Einkommensteuergesetz (EStG) die Möglichkeiten, ihre Steuerschuld zu mindern. Zwar müssen sie ihre Miet- und Pachteinnahmen versteuern, auf der anderen Seite können sie jedoch Werbungskosten wie z. B. Schuldzinsen und Abschreibungen absetzen.

Mischnutzung

Dies betrifft auch Besitzer von Zwei- oder Mehrfamilienhäusern, wenn sie einen Teil des Hauses selbst bewohnen – so genannte Mischnutzer. Für den vermieteten Teil des Wohnraums gelten dann die Vorteile für Vermieter, für den selbst genutzten Wohnraum die Steuervorteile für Selbstnutzer.

In der jährlichen Einkommensteuererklärung müssen Sie die Einkünfte aus Vermietung und Verpachtung angeben, die sich aus der Gegenüberstellung der Einnahmen und Ausgaben errechnen. Sind die abzugsfähigen Werbungskosten (Schuldzinsen, Betriebskosten,

Instandhaltungskosten und Abschreibungen) höher als die Mieteinnahmen, entsteht ein Verlust – negative Einkünfte. Diese können mit einer anderen Einkunftsarten, z. B. Einfünften aus nichtselbstständiger Tätigkeit, verrechnet werden. Weil dies zu einer Verminderung des zu versteuernden Einkommens und damit der Steuerlast führt, wirken sich die negativen Einkünfte für den Hausbesitzer positiv aus.

Übersicht: Miet – und Pachteinnahmen bzw. Werbungskosten

Miet- und Pachteinnahmen	Werbungskosten
Mieten (auch für Stellplätzen und Garagen)	Abschreibungen • Herstellungs- bzw. Anschaffungskosten können degressiv oder linear abgeschrieben werden.
Mietumlagen der laufenden Betriebskosten: • Wasserverbrauch • Müllabfuhr usw.	Instandhaltungskosten (Erhaltungsaufwand) • Kosten für Reparaturen und Instandhaltungen müssen vom Herstellungsaufwand abgegrenzt werden.
Mietvorauszahlungen	Laufende Betriebskosten • Abwasser • Müllabfuhr • Schornsteinfeger usw.
	Verwaltungskosten
	Schuldzinsen (Kosten für Zinsen des Fremdkapitals)
	Geldbeschaffungskosten • Disagio • Notar- und Grundbuchgebühren • Bereitstellungszinsen usw.

Die Verluste aus Vermietung können nur geltend gemacht werden, wenn der Vermieter langfristig auch Gewinn erzielen möchte, er also eine Einkünfteerzielungsabsicht hegt.

Verlustausgleich nicht mehr begrenzt

Zum Jahr 1999 war der Verlustausgleich zwischen den verschiedenen Einkunftsarten beschränkt worden. Ein negatives Einkommen konnte nur noch bis zu einer Höhe von 51.500 Euro mit Einkünften aus einer anderen Einkunftsart verrechnet werden. Bei Ehegatten galt der doppelte Betrag. Entstanden Verluste über diese Grenze hinaus, konnten sie nur noch bis zur Hälfte der verbleibenden positiven Einkünfte ausgeglichen werden. Mit Wirkung zum 01.01.2004 wurde diese Regelung jedoch wieder abgeschafft. Seitdem können Verluste wieder unbegrenzt mit positiven Einkünften verrechnet werden.

Beispiel:

Einkünfte aus dem bebauten Grundstück:

Zeile 3 Vereinnahmte Mieten + Betriebskosten-vorauszahlungen	13.300,00
Zeile 12 Summe der Einnahmen	13.300,00
Zeile 13 Summe der Werbungskosten (Übertrag aus Zeile 57)	19.464,92
Zeile 40 Schuldzinsen	11.109,00
Zeile 41 Geldbeschaffungskosten	1.824,00
Zeile 49-55 Betriebskosten	2.125,00
Zeile 35 Absetzung für Abnutzung nach § 7 Abs 4 EstG	4.406,92
in Höhe von 2 v.H. aus 220.3450,80	
Zeile 57/13 Summe der Werbungskosten	19.464,92
Zeile 13 Überschuss (Zeile 12 abzüglich Zeile 13)	- 6.164,92

Der Steuerpflichtige hatte im Jahr 2004 ein Einkommen von 61.202,92 Euro. Abzüglich des Verlusts von 6.164,92 Euro aus den Einkünften aus Vermietung und Verpachtung im Jahr 2004 beträgt das zu versteuernde Einkommen 55.038 Euro. Laut Splittingtabelle 2004 hat er 10.300 Euro Einkommensteuer zu entrichten. Ohne den Verlustausgleich hätte er 12.310 Euro zahlen müssen. Seine Steuerersparnis beträgt 2.010 Euro.

Erhaltungsaufwand

Vermieter dürfen den Erhaltungsaufwand bis 4.000 Euro netto sofort als Werbungskosten von ihren Einkünften aus Vermietung und Verpachtung abziehen. Als Erhaltungsaufwendungen gelten Instandhaltungsmaßnahmen, die durch die gewöhnliche Abnutzung des Gebäudes vorgenommen werden müssen, wie z. B. die Ausbesserung des Dachs, der Fenster oder die Sanierung der Heizungsanlage. Es können auch Teile, die nicht verbraucht sind, ergänzt oder erneuert werden. Aus Vereinfachungsgründen sind diese Ausgaben ebenfalls als Erhaltungsaufwendungen bis 4.000 Euro sofort abziehbar. Die Voraussetzung dafür ist allerdings, dass die Baumaßnahme nach der Fertigstellung des Gebäudes erfolgte. Außerdem dürfen die Maßnahmen nicht dazu führen, dass zusätzlicher Wohnraum entsteht oder der Wert des Objekts deutlicht steigt. Der Fiskus bewertet diese Kosten sonst tatsächlich als Herstellungskosten, die abgeschrieben werden müssen.

Neues Recht seit 01.01.2004

Seit dem 01.01.2004 ist außerdem gesetzlich vorgeschrieben: Werden die Modernisierungsmaßnahmen innerhalb von drei Jahren nach Erwerb des Gebäudes durchgeführt und übersteigen deren Kosten 15 Prozent der Gebäudekosten, können sie nicht sofort als Werbungskosten abgezogen werden, sondern werden den Herstellungskosten zugeordnet.

Diese Regelung galt zwar nach intern festgelegten Verwaltungsrichtlinien zum anschaffungsnahen Aufwand auch schon vorher. Im September 2001 hatte der Bundesfinanzhof aber entschieden, dass bei Sanierungsmaßnahmen die zeitliche Nähe zum Erwerb eines Gebäudes und die Höhe der Sanierungskosten keine Rolle bei der Entscheidung spielen dürfen, ob es sich um sofort absetzbaren Erhaltungsaufwand oder um Herstellungskosten handelt. Vielmehr sei maßgeblich, ob die Modernisierung des Wohnobjekts zu einer wesentlichen Verbesserung führe oder nicht. Nur im Falle einer wesentlichen Verbesserung dürften die Kosten nicht als Werbungskosten abgezogen, sondern müssten den Herstellungskosten zugeordnet werden.

Dieser Entscheid wurde noch im Juli 2003 durch eine Verwaltungsanweisung des Bundesfinanzministeriums bestätigt und hätte für Käufer von Mietwohnungen oder -häusern die positive Folge gehabt, dass noch im Jahr des Erwerbs durchgeführte umfangreiche

Sanierungsmaßnahmen als Erhaltungsaufwand absetzbar gewesen wären. Mit dem Haushaltsbegleitgesetz 2004 wurde jedoch die bereits zuvor gültige Drei-Jahre-15-Prozent-Regel zum 01.01.2004 wieder eingeführt und gesetzlich festgeschrieben. Nach Ablauf der drei Jahre greift dann wieder die Regelung nach Entscheid des Bundesfinanzhofs.

Tipp:

Probleme kann es geben, wenn Sie Baumaßnahmen, die sowohl Herstellungs- als auch Erhaltungsaufwand umfassen, gleichzeitig durchführen und diese zudem noch räumlich in engem Zusammenhang stehen. Das ist z. B. der Fall, wenn Sie Ihr Dach ausbauen und zusätzlich die Fenster erneuern lassen. Die Folge kann sein, dass das Finanzamt den Erhaltungsaufwand (Fenster erneuern) nicht anerkennt und dem Herstellungsaufwand (Dachausbau) zurechnet. Um dies zu vermeiden, sollten Sie vom Bauunternehmen jeweils getrennte Rechnungen und Belege verlangen.

Größerer Erhaltungsaufwand

Seit dem 01.01.2004 können größere, sofort abziehbare Aufwendungen für die Erhaltung von Gebäuden auch wieder auf zwei bis fünf Jahre gleichmäßig verteilt werden. Diese in § 82b EStDV enthaltene Regelung war zum 01.01.1998 abgeschafft worden. Für Aufwendungen, die nach dem 31.12.2003 entstanden sind, gilt sie jedoch nun wieder. Voraussetzung für die Verteilung: Das Gebäude darf nicht zum Betriebsvermögen gehören und muss überwiegend zu Wohnzwecken vermietet sein. Dies ist dann gegeben, wenn die gesamte Nutzfläche (einschließlich Hobbyräume und Keller) zu mehr als der Hälfte genutzt wird.

Wird das Gebäude während des Verteilungszeitraums veräußert, ist der noch nicht berücksichtigte Teil des Erhaltungsaufwands im Jahr der Veräußerung als Kosten abzusetzen. Das Gleiche gilt, wenn ein Gebäude in ein Betriebsvermögen eingebracht oder nicht mehr vermietet wird.

Tipp:

Bei der Entscheidung, über wie viele Jahre der erhöhte Erhaltungsaufwand abgesetzt werden sollte, spielt auch die Höhe Ihres steuerpflichtigen Einkommens eine wichtige Rolle. Grundsätzlich gilt: Je höher die Aufwendungen, desto länger sollte der Verteilungszeitraum sein. Auf der anderen Seite kommen Sie schneller in den Genuss der Steuereinsparung, je kürzer der Abzugszeitraum ist. Doch dabei sollten Sie beachten: Die Grundfreibeträge der Einkommensteuertabelle zuzüglich der Kinderfreibeträge und der Sonderausgaben sollten Sie durch den Abzug der Erhaltungsaufwendungen nicht unterschreiten.

9.1.2 Abschreibungen

Absetzung für Abnutzung (AfA)

Die Abschreibungen – Absetzungen für Abnutzung (AfA) – sind Teil der Werbungskosten. Der Gesetzgeber legt zugrunde, dass ein Gebäude längere Zeit der Erzielung von Einnahmen dient und sich im Lauf vieler Jahre abnutzt. Ursachen hierfür können Verschleiß durch Gebrauch, Witterungseinflüsse, Luftverunreinigung, Überbelegung oder mangelhafte Reparaturen sein. Diese Annahme entspricht jedoch häufig nicht der Realität, denn ein gutes Vermietungsobjekt wird im Lauf der Zeit nicht an Wert verlieren, sondern – eine entsprechende Pflege vorausgesetzt – gewinnen. Von diesem scheinbaren Widerspruch profitiert der Anleger: Durch seine Investition macht er unterm Strich über Jahre steuerliche Verluste geltend, während seine Immobilie gleichzeitig an Wert gewinnt.
Der Staat gewährt die Steuervorteile, weil er auf diesem Weg sicherstellt, dass sich Investitionen in Immobilien lohnen. Da das Bauen in Deutschland teuer ist, können insbesondere mit Wohnimmobilien oftmals keine wettbewerbsfähigen Renditen erzielt werden. Die Steuervorteile geben jedoch den Anreiz, dass genug Kapital in den Mietwohnungsbau fließt.
Abschreiben lassen sich die Herstellungskosten, die durch den Bau der Immobilie entstehen, bzw. die Anschaffungskosten, die durch den Erwerb des Objekts entstehen.

9.1.2.1 Die lineare Abschreibung nach § 7 Abs. 4 EStG

Die lineare Abschreibung kann sowohl für neu gebaute als auch für gebrauchte Wohnimmobilien in Anspruch genommen werden. Sie ist der Normalfall. Bemessungsgrundlage sind die Herstellungs- bzw. Anschaffungskosten für das Gebäude, nicht aber für das Grundstück. Die Kosten werden gleichmäßig auf die Nutzungsdauer der Immobilie verteilt.

Für Gebäude, die vor dem 01.01.1925 fertig gestellt wurden, können 2,5 Prozent der Kosten über eine Nutzungsdauer von 40 Jahren abgeschrieben werden. Wurde die Immobilie nach dem 31.12.1924 erstellt, können zwei Prozent der Kosten über 50 Jahre abgeschrieben werden.

Abschreibungssätze

Tipp:

Bei geringerer voraussichtlicher Nutzungsdauer als der angenommenen können Sie mit dem Finanzamt eventuell eine höhere Abschreibung über den tatsächlichen Zeitraum vereinbaren. Allerdings müssen Sie die kürzere Nutzungsdauer glaubhaft darstellen können. Hilfreich ist in diesem Fall, wenn ein Gutachter die Nutzungsdauer schätzt, denn ein entsprechendes Gutachten muss das Finanzamt als Nachweis akzeptieren.

Auch nachträgliche Herstellungs- bzw. Anschaffungskosten können abgeschrieben werden. Sie vergrößern die Bemessungsgrundlage und den neuen Betrag können Sie dann mit zwei oder 2,5 Prozent abschreiben. Sind auch höhere Abschreibungen möglich, ist die lineare Abschreibung uninteressant.

9.1.2.2 Die Degressive Abschreibung nach § 7 Abs. 5 EstG

Für Wohnungsneubauten kann die degressive Abschreibung gewählt werden. Anspruchsberechtigt ist der Bauherr oder die Bauherrin bzw. ein Erwerber, wenn er die Immobilie noch im Jahr der Fertigstellung angeschafft hat.

Für Wohnungsneubauten

Die Höhe der Abschreibungssätze hängt vom Alter der Immobilie, aber auch vom Datum des Bauantrags oder des Kaufvertrags ab. Seit 2004 gelten für Immobilien, für die nach dem 31.12.2003 der Bauantrag gestellt bzw. der Kaufvertrag abgeschlossen wurde, neue Abschreibungssätze.

Degressive Abschreibung: Abschreibungssätze			
	Bau- oder Kaufvertrag nach dem 31.12.1996 und vor dem 01.01.2004 abgeschlossen		Bau- oder Kaufvertrag nach dem 31.12.2003 abgeschlossen
Zeitraum	Abschreibungssatz	Zeitraum	Abschreibungssatz
Erstes Jahr nach Fertigstellung	5 %	Erstes Jahr nach Fertigstellung	Jeweils 4 %
Nachfolgende sieben Jahre	Jeweils 5 %	Nachfolgende neun Jahre	Jeweils 4 %
Nachfolgende sechs Jahre	Jeweils 2,5 %	Nachfolgende acht Jahre	Jeweils 2,5 %
Restliche 36 Jahre	Jeweils 1,25 %	Restliche 32 Jahre	Jeweils 1,25 %

9.1.2.3 Erhöhte Abschreibungen

Statt der normalen (degressiven oder linearen) Abschreibungen gibt es laut Einkommensteuergesetz auch die Möglichkeit, erhöhte Abschreibungen vorzunehmen. Diese gelten für Baudenkmäler oder Gebäude in Sanierungsgebieten und städtebaulichen Entwicklungsbereichen.

Baudenkmäler

Vermieter können für Baudenkmäler entsprechend § 7i EStG erhöhte Abschreibungen ansetzen. Hier traten jedoch zum 01.01.2004 Änderungen in Kraft.

- Für Baumaßnahmen an Baudenkmälern, die vor dem 31.12.2003 begonnen wurden, können zehn Prozent der Herstellungskosten im Jahr der Herstellung in den folgenden neun Jahren abgesetzt werden.
- Für alle Maßnahme, die nach dem 31.12.2003 begonnen wurden, können im Jahr der Herstellung und in den darauf folgenden sieben Jahren jeweils bis zu neun Prozent der Herstellungskosten und in den folgenden vier Jahren jeweils sieben Prozent der Herstellungskosten abgesetzt werden.

Achtung

Absetzen können Sie nur die Baukosten, die zur Substanzerhaltung des Baudenkmals oder zu seiner sinnvollen Nutzung erforderlich sind. Bei einem neu gekauften, zu sanierenden Gebäude dürfen Sie mit den Baumaßnahmen erst beginnen, nachdem Sie den Kaufvertrag abgeschlossen haben.

Steht nicht das ganze Gebäude unter Denkmalschutz, sondern nur die Fassade, kann nur ein geringerer Teil der Baumaßnahmen erhöht abgeschrieben werden.

Ob Aufwendungen förderungswürdig sind oder nicht, entscheidet die Denkmalschutzbehörde. Mit ihr müssen Sie sich vor Beginn der Maßnahme abstimmen.

Sanierungsgebiete und städtebauliche Entwicklungsbereiche

Für Investitionen in Sanierungsgebieten können nach § 7h EStG ebenfalls erhöhte Absetzungen der Herstellungskosten geltend gemacht werden. Die Abschreibungssätze entsprechen den Absetzungen bei Baudenkmälern. Welche Straßenzüge oder Teile Sanierungsgebiete sind, bestimmen die Städte.

Investitionen in Häuser in Sanierungsgebieten sind mit einigen Fallstricken verbunden. Wollen Sie eine solche vornehmen, sollten Sie sich von einem fachkundigen Rechtsanwalt begleiten lassen.

Zum einen besteht die Möglichkeit, dass Mietobergrenzen im Sanierungsgebiet gelten. Trotz der Steuervorteile wird dadurch so manche Investition unwirtschaftlich.

Zum anderen kann es vorkommen, dass das Objekt aus dem Sanierungsgebiet entlassen oder das Sanierungsgebiet insgesamt aufgelöst wird. In diesem Fall hat die Gemeinde nach §§ 153 f. des Baugesetzbuches das Recht, vom Eigentümer des Objekts einen finanziellen Ausgleich zu verlangen. Der Ausgleichsbetrag soll der Wertsteigerung des Bodenwerts des Grundstücks entsprechen, die durch die Sanierung gegeben ist. Wie hoch die Ausgleichszahlung einmal sein wird, ist zum Zeitpunkt der Investition für den Eigentümer nicht abzusehen.

9.1.2.4 Welche Abschreibungsmethode ist die richtige?

Hängt vom Einzelfall ab

Die richtige Abschreibungsmethode hängt immer vom Einzelfall ab. Eine Wahl haben Sie ohnehin nur bei einem Neubau bzw. wenn Sie die Immobilie im Jahr der Fertigstellung kaufen.
Viele empfinden die degressive Abschreibung als vorteilhaft, weil die Steuerminderungen in den ersten Jahren deutlich höher ausfallen. Wenn dann die Abschreibungssätze sinken, bieten sich durch Instandhaltungskosten, die als Erhaltungsaufwand abziehbar sind, weitere steuerliche Sparmöglichkeiten.
Berücksichtigen sollten Sie aber auch, dass grundsätzlich jede Abschreibungsmethode, die zu Beginn hohe Steuerersparnisse mit sich bringt, auch dazu führt, dass die Ersparnisse in späteren Jahren sinken. Rechnen Sie damit, dass Ihr Einkommen in der Zukunft steigt, sollten Sie gut abwägen, ob es für Sie von Vorteil ist, höhere Abschreibungen zu wählen.

9.1.3 Vorsteuer aus Gebäudekosten

Auch für privat genutzten Gebäudeteil

Nach dem Urteil des Europäischen Gerichtshofs vom 08.05.2003 (Az. C-269/00) können Unternehmer für ein Gebäude, das sie zum Teil betrieblich und zum Teil privat nutzten, auch für den privaten Teil die Vorsteuer abziehen. Die betriebliche Nutzung muss dazu mindestens zehn Prozent betragen. Nach deutschem Recht war bis dahin lediglich der Vorsteuerabzug für den betrieblich genutzten Teil möglich.
Der Unternehmer hat nun die Wahl: Wenn er nur den betrieblichen Teil des Gebäudes dem Unternehmen zuordnet, kann er nur den jeweiligen Teil der Vorsteuer geltend machen. Ordnet er hingegen das gesamte Gebäude umsatzsteuerlich dem Unternehmen zu, kann er die Vorsteuer in vollem Umfang – für 100 Prozent der Anschaffungs- und der laufenden Kosten – abziehen. Allerdings muss er die Privatnutzung als unentgeltliche Wertabgabe mit 16 Prozent Umsatzsteuer versteuern.
Ebenfalls von dieser Regelung profitieren private Bauherren von Mietshäusern mit eigener Wohnung im Mietshaus. Der Steuervorteil fällt allerdings geringer aus, da die Vermietung an Privatleute umsatzsteuerfrei ist. Der Vermieter kann aber als „Unternehmer“

die selbst genutzte Wohnung dem „Unternehmensvermögen" zuschlagen. Er bekommt dann die in den Baukosten der eigenen Wohnung enthaltene Vorsteuer sofort erstattet und zahlt 16 Prozent Umsatzsteuer für die unentgeltliche Wertabgabe.

Bemessungsgrundlage

Bemessungsgrundlage für die Umsatzsteuer sind die anteilig auf die private Nutzung entfallenden laufenden Kosten sowie die anteilige Abschreibung. Die Finanzverwaltung legte zum 01.07.2004 fest, dass dabei nicht von einer Nutzungsdauer von 50 Jahren und einem Abschreibungssatz von zwei Prozent auszugehen sei, sondern von dem umsatzsteuerlich maßgeblichen Berichtigungszeitraum von zehn Jahren mit einem Abschreibungssatz von zehn Prozent. Innerhalb von zehn Jahren wird somit der Vorsteuerabzug auf die privat genutzten Teile des Gebäudes wieder ausgeglichen. Unterm Strich ergibt sich so zunächst eine erhebliche Steuerersparnis, von der letztendlich aber nur ein positiver Zins- und Liquiditätseffekt verbleibt.

Beispiel:

Ein Unternehmer baut ein Haus mit Geschäftsräumen sowie einer Wohnung für sich. Die Anschaffungskosten betragen 480.000 Euro, darin enthalten sind 76.800 Euro Umsatzsteuer. 70 Prozent des Hauses fallen auf die betriebliche und 30 auf die private Nutzung.

Anschaffungskosten Wohnung: 144.000 Euro,

Abschreibung (2 %) auf die Wohnung: 2.808 Euro jährlich.

	Wohnung Privatvermögen	Wohnung Betriebsvermögen
Anschaffungskosten	144.000 €	144.000 €
Abzugsfähige Vorsteuer	0 €	23.040 €
Umsatzsteuer 16 % auf Abschreibung	0 €	Jährlich 16 % von 14.400 € = 2.304,00 €
Umsatzsteuer 16 % auf Abschreibung	0 €	Nach zehn Jahren 16 % Umsatzsteuer auf 14.400 € = 23.040 €

Nicht nur Vorteile

Dem Vorteil – die Vorsteuererstattung kann zur Finanzierung des Objekts verwendet werden – stehen langfristig gesehen zwei Nachteile gegenüber: Zum einen ist die private Nutzung wie schon erwähnt der Umsatzsteuer unterworfen, zum anderen muss bei einem Verkauf auch der Gewinn aus dem privaten Gebäude- und Grundstücksteil, das ja zum Betriebsvermögen gehört, versteuert werden. Da ein Berichtigungszeitraum von zehn Jahren nicht der tatsächlichen Nutzungsdauer eines Gebäudes – und damit auch nicht den tatsächlichen Kosten – entspricht, ist davon auszugehen, dass diese Regelung noch gerichtlich überprüft werden wird.

Achtung:
Die Nachteile dieses Modells können langfristig gesehen überwiegen. Überlegen Sie deshalb gründlich und befragen Sie hierzu Ihren Steuerberater.

9.1.4 Welche Steuerfallen gibt es?

Paragraf 2b EStG

Seit 1999 gilt der Paragraf 2b EStG, der den Verlustausgleich unter bestimmten Umständen untersagt. Unmöglich ist demnach der Verlustausgleich mit positiven Einkünften aus anderen Einkunftsarten sowie mit Erträgen aus einer anderen Immobilie, wenn sich der Immobilienfinanzierer an einer Verlustzuweisungsgesellschaft oder einem ähnlichen Modell beteiligt. Bei einer solchen Gesellschaft steht laut Gesetz bei dem Erwerb oder der Begründung der Einkunftsquelle die Erzielung eines steuerlichen Vorteils im Vordergrund. Gegeben ist diese Situation, wenn nach dem Betriebskonzept der Gesellschaft, Gemeinschaft oder eines ähnlichen Modells die Rendite auf das einzusetzende Kapital nach Steuern mehr als das Doppelte der Rendite vor Steuern beträgt und wenn darüber hinaus die Betriebsführung des Modells hauptsächlich auf diesem Umstand beruht. Ein weiteres Kriterium ist die Tatsache, dass dem Kapitalanleger Steuerverminderungen durch Verlustzuweisungen in Aussicht gestellt werden,.

Liebhaberei

In der Vergangenheit bekam so mancher Immobilienbesitzer Probleme mit dem Finanzamt, weil galt, dass eine Einkunftserzielungsabsicht nur dann vorlag, wenn der Steuerpflichtige darauf hinzielte, mit der Immobilie während der Dauer seiner Investition einen Totalüberschuss zu erreichen. Ein Totalüberschuss ergibt sich aus der Summe aller Mieteinkünfte, von der die Werbungskosten abgezogen

werden. Erzielten Vermieter mehrere Jahre hingegen nur Verluste, unterstellte der Fiskus, dass es sich bei der Investition um „Liebhaberei" handele und keine Einkunftserzielungsabsicht vorliege.
Diese Problematik war auch Gegenstand zahlreicher Prozesse, bei denen häufig umstritten war, welcher Zeitraum dabei zu berücksichtigen sei und welche Mietsteigerungen, zukünftigen Reparaturkosten usw. für die Prognosen zugrunde zu legen seien.
In einem Grundsatzurteil (BFH-Urteil v. 30. September 1997, BStBl 1998 II S 771, m. w. N) sorgte der Bundesfinanzhof jedoch für Klarheit. Wird eine Immobilie auf Dauer vermietet, ist demnach grundsätzlich davon auszugehen, dass der Steuerpflichtige einen Einnahmenüberschuss erzielen will, auch wenn über längere Zeiträume Verluste entstehen. Ein besonderes Kennzeichen bei Einnahmen aus Vermietung und Verpachtung sei eben, dass die Einkunftserzielung sich – je nach Umfang der Fremdfinanzierung – über längere Zeiträume hinstrecke und häufig zunächst jahrelange Werbungskostenüberschüsse zu tragen seien. Liebhaberei könne nur in Ausnahmefällen angenommen werden. In der Praxis bedeutet das, dass die Einkunftserzielungsabsicht nur noch in bestimmten Fällen in Frage gestellt wird.

Zeitmietvertrag

Problematisch wird es beispielsweise, wenn der Steuerpflichtige einen Zeitmietvertrag abschließt. Es liegt dann ein Umstand vor, aus dem geschlossen werden kann, dass der Betroffene sich die Möglichkeit offen gehalten hat, das Mietobjekt innerhalb einer Frist, in der er einen positiven Gesamtausschuss nicht erzielen kann, unabhängig von einer Zwangslage zu verkaufen. Dieser Umstand zeigt an, dass eine Einkunftserzielungsabsicht von vornherein nicht vorlag.

Verkauf oder Selbstnutzung

Auch ein Verkauf oder eine Selbstnutzung der Immobilie nach einer nur kurzen Vermietungsphase rechtfertigt einem Urteil des Bundesfinanzhofs vom 09.07.2002 (IC R 47/99) zufolge das Misstrauen. Grundsätzlich sei es zwar möglich, dass sich ein Steuerpflichtiger dazu entschließt, das Objekt zu vermieten, und „aufgrund neuer, gegebenenfalls von seinem Willen unabhängiger Umstände" den neuen Entschluss fasst, das bebaute Grundstück nach kurzer Zeit wieder zu veräußern. Wird das Objekt aber innerhalb von fünf Jahren verkauft, spreche dies als ein Indiz gegen eine ursprüngliche Einkunftserzielungsabsicht des Immobilienbesitzers.

Spekulationsfrist

Wer eine gekaufte Immobilie zu schnell wieder verkauft, muss den Veräußerungsgewinn versteuern. Liegt hingegen zwischen Kauf und Verkauf eine bestimmte Frist (die so genannte Spekulationsfrist), ist der Gewinn steuerfrei.

Die Länge der Spekulationsfrist hat die Bundesregierung zum 01.01.1999 von zwei auf zehn Jahre verlängert. Diese Regelung gilt für alle bebauten und unbebauten Grundstücke, die nach dem 01.01.1999 verkauft wurden, selbst wenn seit dem Kauf des Objekts zu diesem Zeitpunkt bereits drei oder vier Jahre vergangen waren und damit die bis dahin gültige Frist von zwei Jahren bereits abgelaufen war. Wer seine Wohnung also beispielsweise im Oktober 1996 erwarb, für den war die Frist eigentlich im Oktober 1998 verstrichen. Bei einem Verkauf im Jahre 2005 werden trotzdem Steuern fällig, da die neue Zehnjahresfrist nicht eingehalten wurde.

Der Bundesfinanzhof vertritt in seinem Beschluss vom 16.12.2003 die Auffassung, dass die rückwirkende Verlängerung der Frist auch für Eigentümer, bei denen die Zweijahresfrist am 01.01.1999 bereits abgelaufen war, verfassungswidrig ist und hat die Angelegenheit dem Bundesverfassungsgericht vorgelegt. Aus Sicht des Bundesfinanzhofs hätte es für diese Fälle eine schonende Übergangsregelung geben müssen. Betroffene sollten also angesichts ihres Steuerbescheids Einspruch erheben und bei der Finanzbehörde beantragen, dass das Verfahren bis zum Entscheid des Bundesverfassungsgerichts ruht und die Vollziehung ausgesetzt wird.

Ausgenommen von der Spekulationsfrist sind, anders als früher, selbst genutzte Immobilien. Um solche handelt es sich, wenn der Eigentümer nach dem Kauf darin gewohnt hat oder wenn die Immobilie zunächst vermietet war, der Eigentümer aber im Jahr des Verkaufs und die Jahre davor selbst darin gewohnt hat.

So rechnet das Finanzamt

Während ein Spekulationsgewinn bis 512 Euro steuerfrei ist, muss bei Überschreiten des Betrags die gesamte Summe mit dem persönlichen Einkommensteuersatz versteuert werden. Den Gewinn errechnet das Finanzamt, indem es vom Verkaufspreis die Anschaffungskosten und die durch den Verkauf entstandenen Werbungskosten abzieht. Zu diesem Betrag werden wiederum die bis zum Verkauf in Anspruch genommenen Abschreibungsbeträge hinzugerechnet.

Beispiel:

Verkaufspreis	320.000Euro
- Kaufpreis	280.000Euro
- Werbungskosten	5.000Euro
+ Abschreibungsbeträge	75.000Euro
Spekulationsgewinn	110.000Euro

Wurden Sonderabschreibungen oder erhöhte Abschreibungen in Anspruch genommen, kann es vorkommen, dass selbst dann Steuern anfallen, wenn der Eigentümer das Objekt mit Verlust verkauft hat. Das Finanzamt ermittelt dann für Immobilien, die nach dem 31.07.1994 gekauft wurden, die Differenz zwischen dem Verkaufspreis und dem fiktiven Buchwert (Anschaffungskosten minus Abschreibungen) und zieht vom Verkaufserlös den fiktiven Buchwert ab.

Beispiel:

Herr W. hat 1996 in Brandenburg eine neu gebaute Eigentumswohnung für 130.000 Euro gekauft. Für den Gebäudeanteil, für den er 115.000 Euro bezahlt hat, hat er für 1996 und 1997 die Sonderabschreibung Ost in Anspruch genommen und 57.500 Euro abgeschrieben. Bis 2003 hat er darüber hinaus jährlich zwei Prozent lineare AfA geltend gemacht (8 x 2.300 Euro). Insgesamt hat er 75.900 Euro abgeschrieben. Im Jahr 2004 muss er das Haus verkaufen, erzielt aber nur noch einen Verkaufspreis von 110.000 Euro. Herr W. muss 55.900 Euro Spekulationsgewinn versteuern.

Verkaufspreis	110.000 Euro
- Buchwert (= Anschaffungskosten 130.000 € - Abschreibungen 75.900 €)	54.100 Euro
Spekulationsgewinn	55.900 Euro

Drei-Objekt-Grenze

Der gewerbliche Grundstückshandel ist eine weitere Steuerfalle. Immobilienbesitzer, die zu oft Objekte kaufen und wieder verkaufen, sind davon betroffen.

Grundsätzlich gilt die Drei-Objekt-Grenze: Innerhalb von fünf Jahren kann man drei Objekte – Eigentumswohnung, Ein- oder Zweifamilienhäuser – verkaufen. Bei Ehepaaren verdoppelt sich die Gren-

ze. Werden aber darüber hinaus Immobilien veräußert, geht das Finanzamt davon aus, dass der Veräußerer gewerblichen Immobilienhandel betreibt, und er muss Gewerbesteuer zahlen.
Bei Personen, die der Bau- oder Immobilienbranche nahe stehen, wird ein strengerer Maßstab angelegt. Für sie beträgt die Frist, in der sie drei Objekte veräußern dürfen, zehn Jahre.
Die Drei-Objekt-Regel greift jedoch nicht immer. Von diesem Grundsatz wurde durch die Rechtsprechung immer mehr abgewichen. Der Bundesfinanzhof nimmt nunmehr gewerblichen Grundstückshandel auch ohne Überschreitung der „Drei-Objekt-Grenze“ an, wenn besondere Merkmale für eine von vornherein bestandene Verkaufsabsicht sprechen. Ausschlaggebend dafür, ob gewerblicher Immobilienhandel vorliegt, ist also vor allem auch, ob das Finanzamt davon ausgeht, dass die Veräußerungsabsicht bereits beim Kauf vorlag.
Wer ein Mehrfamilienhaus erwirbt, es mindestens zehn Jahre vermietet und es anschließend in Eigentumswohnungen umwandelt und diese an verschiedene Erwerber verkauft, kann davon ausgehen, keinen Ärger mit dem Fiskus zu bekommen. Wird das Mehrfamilienhaus nach dem Kauf jedoch sofort in Eigentumswohnungen aufgeteilt und werden diese einzeln veräußert, unterstellt das Finanzamt eine Veräußerungsabsicht zum Zeitpunkt des Kaufs und jede Wohnung gilt als einzelnes Objekt.
Eine Übersicht über die Gebäudeabschreibungen finden Sie im Anhang sowie auf Ihrer CD-ROM.

9.2 Steuern sparen als Selbstnutzer

Selbstnutzer profitieren von der Eigenheimzulage, können aber ihre Kosten für die Eigentumswohnung steuerlich nicht absetzen. Eine Ausnahme bildet hier das Arbeitszimmer. Aber auch darüber hinaus haben Selbstnutzer noch Möglichkeiten, Steuern zu sparen.

9.2.1 Das Arbeitszimmer

Werbungskosten

Das Arbeitszimmer fällt nicht unter die Eigenheimförderung, sondern die Kosten dafür werden als Werbungskosten anerkannt und die anteiligen Herstellungs- bzw. Anschaffungskosten können abgeschrieben werden. Die Hürden, die das Finanzamt hier aufgebaut hat, sind jedoch recht hoch. Denn nur derjenige, der seinen Beruf mindestens zur Hälfte im heimischen Arbeitszimmer ausübt, wird anerkannt. Ausnahme: Arbeitnehmer, die sonst keinen Arbeitsplatz zur Verfügung haben, wie Außendienstler oder Lehrer, dürfen ihre Kosten absetzen, ohne diese Bedingung zu erfüllen.

Voraussetzungen

Für das Arbeitszimmer können jährlich bis zu 1.250 Euro geltend gemacht werden, es sei denn das Arbeitszimmer bildet den Mittelpunkt der betrieblichen und beruflichen Tätigkeit, wie es beispielsweise bei Selbstständigen der Fall ist. Dann sind alle Kosten uneingeschränkt abzugsfähig. Doch dies auch nur dann, wenn weitere Voraussetzungen erfüllt sind. So darf es sich beim Arbeitszimmer nicht um ein Durchgangszimmer handeln, die Möblierung muss einem Arbeitszimmer entsprechen und die übrige Wohnung groß genug für Mitbewohner sein.

Die Abzugsbeschränkung für das Arbeitszimmer gilt seit 2005 objektbezogen. Wird das häusliche Arbeitszimmer beispielsweise von beiden Ehegatten oder Lebensgefährten genutzt, können die Kosten seit 2005 nur noch einmal abgesetzt werden. Unabhängig von der Anzahl der nutzenden Personen muss der Höchstbetrag also anteilsmäßig aufgeteilt werden.

Erfüllt jedoch ein Ehegatte die persönliche Voraussetzung für den unbegrenzten Abzug, weil das Arbeitszimmer den Mittelpunkt seiner Berufstätigkeit darstellt, kann er seinen Kostenteil nach wie vor voll abziehen. Haben beide Partner jeweils ein eigenes Arbeitszimmer, kann jeder die Arbeitszimmerkosten entsprechend seiner persönlichen Abzugsvoraussetzung geltend machen.

Abzugsfähige Kosten

Zu den abzugsfähigen Kosten gehören anteilige Finanzierungskosten, Betriebskosten für Heizung, Strom, Telefon, Versicherungen usw. und auch Ausgaben für Arbeitsmittel wie Schreibtisch, Regale, Fachbücher, PC usw.

Anteilige Herstellungs- oder Anschaffungskosten

Darüber hinaus können von den Gesamtkosten des Gebäudes die anteiligen Herstellungs- oder Anschaffungskosten für das Arbeitszimmer ermittelt und abgeschrieben werden. Je nachdem, ob es sich bei der Immobilie um einen Altbau oder Neubau handelt, kann die lineare oder degressive Abschreibungsmethode gewählt werden. Bei einer degressiven Abschreibung lassen sich so schon in den ersten acht Jahren 40 Prozent der anteiligen Herstellungs- oder Anschaffungskosten für das Arbeitszimmer absetzen.

9.2.2 Erhaltungsaufwand

Noch nachträglich möglich

Wohneigentumsbesitzer, die ihre Immobilie vor dem 01.01.1999 kauften und selbst nutzten, konnten, unabhängig davon, ob sie mit der Eigenheimzulage gefördert wurden oder nicht, bis zu 22.500 DM Reparatur- und Anschaffungskosten steuerlich als Sonderausgaben absetzen. Wer dies in der Vergangenheit versäumt hat, kann aufgrund eines Urteils des Finanzgerichts Köln (Urteil v. 25.5.1999, AZ:K 9148/98,EFG 2000, 533) den Erhaltungsaufwand auch noch nachträglich geltend machen, da aus Sicht des Gerichts die amtlichen Vordrucke und Merkblätter zur Beantragung der Eigenheimförderung für den Laien nicht ausreichend verständlich formuliert waren. Bereits bestandskräftige Steuerbescheide müssen aufgrund dessen nachträglich geändert werden.

9.2.3 Baudenkmäler und Gebäude in Sanierungsgebieten

Nach § 10f EStG werden Aufwendungen für Sanierungsmaßnahmen an selbst genutzten oder unentgeltlich überlassenen Baudenkmälern sowie an Gebäuden in festgelegten Sanierungsgebieten und städtebaulichen Entwicklungsbereichen steuerlich besonders gefördert. Das Gleiche gilt auch für Gebäudeteile, die unbewegliche Wirtschaftsgüter sind, und für Eigentumswohnungen.

Erhaltung und Erneuerung

Die Maßnahmen in Bezug auf Gebäude in Sanierungs- und Entwicklungsgebieten müssen der Erhaltung, der Erneuerung und der funktionsgerechten Verwendung des schutzwürdigen Gebäudes dienen. Dazu benötigen Sie von der zuständigen Gemeindebehörde eine Bescheinigung, aus der hervorgeht, dass Sie die Kosten für die Sanierung selbst übernommen haben. Die Höhe der angegebenen Kosten, von denen Zuschüsse abzuziehen sind, muss amtlich bestätigt werden.

Bei Baudenkmälern werden Maßnahmen ebenfalls gefördert, wenn sie dazu dienen, die schützenswerte Bausubstanz auf Dauer zu erhalten. Um steuerlich gefördert zu werden, müssen Sie sich mit der zuständigen Behörde für Denkmalschutz und Denkmalpflege abstimmen und ein förmliches Bescheinigungsverfahren durchlaufen.

Haushaltsbegleitgesetz 2004

Bis zum Ende des Jahres 2003 konnten für die Baumaßnahmen zehn Jahre – beginnend mit dem Kalenderjahr des Abschlusses der Baumaßnahme, jeweils zehn Prozent der Aufwendungen wie Sonderausgaben von der Steuer abgesetzt werden. Mit der Verabschiedung des Haushaltsbegleitgesetzes 2004 sind jedoch Änderungen in Kraft getreten: Für Baumaßnahmen, die nach dem 31.12.2003 begonnen wurden, können nur noch neun Prozent der Aufwendungen geltend gemacht werden.

Auch der Erhaltungsaufwand, der nicht zu den Betriebsausgaben oder Werbungskosten gehört, z. B. Renovierungskosten, kann nach § 10f EStG wie Sonderausgaben geltend gemacht werden. Ab 2004 gilt hier ebenso der reduzierte Absetzungssatz von neun Prozent.

Wurden die Baumaßnahmen schon über die Eigenheimzulage oder nach § 7 Fördergebietsgesetz berücksichtigt oder für die Maßnahmen bereits erhöhte Absetzungen von Aufwendungen nach § 7h oder 7i EStG abgezogen, ist keine Absetzung nach § 10f EStG möglich.

9.2.4 Sonderabschreibungen Ost

Modernisierungsmaßnahmen

In den neuen Bundesländern gab es die Möglichkeit, gemäß § 7 des Fördergebietsgesetz Modernisierungsmaßnahmen an einer selbst genutzten Immobilie, die bis zum 01.01.1999 abgeschlossen sein mussten, abzusetzen, vorausgesetzt, dass es sich um Maßnahmen an einem bereits bestehenden Gebäude handelte. Abgesetzt werden konnten als Sonderausgaben alle Kosten, die als Erhaltungsaufwand vorhandene, zu Wohnzwecken dienende Gebäudeteile ersetzten oder neu schufen, z. B. neue Heizung, neues Bad oder neue Fenster.

Über zehn Jahre konnten jährlich 4.000 DM, also insgesamt bis zu 40.000 DM, abgesetzt werden. Mit der Einführung des Investitionszulagengesetzes wurden diese Sonderabschreibungen für selbst genutzte Immobilien jedoch abgeschafft.

Eventuell können Immobilienbesitzer aber noch nachträglich von den Sonderabschreibungen Ost profitieren, die ihre Sanierungsmaßnahmen 1998 oder früher durchführen ließen. Seit dem Urteil des Bundesfinanzhofs vom 24.01.2001 (Az. X R 60/97) steht diese Fördermaßnahme auch Bauherren zu, die erst nach dem Jahr, in dem die Baumaßnahmen abgeschlossen wurden, in die Immobilie eingezogen sind, und zwar bis zum Jahre 2007 ab dem Jahr des Bezugs. Wurde also eine Maßnahme an einer Eigentumswohnung z. B. bis zum Ende des Jahres 1998 durchgeführt und die Wohnung im Jahr 2004 bezogen, könnten bis zum Jahr 2007 4 × 2.045,20 Euro, also insgesamt 8.181 Euro geltend gemacht werden. Für noch nicht rechtskräftige Steuerbescheide aus vergangenen Jahren kann der Abzug noch rückwirkend beantragt werden.

10 Immobilien als Investment

Wer etwas für die Altersversorgung tun möchte oder nur sein Geld gut anlegen will, der wird auch ein Investment in Immobilien in seine Überlegungen mit einbeziehen. Einen entscheidenden Vorteil gibt es dabei gegenüber dem Erwerb eines selbst genutzten Objekts. Eigenkapital spielt hierbei nicht die entscheidende Rolle, denn die Finanzierung wird in weiten Teilen von den Mietern getragen.

10.1 Vorbereitung für den Immobilienkauf

Wichtigstes Kriterium: langfristige Vermietbarkeit

Die Vorbereitung des Kaufs sollte ähnlich erfolgen wie beim Erwerb einer selbst genutzten Immobilie. Einziger Unterschied: Das Objekt muss nicht in allen Belangen den persönlichen Vorstellungen entsprechen. Wichtig ist, dass sich Mieter mit der Wohnung oder dem Mietshaus anfreunden können. Trotzdem sollten Lage, Ausstattung, soziales Umfeld genau unter die Lupe genommen werden. Dabei ist eine Fragestellung von besonderer Bedeutung: Ist das Objekt langfristig, also mindestens über die Dauer der Finanzierung, gut vermietbar? Natürlich kann niemand über zehn oder zwanzig Jahre in die Zukunft sehen und genau wissen, wie sich das Wohnquartier oder die Wohnbedürfnisse ändern, jedoch lassen sich doch gewisse Aussagen darüber treffen, welche Wohnungen auch zukünftig noch gut im Kurs stehen. Durch die zunehmende Vergreisung der Bevölkerung und die Tendenz zum Single-Dasein werden Wohnungen gefragt sein, die für ältere Alleinstehende gut geeignet sind.

Diversifizierung

Wie auch bei vielen anderen Kapitalanlagen sind Diversifizierungsstrategien denkbar. So können aus Gründen der Risikostreuung Objekte in Ausländervierteln, in kinderfreundlicher Umgebung oder seniorenorientierte Einheiten erworben werden, vorausgesetzt man besitzt den nötigen finanziellen Spielraum und ausreichende Bonität.

Außerdem sollten Sie bei größeren Investments in jedem Fall einen Sachverständigen hinzuziehen, der die Ausstattung und Bausubstanz auf Herz und Nieren überprüft.

Tipp:

Wenn Sie gerne in Immobilien investieren möchten, jedoch nicht die finanziellen Mittel haben oder dafür freistellen möchten, können Wohnimmobilienfonds für Sie interessant sein. Bislang sind die Angebote allerdings dünn gesät. Trotzdem stehen Anbieter in den Startlöchern, mit weiteren Angeboten ist daher zurechnen. Noch handelt es sich hierbei um geschlossene Fonds, die sich auf eine bestimmte Wohnanlage konzentrieren.

10.2 Mietwohnung kontra Mietshaus

Die Frage, ob man eine Mietwohnung oder ein Mietshaus erwerben soll, ist nicht immer nur eine Frage des Geldbeutels, sondern auch der persönlichen Präferenzen. Doch für den Erwerb eines ganzen Hauses spricht ein entscheidendes Argument: Der Quadratmeterpreis beim Erwerb eines kompletten Objekts ist deutlich niedriger.

Aufteilergeschäft

Es könnte noch ein weiterer Vorteil entstehen. Denn wer die Immobilie später wieder verkaufen möchte, hat die Wahl, ob er das gesamte Objekt veräußern oder einige Wohnungen bzw. das gesamte Objekt in Eigentumswohnungen umwandeln und diese dann mit Gewinn verkaufen möchte. Das so genannte Aufteilergeschäft ist eine besonders gute Möglichkeit, mit Immobilien Geld zu verdienen – nicht zuletzt gehen die großen amerikanischen Oppotunity-Fonds wie beispielsweise Fortress so vor, die von großen Wohnungsbaugesellschaften manchmal zigtausend Wohnungen kaufen, um sie dann am Markt zu platzieren.

Achtung:

Das Aufteilergeschäft hat einen Haken. Wer innerhalb von zehn Jahren die Immobilie wieder verkauft, läuft in die Spekulationsfalle. Innerhalb dieser Zeit unterliegen alle Gewinne aus dem Verkauf der Einkommensteuer.

Tipp:

Wer ein gesamtes Objekt erwirbt, profitiert nicht nur vom „Mengenrabatt", sondern ist auch später bei der Vermietung und Veräußerung des Hauses oder einzelner Wohnungen flexibler. Insofern sollten Sie den Erwerb eines kompletten Zinshauses bevorzugen.

10.3 Die wichtigsten Kriterien aus Kapitalanlegersicht

Wichtig für den Käufer sind zwei Kriterien:

1. die Vermietbarkeit des Objekts und
2. der dauerhaft zu erzielende Mietzins.

Vermietbarkeit

Die Vermietbarkeit macht sich an der Lage, dem sozialen Umfeld, der Ausstattung und der Bausubstanz fest. Nur an den beiden letzten Punkten können Sie nachbessern. An der Lage lässt sich nichts ändern und das soziale Umfeld zu beeinflussen ist schwierig bis aussichtslos. Im Idealfall sollte das Objekt in Bezug auf die Vermietbarkeit keine wesentlichen Mängel aufweisen. Abzusehen ist eine gute Vermietbarkeit an den geringen Mietausfällen und einer geringen Mieterfluktuation, die der Verkäufer nachweisen sollte.

Mietsteigerungspotenzial

Gute Objekte weisen ein Mietsteigerungspotenzial auf, d. h. die derzeitigen Mieteneinnahmen liegen unterhalb des Marktniveaus. Sind die Mieten bereits nach oben ausgereizt, besteht die Gefahr, dass die Vermietbarkeit darunter leidet. Viele Investoren in Ostdeutschland wissen ein Lied davon zu singen, wie es zu einem rasanten Mietverfall kommen kann, der die gesamte Finanzierung des Objekts zum Platzen bringen kann. Doch so einfach ist es auch wieder nicht, das Mietsteigerungspotenzial auszuschöpfen, denn Mietsteigerungen sind begrenzt. So kann die Miete in drei Jahren nur um maximal 20 Prozent wachsen, und auch die Vergleichsmieten müssen im Auge behalten werden.

Tipp:

Wichtige Informationen zur Miethöhe lassen sich über die Mietspiegel der Kommunen einsehen, beispielsweise unter www.anwaltonline.

10.4 Welcher Kaufpreis ist angemessen?

Zwei Verfahren

Entscheidend für die Ermittlung des Kaufpreises ist die zu erzielende Miete. Dabei stehen zwei Verfahren zu Ermittlung offen:

- das Ertragswertverfahren oder
- der Jahresmietwertvervielfältiger.

Beide Verfahren kommen zu einem ähnlichen Ergebnis.

Beispiel:

Gesamtmieteinnahmen für ein Sechsfamilienhaus: 50.000 Euro, die von den Mietern zu zahlenden Nebenkosten betragen zusammen 2.400 Euro, der Bodenwert des Gründstücks beträgt 80.000 Euro.

Ertragswertverfahren:

Jahresbruttomiete:	52.400 Euro
Bewirtschaftungspauschale 25 %	13.100 Euro
Reinertrag	39.300 Euro
Verzinsung des Bodenwertes zu 5 %	4.000 Euro
Gebäudeertrag	35.300 Euro
Rentenbarwertfaktor bei 5 % auf 70 Jahre Restnutzungsdauer 19,34fach	
Gebäudeertrag (35.300 Euro × 19,34)	682.702 Euro
Bodenwert	80.000 Euro
Gesamtertragswert	762.702 Euro

Jahresmietvervielfältiger:

Grundlage sind die obigen Zahlen: Jahresbruttomiete 52.400 Euro, bei einem 14fachen Vervielfältiger erzielt der so genannte vergleichende Ertragswert 733.600 Euro.

10.5 Die Finanzierung

Der Vorteil bei der Vermietung von Immobilien besteht darin, dass die zu zahlenden Zinsen steuerlich absetzbar sind. Das hat Auswirkungen auf die Finanzierung. So ist es beispielsweise möglich, eine komplette Fremdfinanzierung des Objekts durchzuführen. Dies kann durchaus sinnvoll sein, wenn die Vermietbarkeit des Objekts sehr gut ist. Dann können Sie vom so genannten Leverage-Effekt profitieren, vorausgesetzt die Mieteinnahmen sind größer als die zu zahlende Fremdfinanzierung.

Achtung:

Ein positiver Leverage-Effekt bewirkt, dass die Gesamtkapitalrentabilität dauerhaft oberhalb der Fremdfinanzierungskosten liegt. Dies ist nur dann zu halten, wenn die Netto-Mietrendite höher ist als die Fremdfinanzierungszinsen. Vor allem in der momentanen Niedrigzinsphase bestehen aber diesbezüglich erhebliche Risiken. Steigen die Zinsen nach der Zinsbindungsfrist und liegen dann die Mieteinnahmen unterhalb der Fremdfinanzierungskosten, kehrt sich der Vorteil in einen Nachteil um. Nun müssen Sie selbst Geldmittel für die weitere Finanzierung bereitstellen. Deswegen wird eine die Komplettfinanzierung meist nur in Phasen höherer Kapitalmarktzinsen angewendet. Allerdings kann hier auch die durchschnittliche Zinsbelastung beispielsweise der letzten 20 Jahre als Grundlage für die Komplettfinanzierung dienen – die Zinsen lagen durchschnittlich deutlich über den derzeitigen Zinsaufwendungen. Mit anderen Worten: Übersteigen die Mieteinnahmen den durchschnittlichen Zinssatz, ist das Objekt über die Laufzeit des Darlehensvertrags fremdfinanzierbar. Wer auf Basis dieser Daten rechnet, ist dann auf einer relativ sicheren Seite.

Zur Finanzierung kommen grundsätzlich die gleichen Instrumente wie bei Selbstnutzern in Frage (siehe Kapitel 5). Ob ein Annuitätendarlehen oder eine Festhypothek zu bevorzugen sind, sollten Sie mit Ihrem Steuerberater klären.

10.6 Was besagt die Mietrendite?

Drei Faktoren

Die Rendite ist das A und O für den Anleger. Sie beschreibt die Ertragseinnahmen des eingesetzten Kapitals und hängt von drei Faktoren ab:

- Mietzins,
- Fremdkapitalkosten/ Eigenkapitalanteil,
- Wertentwicklung des Objekts.

Eine höhere Rendite bedeutet dabei aber nicht notwendigerweise auch die bessere Anlage. Höhere Renditen werden häufig bei Objekten in schlechteren Lagen oder mit einem erhöhten Instandhaltungsaufwand erwirtschaftet, bei diesen Objekten ist aber gleichzeitig auch das Mietausfallrisiko relativ hoch.
Anders sieht es bei den „Immobilienperlen“ aus, die eine deutlich zu geringe Miete aufweisen. Hier ist durch eine stetige Erhöhung der Miete eine verbesserte Rendite zu erwarten.
Hingegen bedeutet auch eine niedrige Mietrendite nicht zwingend ein ungeeignetes Objekt, denn dies wird mit einem geringeren Mietausfallrisiko und einer guten Wertstabilität oder einem guten Wertwachstum kompensiert.

Tipp:

Durch die steuermindernden Ausgaben, die höher sind als die Mieteinnahmen und dadurch das Nettoeinkommen erhöhen, lässt sich die Rendite zusätzlich erhöhen. Nämlich dann, wenn das erhöhte Nettoeinkommen zum Sparen verwendet wird. Das sollten Sie auch in jedem Fall tun, um sich gegen ein Mietausfallrisiko und gegebenenfalls höhere Fremdkapitalzinsen abzusichern. Außerdem können Sie über diesen Weg zusätzliche Mittel aufbauen, die sich später für eine Sondertilgung verwenden lassen.

Stichwortverzeichnis

Abschreibungen 198
degressive 199
Drei-Objekt-Grenze 207
erhöhte 200
lineare 198
Wahl der Methode 202
Abtretung 33, 37
AfA 198
Annuitätendarlehen 69, 217
Anschlussfinanzierung 119, 148
Ansparfinanzierung 107
Ansparphase 80, 81
Arbeitgeberdarlehen 32, 95
Arbeitnehmersparzulage 171
Arbeitszimmer 209
abzugsfähige Kosten 209
Aufteilergeschäft 214
Ausgabenpuffer 45
Außenanlagen 28
Auto und Fahrtkosten 45

Banken 137
Beratung 176
Scoring-Verfahren 139
verhandeln 145
Barkapital 33
Bauabsatzsteuer 29
Bau-Berufsgenossenschaften 181
Baudenkmäler 210
Bauhelfer 180
Bauhelferunfallversicherung 180
Bauherreneigenleistungs-ausfall-Garantie-versicherung 180
Bauherrenhaftpflicht-versicherung 177
Baukostenzuschüsse 160
Bauleistungsversicherung 189
Baunebenkosten 28
Bauspardarlehen 79
Bausparguthaben 33
Bausparsumme 81
Bausparvertrag 67
Bauträgerkaufvertrag 175
Bauträgermodell 53
Bauzeitzinsen 130
Bearbeitungsgebühren 129
Beleihungsprüfung 59, 140
Beleihungswert 59
Ertragswertverfahren 60
Sachwertverfahren 60
Bereitstellungszinsen 130
Berufsunfähigkeits-versicherung 191
Betriebsvermögen 197
Bewertungszahl 82, 83
Bodenwert 60
Bonität 140

Bürgschaft 58, 160

Cap-Darlehen 122
Cap-Gebühr 121
Collar-Darlehen 124
Collars 122

Damnum 126
Darlehensantrag 145
  unverbindlicher 143
Darlehenshöhe 48
Darlehensphase 80, 84
Darlehensvertrag 141
  kündigen 149
  rechtliche Grundlagen 146
Direktbanken 74
Disagio 126
Discounter 74
Drei-Objekt-Grenze 207

Effektivzinsen 117
Eigenheimzulage 157
Eigenkapitalersatz 36, 37, 41
Eigenkapitalquote 36
Eigenleistung 37
Einkommensteuer 193
Einkommensteuererklärung 193
Einkünfte 193
Einkünfteerzielungsabsicht 194
Elementarschäden 188
Energieeinsparverordnung (EnEV) 23
Erbbaugrundstück 22
Erbbaurecht 25
Erhaltungsaufwand 196, 210
  größerer 197
ERP-Umwelt-und -Energiesparprogramm 164
Erschließungskosten 26
Ertragswertverfahren 60
Europäische Zentralbank 68

Familiendarlehen 33, 35
Festdarlehen 73
Festhypothek 217
Festpreisgarantie 28
Feuer-Rohbauversicherung 29, 186
Financial Planner (CFP®) 93
Finanz- und Versicherungsmakler 92
Finanzberater 93
Finanzierung
  mit Investmentfonds 89
  Sonderformen 105
  über das Internet 74
Finanzierung aus einer Hand 69
Finanzierungsnebenkosten 30
Finanzierungsplan 100
  Selbstnutzer 100
  Vermieter 102
Finanzierungspotenzial 47, 48
Finanzierungsränge 56
Finanzierungsstrategie 103
  Mischnutzer 105
  Selbstnutzer 103
  Vermieter 103
Finanzvermittler 91

Floor 122
Fördergelder 157
Forward-Darlehen 150
Fremdkapital 65
Fremdwährungskredite 125

Gebäude in Sanierungsgebieten 201, 210
Gebäudekosten 24, 27
Geldbeschaffungskosten 30
Gemeinschaftseigentum 52
Gemeinschaftsordnung 52
Grundbuch 54
 als Finanzierungsinstrument 56
Grundbuchblatt 55
Grunderwerbsteuer 21, 22, 25
Grundpfandrecht 58
Grundschuld 58
Grundstückskauf 179
Grundstückskosten 24
Gutachterausschüsse für Grundstückswerte 25

Haus- und Grundstückshaftpflichtversicherung 182
Haushaltskosten 44
Hochzinsphase 119, 120
Hypothek 58
Hypothekendarlehen 67, 117
 Konditionen 117
 Nebenkosten 130
Hypothekenkredit 67
Hypothekenmix 120

Immobilienkauf 213
Informationsquellen 173
Instandhaltungsmaßnahmen 196
Internet-Banken 74
Internetfinanzierung 74
 Anbieter 237
 Kreditantrag stellen 76
Internetfinanzieurng
 Beratung 75
Internetmakler 74
Investitionszulage 166
Investmentfonds 89
Jahresmietwertvervielfältiger 216
Jahresnettokaltmiete 21

Kapitalanleger 66
Kapitalmarkt 67
Kaufpreis 21, 25
Kaufpreissammlungen 25
Kaufvertrag 51, 175
 und Grundbuch 55
KfW- Förderbank 164
KfW-Programme 164
Kommunale Fördermittel 166
Konditionen 65
Kontoführungsgebühr 130
Kosten beim Immobilienerwerb 21
Kosten beim Neubau 24
Kosten für die Erstellung der Immobilie 27
Kreditangebote 141
 auswerten 144

einholen 141
mit den Banken verhandeln 145
vorläufige Darlehenszusage 145
Kredite 65
Preisbestandteile 117
über das Internet 74
über Finanzvermittler 91
von der Kirche 98

Lastenzuschuss 170
Lebenshaltungskosten 43
Lebensversicherung 33
Lebensversicherungshypothek 78
Leverage-Effekt 217
Liebhaberei 204

Makler- und Bauträgerverordnung 53
Maklercourtage 21
Marge 121
Maximale Finanzierungsvolumen 49
Mehrfachagent 92
Mezzanine Money 105
Mezzanines Kapital 33
Mietausfallrisiko 218
Mietrendite 217
Mietshaus 214
Mietsteigerungspotenzial 215
Mietwohnung 214
Mietzins 217
Mindestsparguthaben 80, 82, 87
Mindestsparzeit, 82
Mischnutzer 193
Modernisierungsmaßnahmen 196
Monatliche Einnahmen 43
Muskelhypothek 37

Nachbarschaftshilfe 27
Nachfinanzierung 148
Nachrangiges Darlehen 107
Nachrangigkeit 106
Nebenkosten 43
Negatives Einkommen 195
Nießbrauch 52
Nominalzins 66, 117
Nominalzinssatz 48
Notar 24, 51, 55
Nutzungsdauer 198

Ökologisch Bauen 164
Öltank- und Gewässerschadenhaftpflichtversicherung 190
Paragraf 2b EStG 204
Paralleldarlehen 153
Personalkredite 57
Policendarlehen 79
Provision 22

Ratentilgungsdarlehen 71
Rechtsanwälte 175
Refinanzierung 68, 86
Regelmäßige Einkünfte 43

Renovierungs- und Instandhaltungsaufwand 21, 22
Rentenkauf 110
Restschuld 143
Restschuldversicherung 185
Riester-Rente 33, 167
Risikolebensversicherung 183

Sachwertverfahren 60
Sanierungsgebiete 201
Sanierungsmaßnahmen 196
Schätzkosten 30, 130
Schenkung 36
Schufa 137
Scoring-Verfahren 139
Sechs-Monats-Euribor 120
Selbstauskunft 139
Selbstnutzer
- Arbeitszimmer absetzen 209
- Baudenkmäler 210
- Darlehensvertrag 131
- Erhaltungsaufwand absetzen 210
- Gebäude in Sanierungsgebieten 210
- Sonderabschreibungen Ost 211
- Steuervorteile 208

Sicherheitskoordinator 28
Siedlungshilfefonds 98
Sofortdarlehen 86
Solarstrom erzeugen 164
Sonderabschreibungen 207
Sonderabschreibungen Ost 211
Sondereigentum 52
Sondernutzungsrechte 52
Sondertilgungen 133
Sondertilgungsrecht 133
Sonstige Verwaltungsgebühren 27
Spekulationsfrist 206
Stadtumbau Ost 166
Steuerberater 175
Steuerfallen 204
- Liebhaberei 204
- Paragraf 2b EStG 204
- Spekulationsfrist 206

Steuerschuld senken 193
Steuervorteile 193
Stille Beteiligung 33
Swap 122

Teilauszahlungszuschläge 130
Teilungserklärung 52
Tilgungssatz 48, 117, 128
Totalüberschuss 204

Überbrückungsfinanzierung 84
Umfinanzierung 152, 153
Umschuldung 156
Unbedenklichkeitsbescheinigung 22
Unfallversicherung der Bau-Berufsgenossenschaft 180
Urlaubsgeld 43

Variable Darlehen 120
Variabler Zinssatz 120
Verbraucherzentralen 174
Verkäuferdarlehen 105
Verlustausgleich 195
Vermietbarkeit 14
Vermieter
 Steuervorteile 193
Vermittlungsgebühren 129
Vermögenschadenhaft-pflicht-Versicherung 182
Verpfändung 33, 37
Versicherungen 28, 45
Versicherungsschutz 177
Versorgungswerke 98
Verwaltungsgebühren 21, 23
Vorfälligkeitsentschädigung 154
Vorsteuer aus Gebäudekosten 202

Wartezeit 85, 86
Werbungskosten 193, 204
Wertermittlungsgebühren 30
Wertpapiere 33
Wertsteigerung 18
Wohnflächenverbrauch 13
Wohngebäude-Versicherung 187
Wohnnebenkosten 44
Wohnraum modernisieren 164
Wohnraumförderungsgesetz 160
 Ländermittel beantragen 162
Wohnrecht 52, 113
Wohnumfeld 15
Wohnungsbauprämie 80
Wohnungsbedarf 13
Wohnungsmarkt 11

Zahlungsfähigkeit 137
Zahlungsverpflichtungen 45
Zeitmietvertrag 205
Zielbewertungszahl 84
Zielbewertungsziffer 83
Zins- und Tilgungsverrechnung 129
Zinsbindungsende 149
Zinsbindungszeit 66, 119, 148
 Auslaufen der 148
Zinscap 121
Zinsderivate 122
Zinsen 65
Zinshöhe 66
Zinssicherungsinstrumente 121, 122
Zinsswap 122
Zuteilung 82
Zwischenentnahmemodell 169

Anhang

Wichtige Checklisten

Checkliste: Diese Unterlagen benötigt die Bank für die Beleihungsprüfung

Unterlagen	**Erhältlich bei**	**Wohnungs-kauf**	**Haus-kauf**	**Neu-bau**
Aktueller Grundbuchauszug	Grundbuchamt	x	x	x
Flurkarte	Katasteramt	x	x	
Auszug des Liegenschaftsbuchs	Liegenschaftsamt	x	x	
Bautechnische Unterlagen (Baubeschreibungen, Bauzeichnungen, Baugenehmigung)	Architekt/in oder Bauträger	x	x	x
Wohnflächen- und Nutzflächenberechnung	Architekt/in oder Bauträger		x	x
Berechnung des umbauten Raums	Architekt/in oder Bauträger		x	x
Baukostenaufstellung	Architekt/in oder Bauträger			x
Werkvertrag	Bauträger			x
Lageplan	Öffentlich bestellte/r Vermessungs-ingenieur/in	x	x	x
Erbbaurechtsvertrag	Notar/in			x
Kaufvertrag bzw. mindestens Kauf-	Notar/in	x	x	

Unterlagen	Erhältlich bei	Wohnungs-kauf	Haus-kauf	Neu-bau
vertragsentwurf (bei Hauskauf)				
Teilungserklärung mit Aufteilungsplan (bei Eigentums-wohnungen)	Notar/in	x		
Police über eine Brandversicherung	Versicherung	x	x	x
Eigenkapital-nachweise wie Kontoauszüge, Sparbücher, Depotauszüge usw.	Eigene Unterlagen	x	x	x
Einkommens-nachweise der letzten Monate, bei Selbstständigen Bilanzen oder Auswertungen des Steuerberaters	Eigene Unterlagen	x	x	x
Letzter Einkommen-steuerbescheid	Eigene Unterlagen	x	x	x
Bei Vermietungs-objekt Mietverträge und Mieteinnah-menverzeichnis	Eigene Unterlagen	x		
Fotos vom (fertigen) Objekt	Eigene Unterlagen	x	x	
Genaue Aufstellung über eventuelle Eigenleistungen	Eigene Aufzeichnungen	x	x	x

Checkliste: So prüfen Sie ein Kreditangebot

Was?	o. k.
Nominalbetrag	
Disagio bzw. Auszahlungskurs in Prozent	
Auszahlungsbetrag in Euro	
Beleihungsgrenze	
Zinsbindungsfrist	
Anfangstilgungssatz	
Ratenhöhe	
Fälligkeit der Rückzahlung	
Verrechnung	
Tilgungszeit	
Nominalzins	
Bearbeitungsgebühren	
Effektiver Zins	
Restschuld bei Ablauf der Zinsbindungsfrist	
Nebenkosten:	
Schätzgebühren	
Bereitstellungskosten	
Teilauszahlungszuschlag	
Kontoführungsgebühren	
Vorfälligkeitsentschädigung bei Sondertilgungen	
Kosten für abzuschließende Versicherung	
Sonstige Nebenkosten	

Checkliste: Bausparen und Tarife

Was?	Bemerkungen
Bausparkonditionen • Tarif 1 • Tarif 2 • Tarif 3	
Name der Bausparkasse	
Telefon	
Homepage	
Name des Tarifs	
Bausparsumme	
Mindestsparsumme in Prozent	
Monatlicher Sparbetrag	
Abschlussgebühr in Prozent	
Guthabenzins in Prozent	
Darlehenszins	
Darlehensgebühr in Prozent	
Tilgungsbeitrag in Promille	
Wohnungsbauprämiengebühr	
Voraussichtlich zuteilungsreif am	
Voraussichtlich getilgt bis	
Gesamtbetrag von Zins und Tilgung	

Checkliste: Die Schritte zum Hypothekenkredit

Ablauf	**Das müssen Sie tun**
Kreditinstitute auswählen	Mehrere gute Anbieter auswählen, Hilfestellung durch Übersichten und Zinsvergleiche von Verbraucherzentralen, Stiftung Warentest, in Zeitschriften
Angebote einholen	Darlehensanfrage bei den Banken stellen, Checkliste mit Konditionen mit einreichen und genauen Zins- und Tilgungsplan anfordern
Angebote überprüfen	Angebote genau prüfen und vergleichen, bei der Bank mit dem günstigsten Angebot verbindliche Darlehensanfrage stellen
Erhalt der Darlehenszusage und des Darlehensvertrags nach ein paar Tagen	In persönlichen Gesprächen mit der Bank verhandeln, um günstigere Konditionen zu erzielen, erst danach Darlehensantrag unterschreiben und zusammen mit der Selbstauskunft bei der Bank einreichen
Bank überprüft Unterlagen/ Selbstauskunft und nimmt Beleihungsprüfung vor. Erst dann wandelt sie die vorläufige Darlehenszusage in eine endgültige um.	
Eintragung der Grundschuld ins Grundbuch	Notar mit der Eintragung der Grundschuld ins Grundbuch beauftragen, evtl. vorläufige Rangbescheinigung einholen
Letzter Schritt vor der Auszahlung	Alle notwendigen Unterlagen beim Geldgeber vorlegen
Auszahlung	

Checkliste: Alternative Finanzierungsformen

Finanzierungsform	Vorteile	Nachteile
Arbeitgeberdarlehen	Erhöhung des Eigenkapitals, geringer Darlehenszins, Vertrauensbeweis des Arbeitgebers	Evtl. Steuerpflicht auf die Darlehenszinsersparnis, schnelle Tilgung
Verkäuferdarlehen/ Nachrangdarlehen	Reduzierung der Kapitalaufnahme, günstiger Darlehenszins	Wirkt sich negativ auf das Finanzierungspotenzial aus
Familiendarlehen	Erhöhung des Eigenkapitals, meist ohne Darlehenszinsen	Nachteile nur bei Rückzahlung und Verzinsung des Darlehens
Kauf auf Rentenbasis	Banken bleiben außen vor, auch für Kapitalanleger geeignet	Langfristige Bindung an den Verkäufer, sofortiger Bezug des Objekts meist nicht möglich
Ansparfinanzierung	Auch mit geringem Eigenkapital möglich	Starke Bindung an den Anbieter, nur für Besserverdiener geeignet

Übersichten und Adressen

Übersicht Eigenheimzulage

	Alte Regelung	**Neue Regelung**
Förder-grundbetrag	5 %, max. 2.556 Euro/Jahr Neubau 2,5 %, max. 1.278 Euro/Jahr Altbau 2,5 %, max. 1.278 Euro/Jahr Ausbau	1 %, max. 1.250 Euro/Jahr (einheitlich Alt-/Neubau) 0 Euro für Ausbau/Erweiterung
Kinderzulage	767 Euro	800 Euro
Bemessungs-grundlage	51.120 Euro (inkl. Grund und Boden)	125.000 Euro (inkl. Grund und Boden und Modernisierungsaufwand der ersten 2 J.)
Einkommens-grenzen	81.807 Euro Alleinstehende 163.614 Euro Verheiratete +30.678 Euro je Kind	70.000 Euro Alleinstehende 140.000 Euro Verheiratete +30.000 Euro je Kind
Förderdauer	8 Jahre	8 Jahre
Gültigkeit	Kaufvertrag/Bauantrag bis 31.12.2003	Kaufvertrag/Bauantrag ab 01.01.2004

Übersicht Gebäudeabschreibungen

Abschreibungsart	Rechtsgrundlage	Zeitl. Vorauss.	Bemessungsgrundlage	Abschreibungssatz	Beginn AfA
Lineare Abschreibungen	§ 7 Abs. 4 EStG	Fertigstellung nach 31.12.1924 bzw. vor 01.01.1925	Herstellungs- bzw. Anschaffungskosten, unbegrenzt	50 Jahre 2 % (bei Wirtschaftsgebäuden 3 %, 4 % bei Herstellungsbeg. bzw not. Kaufvertr. vor 1.1.2001) oder 40 Jahre 2,5 %	Anschaffung oder Fertigstellung
Degressive Abschreibung	§ 7 Abs. 5 Satz 1 Nr. 3 b EStG	Bauantrag bzw. notarieller Kaufvertragsabschluss nach 31.12.1995 bzw. vor 1.1.2004	Herstellungs- bzw. Anschaffungskosten, unbegrenzt	8 Jahre je 5 % 6 Jahre je 2,5 % 36 Jahre je 1,25 %	Anschaffung oder Fertigstellung
Degressive Abschreibung	§ 7 Abs. 5 Satz 1 Nr. 3 c EStG	Bauantrag bzw. notarieller Kaufvertragsabschluss nach 31.12.2003	Herstellungs- bzw. Anschaffungskosten, unbegrenzt	10 Jahre je 4 % 8 Jahre je 2,5 % 32 Jahre je 1,25 %	Anschaffung oder Fertigstellung
Erhöhte Absetzung bei Baudenkmälern	§ 7 h EStG	Beginn der Baumaßnahme nach 31.12.2003	Herstellungs- bzw. Anschaffungskosten nach Abschluss des Kaufvertrags, unbegrenzt	8 Jahre je bis zu 9 % 4 Jahre je bis zu 7 %	Abschluss der jeweiligen Baumaßnahme
Erh. Absetzung bei Geb. in San.gebieten u. städtebaul. Entwickl.bereichen	§ 7 i EStG	Beginn der Baumaßnahme nach 31.12.2003	Herstellungs- bzw. Anschaffungskosten nach Abschluss des Kaufvertrags, unbegrenzt	8 Jahre je bis zu 9 % 4 Jahre je bis zu 7 %	Abschluss der jeweiligen Baumaßnahme

Finanzierungsplan

Im Folgenden finden Sie ein stark vereinfachtes Muster eines Finanzierungsplans:

Jahr	Rate Bausparvertrag (Euro)	Rate 1a-Darlehen (Euro)	Gesamtbelastung (Euro)	Restschuld (Euro)
1	300	700	1.000	
2	300	700	1.000	
3	300	700	1.000	
4	300	700	1.000	
5	300	700	1.000	
6	300	700	1.000	
7	300	700	1.000	
8	300	700	1.000	
9	300	700	1.000	
10	300	700	1.000	
11	-	1.000	1.000	
12	-	1.000	1.000	
usw.				

Adressen der zuständigen Länderbehörden und Landeskreditanstalten

Bundesland	Adresse	Telefonnummer	Internet
Baden-Württemberg			
Wirtschaftsministerium	Thedor-Heuss-Str. 4 70174 Stuttgart	0711 – 123-2184	www.wm.baden-wuerttemberg.de
L-Bank Landeskreditbank	Schloßplatz 10 – 12 76113 Karlsruhe	0721 – 150-3210	www.l-bank.de

Bundesland	Adresse	Telefon-nummer	Internet
Bayern			
Bayrische Landesboden-kreditanstalt	Kapellenstraße 4 80333 München	089-2171-28008 und -28016	www.labo-bayern.de
Bayrisches Staats-ministerium des Inneren, Oberste Baubehörde	Postfach 22 00 36 80539 München	089 – 219202	www.bayern.de
Berlin			
Investitions-bank Berlin, Abteilung Wohneigen-tumsförderung	Bundesallee 210 10719 Berlin	030 – 2125-2660	www.investitionsbank.de
Brandenburg			
Investitions-bank des Landes Brandenburg	Steinstr. 104-106 14480 Potsdam	0331-660-1322	www.ilb.de
Bremen			
Amt für Wohnungs- und Städte-bauförderung	Breitenweg 24-26 28195 Bremen	0421-361-14012	www.bremen.de
Hamburg			
Hamburgische Wohnungs-bau-kreditanstalt	Besenbinderhof 31 20097 Hamburg	040-24846-0	www.wk-hamburg.de

Bundesland	Adresse	Telefon-nummer	Internet
Hessen			
Landratsämter, Stadt-verwaltungen			www-lbs-ht.de
Landestreuhan dstelle Hessen	Strahlenbergerstr. 11 63067 Offenbach	069-9132-5559	
Hessisches Ministerium für Wirtschaft, Verkehr und Landes-entwicklung	Kaiser-Friedrich-Ring 75 65185 Wiesbaden	0611 – 815-0	www.hessen.de
Mecklenburg-Vorpommern			
Ministerium für Arbeit und Bau	Schloßstr. 6-8 19053 Schwerin	0385-588-3666	www.am.mv-regierung.de
Landesförder-institut Mecklenburg-Vorpommern	Werkstr. 213 19061 Schwerin	0385-6363-0	www.lfi-mv.de
Niedersachsen			
Niedersäch-sische Landes-treuhand-anstalten	Hamburger Allee 4 30161 Hannover	0511-361-5773	www.lts-nds.de

Bundesland	Adresse	Telefon- nummer	Internet
Nordrhein-Westfalen			
Wohnungs-baufförde-rungsanstalt Nordrhein-Westfalen	Heerdter Lohweg 35 40549 Düsseldorf	0211-826-7640 und -7647	www.lbnrw.de
Ministerium für Bauen und Wohnen des Landes Nordrhein-Westfalen	Elisabethstr. 5-11 40217 Düsseldorf	0211-3843-0	www.mbw-nrw.de
Rheinland-Pfalz			
Landestreu-handstelle Rheinland-Pfalz	Ernst-Ludwig-Straße 6-10	06131-13-3006	
Ministerium der Finanzen des Landes Rheinland-Pfalz	Kaiser-Friedrich-Str. 5 55116 Mainz	06131-1642-07	www.fm.rlp.de
Saarland			
Saarländisches Ministerium für Finanzen und Bundes-angelegen-heiten, Referat Wohnungsbau förderung	Am Tummelplatz 7 66117 Saarbrücken	0681-501-2613	www.finanzen.saarland.de

Bundesland	Adresse	Telefon-nummer	Internet
Sachsen			
Bewilligungs-stelle der Sächsische Aufbaubank GmbH	Pirnaische Straße 9 01069 Dresden	0351-4910-0 Servicecenter: 01803-664466	www.sab.sachsen.de
Staats-ministerium des Innern des Landes Sachsen, Referat Wirtschafts-förderung	Wilhelm-Buck-Str. 2 01097 Dresden	0351-564-0	www.sachsen.de
Sachsen-Anhalt			
Landesförder-institut Sachsen-Anhalt	Domplatz 12 39104 Magdeburg	0391-589-1745	www.lfi-lsa.de
Schleswig-Holstein			
Investitions-bank Schleswig-Holstein	Fleethörn 29-31 24103 Kiel	0431-900-3333	ib-sh.de
Thüringen			
Thüringer Aufbaubank	Gorkistr. 9 99084 Erfurt	0361-7447-119	www.tab.th-online.de
LBS Hessen-Thüringen	Strahlenbergerstr. 14 63037 Offenbach	Service-center: 01803-232343	www.lbs-ht.de

Diese Anbieter halten Online-Kredite bereit:

Webdiscounter	
BF.direkt AG	www.bf-direkt.de
Creditweb Deutschland GmbH	www.creditweb.de
Dr. Klein & Co. AG	www.dr-klein.de
easyhyp GmbH	www.easyhyp.de
Aareal Hypotheken Vermittlungs GmbH	www. hypothekendiscount.de
Interhyp AG	www.interhyp.de
Direktbanken	
1822direkt Gesellschaft der Frankfurter Sparkasse mbH	www.1822direkt.com
ING-DiBa Allgemeine Deutsche Direktbank AG	www.ing-diba.de
Westdeutsche ImmobilienBank	www.immobank-direkt.de
Quelle Bauspar AG	www.quelle-bausparkasse.de
Allgemeine HypothekenBank Rheinboden AG	www.rheinboden-online.de
Portale	
FinanceScout 24 AG	www.finanzscout24.de
Immobilien Scout GmbH	www.immobilienscout.de
Immopool	www.wohnimmobilien.net
Immowelt AG	www.immowelt.de
PlanetHome AG	www.planethome.de

Muster: Notarieller Kaufvertrag Gebrauchtimmobilie

Der vorliegende Mustervertrag wird in der Regel durch zusätzliche Ausführungen des amtierenden Notars beispielsweise über seine Tätigkeit im Rahmen des Vertrags ergänzt. Auch die Folgen möglichen Zahlungsverzugs werden meist ausführlicher mit Bezug auf Gerichtsurteile oder Zwangsmaßnahmen versehen.

Kaufvertrag

1. Frau Renate Reimann, geb. XXX, wohnhaft: XXX
   nachstehend „Verkäufer" genannt
2. Herr Michael Meier, geb. XXX, wohnhaft: XXX
   nachstehend „Käufer" genannt

I. Der Erschienene 1 ist Eigentümer des nachstehenden Grundbesitzes, eingetragen im Grundbuch von Sulingen, Blatt 1261 beim Amtsgericht Soltau:

Gemarkung Soltau, Flur 5, Flurstück 2/2 Gebäude und Freifläche, 800 qm, Adburstr. 6

II. Das Grundstück ist zurzeit belastet wie folgt:

Abteilung II	lastenfrei
Abteilung III	lastenfrei

Der Verkäufer erklärt, dass auch außerhalb des Grundbuches keine Belastungen bestehen.

§ 1

Der Verkäufer verkauft an den Käufer das unter I. bezeichnete Grundstück. Der Verkauf erfolgt ohne Gewähr für Größe, Güte und Beschaffenheit und ohne Gewähr auf sichtbare oder unsichtbare Mängel. Der Verkauf erfolgt lastenfrei in den Abteilungen II. und III.

Die Übergabe des Verkaufsgegenstandes erfolgt zum 01.01.2005. Vom Übergabezeitpunkt an gehen alle Nutzungen, Lasten, Abgaben und Steuern sowie die Gefahr des zufälligen Untergangs auf den Käufer über. Für Reparaturen, die bis zur Übergabe vorgenommen werden, kommt der Verkäufer auf, unabhängig davon, wann die Rechnung gestellt wird.

§ 2

1. Der Kaufpreis für den vorbezeichneten Verkaufsgegenstand beträgt:

   200.000 Euro

   Der Kaufpreis ist fällig und zahlbar auf ein vom amtierenden Notar einzurichtendes Notaranderkonto zum 01.01.2005, nicht jedoch vor Eintragung einer Auflassungsvermerkung zugunsten des Käufers aufgrund dieses Vertrages im Grundbuch. Bei verspäteter Eintragung der

Auflassung ist der Kaufvertrag binnen einer Woche fällig. Der Zahlungsanspruch ist erst erfüllt, wenn die Auszahlung des Betrages an den Verkäufer erfolgt.

2. (Treuhandsvollmacht für den Notar für das Notaranderkonto mit Angabe des Kontos, auf das der vereinbarte Kaufpreis an den Käufer übertragen werden soll)
3. Bei einer eventuellen Finanzierung des Kaufpreises durch einen Darlehensgeber ist es die Sache des Käufers, die vertragsgerechte Verwendung des Geldes sicherzustellen.
4. Sollte die gesamte Vergütung nicht fristgerecht auf das Notaranderkonto erfolgen, verpflichtet sich der Käufer, an den Verkäufer 5 % p. a. über dem Basiszinssatz zu zahlen, sofern der Verkäufer alle Verpflichtungen auflagenfrei erfüllt hat.
5. Vorbehalten bleiben im Übrigen Ersatzansprüche für den Fall der verzögerten Einzahlung des Gerichtskostenvorschusses und einer dadurch bedingten späteren Eintragung der Auflassungsvermerkung.

   Der Verkäufer verpflichtet sich, die Unbedenklichkeitsbescheinigung unverzüglich beizubringen.

§ 3

Wegen des Kaufpreises und eventuell fällig gewordener Zinsen unterwirft sich der Käufer der sofortigen Zwangsvollstreckung seines gesamten Vermögens.

§ 4

Die Vertragsschließenden bewilligen und beantragen zugunsten des Käufers die Eintragung einer Auflassungsvermerkung zu Lasten des veräußerten Kaufgegenstandes im Grundbuch Sulingen, Blatt 1261. Die Vertragsschließenden bewilligen und beantragen außerdem die Löschung zugleich mit der Umschreibung im Grundbuch.

§ 5

Auflassung: Die Vertragsschließenden sind darüber einig, dass der im Vertrag bezeichnete Kaufgegenstand Ziffer I. auf den Käufer übergehen soll, und bewilligen und beantragen die Umschreibung im Grundbuch von Sulingen, Blatt 1261. Die Beteiligten erklären ausdrücklich, dass die Stellung des Umschreibungsantrages unzulässig ist, falls und solange die Bezahlung des vereinbarten Kaufpreises in voller Höhe nicht erfolgt oder nicht zu Gunsten des Verkäufers sichergestellt ist. Der amtierende Notar wird beauftragt, erst bei Vorliegen der vorstehenden Voraussetzungen eine Ausfertigung dieses Vertrages zum Zwecke der Eigentumsumschreibung zu erteilen. Der Käufer verzichtet hiermit ausdrücklich auf sein eigenes Antragsrecht auf Umschreibung des Eigentums.

§ 6

Sodann wies der amtierende Notar die Vertragsschließenden darauf hin, dass

- nach derzeitigen gesetzlichen Bestimmungen die Vertragsschließenden für die Notar- und Gerichtskosten gesamtschuldnerisch haften,
- vor der Umschreibung alle erforderlichen behördlichen Genehmigungen und Bescheinigungen und die steuerliche Unbedenklichkeitsbescheinigung des Finanzamtes vorliegen müssen,
- das Eigentum erst mit der Umschreibung auf den Käufer übergeht,
- alle Vertragsbestandteile beurkundungspflichtig sind. Nebenabreden und Scheinvereinbarungen können zur Nichtigkeit des gesamten Rechtsgeschäftes führen,
- das Risiko einer vorzeitigen Bezahlung des Kaufpreises zu Lasten des Käufers geht.

§ 7

Für den Fall, dass die Bezahlung des Kaufpreises aus den Geldmitteln aufzunehmender Darlehen erfolgen soll und eine dingliche Absicherung vor erfolgter Umschreibung auf den Käufer erforderlich wird, ist der Verkäufer mit der Eintragung der Grundschulden oder Hypotheken, einzutragen in Abteilung III des vorbezeichneten Grundbuchs, einverstanden. Der Käufer tritt daher den Anspruch auf Valuta und Auszahlung insofern schon heute unwiderruflich an den amtierenden Notar zugunsten des bezeichneten Notaranderkontos ab. Eine persönliche Haftung übernimmt der Verkäufer nicht. Auf dem Notaranderkonto entstehende Habenzinsen ab Fälligkeit stehen dem Verkäufer zu, anfallende Zinsen vor Fälligkeit stehen dem Käufer zu.

Der Verkäufer erklärt, dass er nicht bereit ist, eine dingliche Haftung zu übernehmen, die über den Kaufpreis hinausgeht. Die eingetragene Hypothek oder Grundschuld darf bis zur vollständigen Bezahlung des Kaufpreises und bis zur Umschreibung auf den Käufer nur zur Sicherung des tatsächlich an den Verkäufer ausgezahlten und vom Kreditinstitut finanzierten Kaufpreises verwendet werden. Der Verkäufer erklärt, dass er mit der bei Banken üblichen Zweckbestimmungserklärung und der daraus resultierenden Haftung nicht einverstanden ist, und schränkt die vorstehende Bereitschaft zur vorzeitigen Belastung entsprechend ein.

§ 8

Sollte eine Bestimmung dieses Vertrages unwirksam sein oder durch neue gesetzliche Bestimmungen unwirksam werden, so bleibt die Wirksamkeit dieses Vertrages im Übrigen davon unberührt. Die unwirksamen Bestimmungen sollen vielmehr durch eine wirksame Bestimmung ersetzt werden, die dem angestrebten, erkennbaren Willen der Vertragsschließenden in zuverlässiger Weise wirtschaftlich am nächsten kommt.

§ 9

Die Vertragsschließenden verpflichten sich, alle Verpflichtungen aus diesem Vertrag etwaigen Rechtsnachfolgern aufzuerlegen und diese ebenfalls in der Weise zu verpflichten, dass auch diese ihre jeweiligen Rechtsnachfolger in gleicher Weise zu binden haben.

§ 10

Der Verkäufer erklärt, dass Erschließungskosten nicht rückständig sind. Sollten Erschließungskosten noch erhoben werden, so trägt diese derjenige, der zum Zeitpunkt des Erlasses eines solchen Bescheides wirtschaftlicher Eigentümer des Grundbesitzes ist.

§ 11

Die Vertragsschließenden sind sich darüber einig, dass die Vorschrift des § 454 BGB keine Anwendung finden soll. Dem Verkäufer steht das im § 323 BGB bestimmte Rücktrittsrecht zu.

§ 12

Der Verkäufer versichert, dass Wohnungsbindung nach dem Wohnungsbindungsgesetz nicht besteht.

Unterschrift „Verkäufer" Unterschrift „Käufer"

Lexikon Baufinanzierung

Abschreibung

Abschreibungen (AfA = Absetzung für Abnutzung), sind Teil der Werbungskosten. Der Begriff steht für die Wertminderung oder den Wertverlust eines Wirtschaftsguts, die jährlich zu einem bestimmten Prozentsatz als steuerlicher Verlust geltend gemacht werden kann.

Man unterscheidet zwischen linearer Abschreibung, bei der die abzusetzenden Beträge jedes Jahr gleich hoch sind, und degressiver Abschreibung, bei der die Beträge zu Beginn der Abschreibungsperiode hoch sind und im Laufe der Zeit sinken. Die Höhe der Abschreibung ist abhängig von der Nutzungsart, der Nutzungsdauer des Wirtschaftsguts und der steuerlichen Gesetzgebung.

Annuitätendarlehen

Darlehen, bei dem der Darlehensnehmer das Darlehen mit jährlich konstanten Raten, die sich aus den Zins- und Tilgungsleistungen ergeben, zurückzahlt. Diese Jahresbelastung wird Annuität genannt. Die Höhe der Annuität hängt davon ab, welcher Zinssatz und welche Tilgungsrate im Kreditvertrag vereinbart wurden. Während der gesamten Laufzeit des Kredits bleibt die Annuität immer gleich hoch, ihre Zusammensetzung ändert sich aber ständig. Aufgrund der sinkenden Gesamtschuld wird der Zinsanteil jedes Jahr geringer und der Anteil des Tilgungsbetrags wird angehoben, sodass die monatlichen Raten immer konstant bleiben.

Bausparvertrag

Der Bausparvertrag ist ein Vertrag, den der Bausparer mit einer Bausparkasse abschließt. Dabei wird in einen Sparvertrag eingezahlt, der auf eine bestimmte Bausparsumme abgeschlossen wird. Bei Erfüllung aller vertraglicher Pflichten durch den Sparer hat dieser ein Anrecht auf ein Bauspardarlehen.

Beleihungsgrenze

Jedes Kreditinstitut finanziert eine Immobilie nur bis zu einer bestimmten, intern festgelegten Grenze. Diese liegt in der Regel zwischen 40 und 80 Prozent des errechneten Beleihungswerts. Das Kreditinstitut will auf diese Weise Verluste vermeiden, falls der Kreditnehmer seine Raten nicht mehr zahlen kann und die Immobilie zwangsversteigert werden muss.

Beleihungswert

Bevor ein Kreditinstitut einen Kredit vergibt, überprüft es, wie wertvoll die Immobilie überhaupt ist. Es will damit auf Nummer sicher gehen, dass die Rückzahlung des Betrags auch für den Fall gesichert ist, dass der Kreditnehmer seine laufenden Zins- und Tilgungszahlungen nicht mehr erfüllen kann. Bei der so genannten Beleihungsprüfung wird deshalb ein Betrag ermittelt, den die Immobilie langfristig am Markt erzielen kann, falls sie verkauft oder versteigert werden muss. Dieser Betrag wird auch Beleihungswert genannt.

Courtage

Die Courtage ist der Maklerlohn für das ursächliche Zustandekommen eines Kauf- oder Mietvertrags zwischen den Vertragsschließenden. Der Lohn ist erfolgsabhängig und bezieht sich auf einen bestimmten Prozentsatz des Objekts bzw. Miet- oder Pachtvertrag.

Damnum

Ein Damnum (Abgeld) – auch Disagio genannt – ist ein Abschlag von der Darlehenssumme, den die Bank vorab einbehält. Die Höhe des Disagios ist der Differenzbetrag zwischen dem Nominalbetrag des Darlehens und dem tatsächlichen Auszahlungsbetrag, es wird in der Regel in Prozent des Darlehensbetrags ausgedrückt. Das einbehaltene Geld stellt für die Bank sozusagen eine Zinsvorauszahlung dar. Als Ausgleich bietet das Kreditinstitut einen niedrigeren Nominalzins als bei voller Auszahlung des Darlehens. Das Damnum gehört zu den Geldbeschaffungskosten und ist damit sofort in voller Höhe steuerlich abzugsfähig.

Effektivzins

Der Effektivzins enthält die tatsächlichen Preisbestandteile, also die Kosten, eines Kredits und berücksichtigt neben dem Nominalzins z. B. die Zinsbindungszeit, das Disagio, den Tilgungssatz, Bearbeitungsgebühren usw. Der Effektivzins muss nach der Preisangabenverordnung bei allen Kreditangeboten angegeben sein, damit der Kreditinteressent verschiedene Finanzierungsangebote miteinander vergleichen kann. Er enthält jedoch trotzdem noch nicht alle Kosten, die anfallen, denn die Banken erheben inzwischen weitere Nebenkosten, die sie nicht in den Effektivzins hineinrechnen müssen, z. B. Schätzkosten oder Bereitstellungs- bzw. Bauzeitzinsen.

Eigenkapital

Als Eigenkapital bezeichnet man im Rahmen der Baufinanzierung alle finanziellen Mittel, die einem Darlehensnehmer – neben dem Darlehen – für die Finanzierung einer Immobilie zur Verfügung stehen. Dazu zählen Barmittel, Festgeld, Bank- und Sparguthaben sowie der Erlös aus dem Verkauf von Wertpapieren und Aktien. Im weiteren Sinne kann man auch das im Eigentum stehende Baugrundstück, bereits bezahlte Baumaterialien und Architektenleistungen dazuzählen.

Eigenleistung

Bei der Eigenleistung erbringen der Bauherr, seine Angehörigen oder Freunde eine Arbeitsleistung, die normalerweise von Handwerkern geleistet werden müsste. Dieser eingesparte Handwerkslohn wird als Eigenkapitalersatz gewertet und erhöht die Bonität des Kunden.

Erbbaurecht

Das Erbbaurecht ist ein in der Regel auf 99 Jahre befristetes Nutzungsrecht an einem fremden Grundstück mit dem Ziel, darauf ein Gebäude zu errichten und zu nutzen. Im Gegenzug erhält der Eigentümer für das vermiete Grundstück einen Erbbauzins.

Finanzierungsplan

Detaillierte Aufstellung aller entstehenden Aufwendungen (Anschaffungs- oder Herstellungskosten) und der einzelnen Finanzierungsbausteine (Eigenkapital, Darlehen usw.) zur Deckung dieser Kosten. Mithilfe eines Finanzierungsplans lassen sich die monatlichen Belastungen bis zum Ende der Finanzierung kalkulieren.

Forward-Darlehen

Der Darlehensnehmer kann ein Forward-Darlehen – auch Vorausdarlehen genannt – in Erwägung ziehen, wenn im Laufe der nächsten dreieinhalb Jahre eine Anschlussfinanzierung ansteht. Innerhalb des Forward-Vertrags werden die aktuellen Zinsen für den Anschlussvertrag nach der Zinsbindungsfrist festgeschrieben. Dabei entspricht der Darlehensbetrag der Restschuld des alten Darlehens zum Auslauftermin. Das neue Darlehen wird nicht sofort ausgezahlt, sondern erst zum Zeitpunkt des Auslaufens der Zinsbindung des aktuellen Hypothekendarlehens.

Grundbuch

Das Grundbuch ist ein öffentliches Register, das meist bei einem Amtsgericht geführt wird. Für den Käufer wichtig sind vor allem die drei Abteilungen des Grundbuchs. In diesen stehen Informationen über das Grundstück, die Eigentumsverhältnisse und die auf dem Grundstück ruhenden Belastungen.

Grundschuld

Die Bank verlangt die Grundschuld als größte Sicherheit quasi im Gegenzug für den Kredit. Sie lässt sich dies vom Eigentümer im Grundbuch notariell beurkunden und damit ein so genanntes Grundpfandrecht in Höhe der Darlehenssumme einräumen. Erst wenn dies geschehen ist, fließt auch das Geld. Neben der Grundschuld ist auch die Hypothek als Sicherheit denkbar. Die Grundschuld hat jedoch gegenüber der Hypothek den Vorteil, dass sie unabhängig von der besicherten Forderung bestehen bleibt. Sie bleibt also auch dann bestehen, wenn der Kredit bereits getilgt ist, und kann als Sicherheit für weitere Darlehen dienen. Damit ist sie für das Grundstücksgeschäft flexibler einsetzbar und verursacht darüber hinaus weniger Kosten, weil Änderungen der Forderungen nicht im Grundbuch eingetragen werden müssen. Aus diesem Grund wird heutzutage fast nur die Grundschuld angewendet. Unabhängig davon werden die dazugehörigen Baufinanzierungsdarlehen aber weiterhin Hypothekendarlehen genannt.

Hypothekendarlehen

Langfristige Darlehen zur Immobilienfinanzierung, zu deren Absicherung ein Grundpfandrecht im Grundbuch eingetragen wird. Um den Darlehensnehmer vor kurzfristigen Zinsschwankungen abzusichern, ist der vereinbarte Zins dabei in seiner Höhe für eine bestimmte Anzahl von Jahren festgeschrieben (Zinsbindungszeit).

Nominalzins

Der Nominalzinssatz gibt an, wie viel Prozent Zinsen der Darlehensnehmer jedes Jahr für sein Darlehen zahlen muss. Die Kosten, die darüber hinausgehen, sind jedoch nicht darin enthalten, sondern bilden sich im so genannten Effektivzins ab.

Restschuld

Teil des Darlehens, der zu einem bestimmten Zeitpunkt noch nicht getilgt wurde und noch an die Bank zurückgezahlt werden muss. Die Restschuld ist ein wichtiger Faktor beim Vergleich verschiedener Kreditangebote. Um festzustellen, welches Darlehen günstiger ist, vergleicht man die Restschuld nach Ablauf der Zinsfestschreibungsfrist und den Effektivzins. Die Zahlen sind jedoch nur dann wirklich aussagekräftig, wenn Zinsbindungszeit, Beleihungsgrenzen und effektive Auszahlungsbeträge, Tilgungssätze, Ratenhöhe und Zahlungstermine der verglichenen Angebote übereinstimmen.

Sondertilgungen

Zahlungen außerhalb der vereinbarten Zins- und Tilgungszahlungen, z. B. weil der Kreditnehmer plötzlich über eine größere Geldsumme verfügt oder eine Erbschaft gemacht hat. Bei längerfristig verzinsten Darlehen ist dies meist nur möglich, wenn im Darlehensvertrag ausdrücklich ein Sondertilgungsrecht vereinbart wurde. Besteht kein Sondertilgungsrecht, kann die Bank eine Vorfälligkeitsentschädigung verlangen.

Vorfälligkeitsentschädigung

Zahlt ein Darlehensnehmer ein Darlehen oder einen Teil des Darlehens außerplanmäßig zurück, verlangt die betroffene Bank eine Vorfälligkeitsentschädigung – ein Entgelt zum Ausgleich der entstehenden Verluste.

Zinsfestschreibung

Zeitraum, für den die Konditionen zwischen dem Darlehensnehmer und Darlehensgeber festgeschrieben werden. Er beträgt bei Kreditinstituten üblicherweise zwischen zwei und zehn Jahren, bei Hypothekenbanken 15 Jahre und mehr. Darlehen mit Zinsfestschreibung haben gegenüber Darlehen mit variablem Zins den Vorteil, dass der Darlehensnehmer seine finanzielle Belastung langfristig sicher berechnen kann.